20 世纪中国古代文化经典域外传播研究书系

张西平　　总主编

中国文化在南亚

佟加蒙　李亚兰　著

中原出版传媒集团
大地传媒

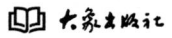

大象出版社
·郑州·

图书在版编目（CIP）数据

中国文化在南亚 / 佟加蒙，李亚兰著. — 郑州：大象出版社，2017.12
（20世纪中国古代文化经典域外传播研究书系）
ISBN 978-7-5347-9090-4

Ⅰ.①中… Ⅱ.①佟… ②李… Ⅲ.①中华文化—文化交流—文化史—南亚 Ⅳ.①K203

中国版本图书馆CIP数据核字（2017）第006601号

20世纪中国古代文化经典域外传播研究书系

中国文化在南亚

ZHONGGUO WENHUA ZAI NAN YA

佟加蒙　李亚兰　著

出 版 人　王刘纯
项目统筹　张前进　刘东蓬
责任编辑　史　军
责任校对　安德华　张迎娟　倪玉秀　陶媛媛
装帧设计　张　帆

出版发行　大象出版社（郑州市开元路16号　邮政编码450044）
　　　　　发行科　0371-63863551　总编室　0371-65597936
网　　址　www.daxiang.cn
印　　刷　郑州市毛庄印刷厂
经　　销　各地新华书店经销
开　　本　787mm×1092mm　1/16
印　　张　19
字　　数　286千字
版　　次　2017年12月第1版　2017年12月第1次印刷
定　　价　58.00元

若发现印、装质量问题，影响阅读，请与承印厂联系调换。
印厂地址　郑州市惠济区清华园路毛庄工业园
邮政编码　450044　　　　电话　0371-63784396

总 序

张西平[①]

呈现在读者面前的这套"20世纪中国古代文化经典域外传播研究书系"是我2007年所申请的教育部哲学社会科学研究重大课题攻关项目的成果。

这套丛书的基本设计是:导论1卷,编年8卷,中国古代文化域外传播专题研究10卷,共计19卷。

中国古代文化经典在域外的传播和影响是一个崭新的研究领域,之前中外学术界从未对此进行过系统研究。它突破了以往将中国古代文化经典的研究局限于中国本土的研究方法,将研究视野扩展到世界主要国家,研究中国古代文化经典在那里的传播和影响,以此说明中国文化的世界性意义。

我在申请本课题时,曾在申请表上如此写道:

  研究20世纪中国古代文化经典在域外的传播和影响,可以使我们走出"东方与西方""现代与传统"的二元思维,在世界文化的范围内考察中国文化的价值,以一种全球视角来重新审视中国古代文化的影响和现代价值,揭示中国文化的普世性意义。这样的研究对于消除当前中国学术界、文化界所存在的对待中国古代文化的焦虑和彷徨,对于整个社会文化转型中的中国重新

[①] 北京外国语大学中国海外汉学研究中心(现在已经更名为"国际中国文化研究院")原主任,中国文化走出去协同创新中心原副主任。

确立对自己传统文化的自信，树立文化自觉，都具有极其重要的思想文化意义。

通过了解20世纪中国古代文化经典在域外的传播与接受，我们也可以进一步了解世界各国的中国观，了解中国古代文化如何经过"变异"，融合到世界各国的文化之中。通过对20世纪中国古代文化经典在域外传播和影响的研究，我们可以总结出中国文化向外部世界传播的基本规律、基本经验、基本方法，为国家制定全球文化战略做好前期的学术准备，为国家对外传播中国文化宏观政策的制定提供学术支持。

中国文化在海外的传播，域外汉学的形成和发展，昭示着中国文化的学术研究已经成为一个全球的学术事业。本课题的设立将打破国内学术界和域外汉学界的分隔与疏离，促进双方的学术互动。对中国学术来说，课题的重要意义在于：使国内学术界了解域外汉学界对中国古代文化研究的进展，以"它山之石"攻玉。通过本课题的研究，国内学术界了解了域外汉学界在20世纪关于中国古代文化经典的研究成果和方法，从而在观念上认识到：对中国古代文化经典的研究已经不再仅仅属于中国学术界本身，而应以更加开阔的学术视野展开对中国古代文化经典的研究与探索。

这样一个想法，在我们这项研究中基本实现了。但我们应该看到，对中国古代文化经典在域外的传播与影响的研究绝非我们这样一个课题就可以完成的。这是一个崭新的学术方向和领域，需要学术界长期关注与研究。基于这样的考虑，在课题设计的布局上我们的原则是：立足基础，面向未来，着眼长远。我们希望本课题的研究为今后学术的进一步发展打下坚实的基础。为此，在导论中，我们初步勾勒出中国古代文化经典在西方传播的轨迹，并从理论和文献两个角度对这个研究领域的方法论做了初步的探讨。在编年系列部分，我们从文献目录入手，系统整理出20世纪以来中国古代文化经典在世界主要国家的传播编年。编年体是中国传统记史的一个重要体裁，这样大规模的中国文化域外传播的编年研究在世界上是首次。专题研究则是从不同的角度对这个主题的深化。

为完成这个课题，30余位国内外学者奋斗了7年，到出版时几乎是用了10年时间。尽管我们取得了一定的成绩，这个研究还是刚刚开始，待继续努力的方向还很多。如：这里的中国古代文化经典主要侧重于以汉文化为主体，但中国古代文化是一个"多元一体"的文化，在其长期发展中，少数民族的古代文化经典已经逐步融合到汉文化的主干之中，成为中华文化充满活力、不断发展的动力和原因之一。由于时间和知识的限制，在本丛书中对中国古代少数民族的经典在域外的传播研究尚未全面展开，只是在个别卷中有所涉猎。在语言的广度上也待扩展，如在欧洲语言中尚未把西班牙语、瑞典语、荷兰语等包括进去，在亚洲语言中尚未把印地语、孟加拉语、僧伽罗语、乌尔都语、波斯语等包括进去。因此，我们只是迈开了第一步，我们希望在今后几年继续完成中国古代文化在使用以上语言的国家中传播的编年研究工作。希望在第二版时，我们能把编年卷做得更好，使其成为方便学术界使用的工具书。

中国文化是全球性的文化，它不仅在东亚文化圈、欧美文化圈产生过重要影响，在东南亚、南亚、阿拉伯世界也都产生过重要影响。因此，本丛书尽力将中国古代文化经典在多种文化区域传播的图景展现出来。或许这些研究仍待深化，但这样一个图景会使读者对中国文化的影响力有一个更为全面的认识。

中国古代文化经典的域外传播研究近年来逐步受到学术界的重视，据初步统计，目前出版的相关专著已经有十几本之多，相关博士论文已经有几十篇，国家社科基金课题及教育部课题中与此相关的也有十余个。随着国家"一带一路"倡议的提出，中国文化"走出去"战略也开始更加关注这个方向。应该说，这个领域的研究进步很大，成果显著。但由于这是一个跨学科的崭新研究领域，尚有不少问题需要我们深入思考。例如，如何更加深入地展开这一领域的研究？如何从知识和学科上把握这个研究领域？通过什么样的路径和方法展开这个领域的研究？这个领域的研究在学术上的价值和意义何在？对这些问题笔者在这里进行初步的探讨。

一、历史：展开中国典籍外译研究的基础

根据目前研究，中国古代文化典籍第一次被翻译为欧洲语言是在1592年，由来自西班牙的传教士高母羡（Juan Cobo，1546—1592）[①]第一次将元末明初的中国

[①] "'Juan Cobo'，是他在1590年寄给地马拉会友信末的落款签名，也是同时代的欧洲作家对他的称呼；'高母羡'，是1593年马尼拉出版的中文著作《辩正教真传实录》一书扉页上的作者；'羡高茂'，是1592年他在翻译菲律宾总督致丰臣秀吉的回信中使用的署名。"蒋薇：《1592年高母羡（Fr.Juan Cobo）出使日本之行再议》，硕士论文抽样本，北京：北京外国语大学；方豪：《中国天主教史人物传》（上），北京：中华书局，1988年，第83—89页。

文人范立本所编著的收录中国文化先贤格言的蒙学教材《明心宝鉴》翻译成西班牙文。《明心宝鉴》收入了孔子、孟子、庄子、老子、朱熹等先哲的格言,于洪武二十六年(1393)刊行。如此算来,欧洲人对中国古代文化典籍的翻译至今已有424年的历史。要想展开相关研究,对研究者最基本的要求就是熟知西方汉学的历史。

仅仅拿着一个译本,做单独的文本研究是远远不够的。这些译本是谁翻译的? 他的身份是什么? 他是哪个时期的汉学家? 他翻译时的中国助手是谁? 他所用的中文底本是哪个时代的刻本? ……这些都涉及对汉学史及中国文化史的了解。例如,如果对《明心宝鉴》的西班牙译本进行研究,就要知道高母羡的身份,他是道明会的传教士,在菲律宾完成此书的翻译,此书当时为生活在菲律宾的道明会传教士学习汉语所用。他为何选择了《明心宝鉴》而不是其他儒家经典呢? 因为这个本子是他从当时来到菲律宾的中国渔民那里得到的,这些侨民只是粗通文墨,不可能带有很经典的儒家本子,而《菜根谭》和《明心宝鉴》是晚明时期民间流传最为广泛的儒家伦理格言书籍。由于这是以闽南话为基础的西班牙译本,因此书名、人名及部分难以意译的地方,均采取音译方式,其所注字音当然也是闽南语音。我们对这个译本进行研究就必须熟悉闽南语。同时,由于译者是天主教传教士,因此研究者只有对欧洲天主教的历史发展和天主教神学思想有一定的了解,才能深入其文本的翻译研究之中。

又如,法国第一位专业汉学家雷慕沙(Jean Pierre Abel Rémusat,1788—1832)的博士论文是关于中医研究的《论中医舌苔诊病》(*Dissertatio de glossosemeiotice sive de signis morborum quae è linguâ sumuntur, praesertim apud sinenses*,1813,Thése,Paris)。论文中翻译了中医的一些基本文献,这是中医传向西方的一个重要环节。如果做雷慕沙这篇文献的研究,就必须熟悉西方汉学史,因为雷慕沙并未来过中国,他关于中医的知识是从哪里得来的呢? 这些知识是从波兰传教士卜弥格(Michel Boym,1612—1659)那里得来的。卜弥格的《中国植物志》"是西方研究中国动植物的第一部科学著作,曾于1656年在维也纳出版,还保存了原著中介绍的每一种动植物的中文名称和卜弥格为它们绘制的二十七幅图像。后来因为这部著作受到欧洲读者极大的欢迎,在1664年,又发表了它的法文译本,名为《耶稣会士卜弥格神父写的一篇论特别是来自中国的花、水果、植物和个别动物的论文》。……

荷兰东印度公司一位首席大夫阿德列亚斯·克莱耶尔(Andreas Clayer)……1682年在德国出版的一部《中医指南》中,便将他所得到的卜弥格的《中医处方大全》《通过舌头的颜色和外部状况诊断疾病》《一篇论脉的文章》和《医学的钥匙》的部分章节以他的名义发表了"①。这就是雷慕沙研究中医的基本材料的来源。如果对卜弥格没有研究,那就无法展开对雷慕沙的研究,更谈不上对中医西传的研究和翻译时的历史性把握。

这说明研究者要熟悉从传教士汉学到专业汉学的发展历史,只有如此才能展开研究。西方汉学如果从游记汉学算起已经有七百多年的历史,如果从传教士汉学算起已经有四百多年的历史,如果从专业汉学算起也有近二百年的历史。在西方东方学的历史中,汉学作为一个独立学科存在的时间并不长,但学术的传统和人脉一直在延续。正像中国学者做研究必须熟悉本国学术史一样,做中国文化典籍在域外的传播研究首先也要熟悉域外各国的汉学史,因为绝大多数的中国古代文化典籍的译介是由汉学家们完成的。不熟悉汉学家的师承、流派和学术背景,自然就很难做好中国文化的海外传播研究。

上面这两个例子还说明,虽然西方汉学从属于东方学,但它是在中西文化交流的历史中产生的。这就要求研究者不仅要熟悉西方汉学史,也要熟悉中西文化交流史。例如,如果不熟悉元代的中西文化交流史,那就无法读懂《马可·波罗游记》;如果不熟悉明清之际的中西文化交流史,也就无法了解以利玛窦为代表的传教士汉学家们的汉学著作,甚至完全可能如堕烟海,不知从何下手。上面讲的卜弥格是中医西传第一人,在中国古代文化典籍西传方面贡献很大,但他同时又是南明王朝派往梵蒂冈教廷的中国特使,在明清时期中西文化交流史上占有重要的地位。如果不熟悉明清之际的中西文化交流史,那就无法深入展开研究。即使一些没有来过中国的当代汉学家,在其进行中国典籍的翻译时,也会和中国当时的历史与人物发生联系并受到影响。例如20世纪中国古代文化经典最重要的翻译家阿瑟·韦利(Arthur David Waley,1889—1966)与中国作家萧乾、胡适的交往,都对他的翻译活动产生过影响。

历史是进行一切人文学科研究的基础,做中国古代文化经典在域外的传播研

---

① 张振辉:《卜弥格与明清之际中学的西传》,《中国史研究》2011年第3期,第184—185页。

究尤其如此。

中国学术界对西方汉学的典籍翻译的研究起源于清末民初之际。辜鸿铭对西方汉学家的典籍翻译多有微词。那时的中国学术界对西方汉学界已经不陌生，不仅不陌生，实际上晚清时期对中国学问产生影响的西学中也包括汉学。① 近代以来，中国学术的发展是西方汉学界与中国学界互动的结果，我们只要提到伯希和、高本汉、葛兰言在民国时的影响就可以知道。② 但中国学术界自觉地将西方汉学作为一个学科对象加以研究和分梳的历史并不长，研究者大多是从自己的专业领域对西方汉学发表评论，对西方汉学的学术历史研究甚少。莫东言的《汉学发达史》到1936年才出版，实际上这本书中的绝大多数知识来源于日本学者石田干之助的《欧人之汉学研究》③。近30年来中国学术界对西方汉学的研究有了长足进展，个案研究、专书和专人研究及国别史研究都有了重大突破。像徐光华的《国外汉学史》、阎纯德主编的《列国汉学史》等都可以为我们的研究提供初步的线索。但应看到，对国别汉学史的研究才刚刚开始，每一位从事中国典籍外译研究的学者都要注意对汉学史的梳理。我们应承认，至今令学术界满意的中国典籍外译史的专著并不多见，即便是国别体的中国典籍外译的专题历史研究著作都尚未出现。④ 因为这涉及太多的语言和国家，绝非短期内可以完成。随着国家"一带一路"倡议的提出，了解沿路国家文化与中国文化之间的互动历史是学术研究的题中应有之义。但一旦我们翻阅学术史文献就会感到，在这个领域我们需要做的事情还有很多，尤其需要增强对沿路国家文化与中国文化互动的了解。百年以西为师，我们似乎忘记了家园和邻居，悲矣！学术的发展总是一步步向前的，愿我们沿着季羡林先生开辟的中国东方学之路，由历史而入，拓展中国学术发展的新空间。

---

① 罗志田：《西学冲击下近代中国学术分科的演变》，《社会科学研究》2003年第1期。
② 桑兵：《国学与汉学——近代中外学界交往录》，北京：中国人民大学出版社，2010年；李孝迁：《葛兰言在民国学界的反响》，《华东师范大学学报》(哲学社会科学版)2010年第4期。
③ [日]石田干之助：《欧人之汉学研究》，朱滋萃译，北京：北平中法大学出版社，1934年。
④ 马祖毅、任荣珍：《汉籍外译史》，武汉：湖北教育出版社，1997年。这本书尽管是汉籍外译研究的开创性著作，但书中的错误颇多，注释方式也不规范，完全分不清资料的来源。关键在于作者对域外汉学史并未深入了解，仅在二手文献基础上展开研究。学术界对这本书提出了批评，见许冬平《〈汉籍外译史〉还是〈汉籍歪译史〉？》，光明网，2011年8月21日。

二、文献：西方汉学文献学亟待建立

张之洞在《书目答问》中开卷就说："诸生好学者来问应读何书,书以何本为善。偏举既嫌挂漏,志趣学业亦各不同,因录此以告初学。"①学问由目入,读书自识字始,这是做中国传统学问的基本方法。此法也同样适用于中国文化在域外的传播研究及中国典籍外译研究。因为19世纪以前中国典籍的翻译者以传教士为主,传教士的译本在欧洲呈现出非常复杂的情况。17世纪时传教士的一些译本是拉丁文的,例如柏应理和一些耶稣会士联合翻译的《中国哲学家孔子》,其中包括《论语》《大学》《中庸》。这本书的影响很大,很快就有了各种欧洲语言的译本,有些是节译,有些是改译。如果我们没有西方汉学文献学的知识,就搞不清这些译本之间的关系。

18世纪欧洲的流行语言是法语,会法语是上流社会成员的标志。恰好此时来华的传教士由以意大利籍为主转变为以法国籍的耶稣会士为主。这些法国来华的传教士学问基础好,翻译中国典籍极为勤奋。法国传教士的汉学著作中包含了大量的对中国古代文化典籍的介绍和翻译,例如来华耶稣会士李明返回法国后所写的《中国近事报道》(*Nouveaux mémoires sur l'état présent de la Chine*),1696年在巴黎出版。他在书中介绍了中国古代重要的典籍"五经",同时介绍了孔子的生平。李明所介绍的孔子的生平在当时欧洲出版的来华耶稣会士的汉学著作中是最详细的。这本书出版后在四年内竟然重印五次,并有了多种译本。如果我们对法语文本和其他文本之间的关系不了解,就很难做好翻译研究。

进入19世纪后,英语逐步取得霸主地位,英文版的中国典籍译作逐渐增加,版本之间的关系也更加复杂。美国诗人庞德在翻译《论语》时,既参照早年由英国汉学家柯大卫(David Collie)翻译的第一本英文版"四书"②,也参考理雅各的译本,如果只是从理雅各的译本来研究庞德的翻译肯定不全面。

20世纪以来对中国典籍的翻译一直在继续,翻译的范围不断扩大。学者研

---

① 〔清〕张之洞著,范希曾补正:《书目答问补正》,上海:上海古籍出版社,2001年,第3页。
② David Collie, *The Four Books*, Malacca: Printed at Mission Press, 1828.

究百年的《论语》译本的数量就很多,《道德经》的译本更是不计其数。有的学者说世界上译本数量极其巨大的文化经典文本有两种,一种是《圣经》,另一种就是《道德经》。

这说明我们在从事文明互鉴的研究时,尤其在从事中国古代文化经典在域外的翻译和传播研究时,一定要从文献学入手,从目录学入手,这样才会保证我们在做翻译研究时能够对版本之间的复杂关系了解清楚,为研究打下坚实的基础。中国学术传统中的"辨章学术,考镜源流"在我们致力于域外汉学研究时同样需要。

目前,国家对汉籍外译项目投入了大量的经费,国内学术界也有相当一批学者投入这项事业中。但我们在开始这项工作时应该摸清世界各国已经做了哪些工作,哪些译本是受欢迎的,哪些译本问题较大,哪些译本是节译,哪些译本是全译。只有清楚了这些以后,我们才能确定恰当的翻译策略。显然,由于目前我们在域外汉学的文献学上做得不够理想,对中国古代文化经典的翻译情况若明若暗。因而,国内现在确立的一些翻译计划不少是重复的,在学术上是一种浪费。即便国内学者对这些典籍重译,也需要以前人的工作为基础。

就西方汉学而言,其基础性书目中最重要的是两本目录,一本是法国汉学家考狄编写的《汉学书目》(*Bibliotheca sinica*),另一本是中国著名学者、中国近代图书馆的奠基人之一袁同礼 1958 年出版的《西文汉学书目》(*China in Western Literature:a Continuation of Cordier's Bibliotheca Sinica*)①。

从西方最早对中国的记载到 1921 年西方出版的关于研究中国的书籍,四卷本的考狄书目都收集了,其中包括大量关于中国古代文化典籍的译本目录。袁同礼的《西文汉学书目》则是"接着说",其书名就表明是接着考狄来做的。他编制了 1921—1954 年期间西方出版的关于中国研究的书目,其中包括数量可观的关于中国古代文化典籍的译本目录。袁同礼之后,西方再没有编出一本类似的书目。究其原因,一方面是中国研究的进展速度太快,另一方面是中国研究的范围在快速扩大,在传统的人文学科的思路下已经很难把握快速发展的中国研究。

当然,国外学者近 50 年来还是编制了一些非常重要的专科性汉学研究文献

---

① 书名翻译为《西方文学作品里的中国书目——续考狄之汉学书目》更为准确,《西文汉学书目》简洁些。

目录,特别是关于中国古代文化经典的翻译也有了专题性书目。例如,美国学者编写的《中国古典小说研究与欣赏论文书目指南》①是一本很重要的专题性书目,对于展开中国古典文学在西方的传播研究奠定了基础。日本学者所编的《东洋学文献类目》是当代较权威的中国研究书目,收录了部分亚洲研究的文献目录,但涵盖语言数量有限。当然中国学术界也同样取得了较大的进步,台湾学者王尔敏所编的《中国文献西译书目》②无疑是中国学术界较早的西方汉学书目。汪次昕所编的《英译中文诗词曲索引:五代至清末》③、王丽娜的《中国古典小说戏曲名著在国外》④是新时期第一批从目录文献学上研究西方汉学的著作。林舒俐、郭英德所编的《中国古典戏曲研究英文论著目录》⑤,顾钧、杨慧玲在美国汉学家卫三畏研究的基础上编制的《〈中国丛报〉篇名目录及分类索引》,王国强在其《〈中国评论〉(1872—1901)与西方汉学》中所附的《中国评论》目录和《中国评论》文章分类索引等,都代表了域外汉学和中国古代文化外译研究的最新进展。

从学术的角度看,无论是海外汉学界还是中国学术界在汉学的文献学和目录学上都仍有继续展开基础性研究和学术建设的极大空间。例如,在17世纪和18世纪"礼仪之争"后来华传教士所写的关于在中国传教的未刊文献至今没有基础性书目,这里主要指出傅圣泽和白晋的有关文献就足以说明问题。⑥ 在罗马传信部档案馆、梵蒂冈档案馆、耶稣会档案馆有着大量未刊的耶稣会士关于"礼仪之争"的文献,这些文献多涉及中国典籍的翻译问题。在巴黎外方传教会、方济各传教会也有大量的"礼仪之争"期间关于中国历史文化研究的未刊文献。这些文献目录未整理出来以前,我们仍很难书写一部完整的中国古代文献西文翻译史。

由于中国文化研究已经成为一个国际化的学术事业,无论是美国亚洲学会的

---

① Winston L.Y.Yang, Peter Li and Nathan K.Mao, *Classical Chinese Fiction: A Guide to Its Study and Appreciation—Essays and Bibliographies*, Boston: G.K.Hall & Co., 1978.
② 王尔敏编:《中国文献西译书目》,台北:台湾商务印书馆,1975年。
③ 汪次昕编:《英译中文诗词曲索引:五代至清末》,台北:汉学研究中心,2000年。
④ 王丽娜:《中国古典小说戏曲名著在国外》,上海:学林出版社,1988年。
⑤ 林舒俐、郭英德编:《中国古典戏曲研究英文论著目录》(上),《戏曲研究》2009年第3期;《中国古典戏曲研究英文论著目录》(下),《戏曲研究》2010年第1期。
⑥ [美]魏若望:《耶稣会士傅圣泽神甫传:索隐派思想在中国及欧洲》,吴莉苇译,郑州:大象出版社,2006年;[丹]龙伯格:《清代来华传教士马若瑟研究》,李真、骆洁译,郑州:大象出版社,2009年;[德]柯兰霓:《耶稣会士白晋的生平与著作》,李岩译,郑州:大象出版社,2009年;[法]维吉尔·毕诺:《中国对法国哲学思想形成的影响》,耿昇译,北京:商务印书馆,2000年。

中国学研究网站所编的目录,还是日本学者所编的目录,都已经不能满足学术发展的需要。我们希望了解伊朗的中国历史研究状况,希望了解孟加拉国对中国文学的翻译状况,但目前没有目录能提供这些。袁同礼先生当年主持北平图书馆工作时曾说过,中国国家图书馆应成为世界各国的中国研究文献的中心,编制世界的汉学研究书目应是我们的责任。先生身体力行,晚年依然坚持每天在美国国会图书馆的目录架旁抄录海外中国学研究目录,终于继考狄之后完成了《西文汉学书目》,开启了中国学者对域外中国研究文献学研究的先河。今日的中国国家图书馆的同人和中国文献学的同行们能否继承前辈之遗产,为飞出国门的中国文化研究提供一个新时期的文献学的阶梯,提供一个真正能涵盖多种语言,特别是非通用语的中国文化研究书目呢?我们期待着。正是基于这样的考虑,10年前我承担教育部重大攻关项目"20世纪中国古代文化经典在域外的传播与影响"时,决心接续袁先生的工作做一点尝试。我们中国海外汉学研究中心和北京外国语大学与其他院校学界的同人以10年之力,编写了一套10卷本的中国文化传播编年,它涵盖了22种语言,涉及20余个国家。据我了解,这或许是目前世界上第一次涉及如此多语言的中国文化外传文献编年。

尽管这些编年略显幼稚,多有不足,但中国的学者们是第一次把自己的语言能力与中国学术的基础性建设有机地结合起来。我们总算在袁同礼先生的事业上前进了一步。

学术界对于加强海外汉学文献学研究的呼声很高。李学勤当年主编的《国际汉学著作提要》就是希望从基础文献入手加强对西方汉学名著的了解。程章灿更是提出了十分具体的方案,他认为如果把欧美汉学作为学术资源,应该从以下四方面着手:"第一,从学术文献整理的角度,分学科、系统编纂中外文对照的专业论著索引。就欧美学者的中国文学研究而言,这一工作显得相当迫切。这些论著至少应该包括汉学专著、汉籍外译本及其附论(尤其是其前言、后记)、各种教材(包括文学史与作品选)、期刊论文、学位论文等几大项。其中,汉籍外译本与学位论文这两项比较容易被人忽略。这些论著中提出或涉及的学术问题林林总总,如果并没有广为中国学术界所知,当然也就谈不上批判或吸收。第二,从学术史角度清理学术积累,编纂重要论著的书目提要。从汉学史上已出版的研究中国文学的专著中,选取有价值的、有影响的,特别是有学术史意义的著作,每种写一篇两三千字的书目提要,述其内容大要、方法特点,并对其作学术史之源流梳理。对这些海外汉学文献的整理,就是学术史的建设,其道理与第一点是一样的。第三,从学术术语与话语沟通的角度,编纂一册中英文术语对照词典。就中国文学研究而言,目前在世界范围内,英语与汉语是两种最重要的工作语言。但是,对于同一个中国文学专有名词,往往有多种不同的英语表达法,国内学界英译中国文学术语时,词不达意、生拉硬扯的现象时或可见,极不利于中外学者的沟通和中外学术的交流。如有一册较好的中英文中国文学术语词典,不仅对于中国研究者,而且对于学习中国文学的外国人,都有很大的实用价值。第四,在系统清理研判的基础上,编写一部国际汉学史略。"①

历史期待着我们这一代学人,从基础做起,从文献做起,构建起国际中国文化研究的学术大厦。

三、语言:中译外翻译理论与实践有待探索

翻译研究是做中国古代文化对外传播研究的重要环节,没有这个环节,整个研究就不能建立在坚实的学术基础之上。在翻译研究中如何创造出切实可行的中译外理论是一个亟待解决的问题。如果翻译理论、翻译的指导观念不发生变革,一味依赖西方的理论,并将其套用在中译外的实践中,那么中国典籍的外译将不会有更大的发展。

外译中和中译外是两种翻译实践活动。前者说的是将外部世界的文化经典翻译成中文,后者说的是将中国古代文化的经典翻译成外文。几乎每一种有影响的文化都会面临这两方面的问题。

中国文化史告诉我们,我们有着悠久的外译中的历史,例如从汉代以来中国对佛经的翻译和近百年来中国对西学和日本学术著作的翻译。中国典籍的外译最早可以追溯到玄奘译老子的《道德经》,但真正形成规模则始于明清之际来华的传教士,即上面所讲的高母羡、利玛窦等人。中国人独立开展这项工作则应从晚清时期的陈季同和辜鸿铭算起。外译中和中译外作为不同语言之间的转换有

---

① 程章灿:《作为学术文献资源的欧美汉学研究》,《文学遗产》2012年第2期,第134—135页。

共同性,这是毋庸置疑的。但二者的区别也很明显,目的语和源语言在外译中和中译外中都发生了根本性置换,这种目的语和源语言的差别对译者提出了完全不同的要求。因此,将中译外作为一个独立的翻译实践来展开研究是必要的,正如刘宓庆所说:"实际上东方学术著作的外译如何解决文化问题还是一块丰腴的亟待开发的处女地。"①

由于在翻译目的、译本选择、语言转换等方面的不同,在研究中译外时完全照搬西方的翻译理论是有问题的。当然,并不是说西方的翻译理论不可用,而是这些理论的创造者的翻译实践大都是建立在西方语言之间的互译之上。在此基础上产生的翻译理论面对东方文化时,特别是面对以汉字为基础的汉语文化时会产生一些问题。潘文国认为,至今为止,西方的翻译理论基本上是对印欧语系内部翻译实践的总结和提升,那套理论是"西西互译"的结果,用到"中西互译"是有问题的,"西西互译"多在"均质印欧语"中发生,而"中西互译"则是在相距遥远的语言之间发生。因此他认为"只有把'西西互译'与'中西互译'看作是两种不同性质的翻译,因而需要不同的理论,才能以更为主动的态度来致力于中国译论的创新"②。

语言是存在的家园。语言具有本体论作用,而不仅仅是外在表达。刘勰在《文心雕龙·原道》中写道:"文之为德也大矣,与天地并生者何哉?夫玄黄色杂,方圆体分,日月叠璧,以垂丽天之象;山川焕绮,以铺理地之形:此盖道之文也。仰观吐曜,俯察含章,高卑定位,故两仪既生矣。惟人参之,性灵所钟,是谓三才。为五行之秀,实天地之心。心生而言立,言立而文明,自然之道也。傍及万品,动植皆文:龙凤以藻绘呈瑞,虎豹以炳蔚凝姿;云霞雕色,有逾画工之妙;草木贲华,无待锦匠之奇。夫岂外饰,盖自然耳。至于林籁结响,调如竽瑟;泉石激韵,和若球锽:故形立则章成矣,声发则文生矣。夫以无识之物,郁然有彩,有心之器,其无文欤?"③刘勰这段对语言和文字功能的论述绝不亚于海德格尔关于语言性质的论述,他强调"文"的本体意义和内涵。

---

① 刘宓庆:《中西翻译思想比较研究》,北京:中国对外翻译出版公司,2005年,第272页。
② 潘文国:《中籍外译,此其时也——关于中译外问题的宏观思考》,《杭州师范学院学报》(社会科学版)2007年第6期。
③ 〔南朝梁〕刘勰著,周振甫译注:《文心雕龙选译》,北京:中华书局,1980年,第19—20页。

中西两种语言，对应两种思维、两种逻辑。外译中是将抽象概念具象化的过程，将逻辑思维转换成伦理思维的过程；中译外是将具象思维的概念抽象化，将伦理思维转换成逻辑思维的过程。当代美国著名汉学家安乐哲（Roger T. Ames）与其合作者也有这样的思路：在中国典籍的翻译上反对用一般的西方哲学思想概念来表达中国的思想概念。因此，他在翻译中国典籍时着力揭示中国思想异于西方思想的特质。

语言是世界的边界，不同的思维方式、不同的语言特点决定了外译中和中译外具有不同的规律，由此，在翻译过程中就要注意其各自的特点。基于语言和哲学思维的不同所形成的中外互译是两种不同的翻译实践，我们应该重视对中译外理论的总结，现在流行的用"西西互译"的翻译理论来解释"中西互译"是有问题的，来解释中译外问题更大。这对中国翻译界来说应是一个新课题，因为在"中西互译"中，我们留下的学术遗产主要是外译中。尽管我们也有辜鸿铭、林语堂、陈季同、吴经熊、杨宪益、许渊冲等前辈的可贵实践，但中国学术界的翻译实践并未留下多少中译外的经验。所以，认真总结这些前辈的翻译实践经验，提炼中译外的理论是一个亟待努力开展的工作。同时，在比较语言学和比较哲学的研究上也应着力，以此为中译外的翻译理论打下坚实的基础。

在此意义上，许渊冲在翻译理论及实践方面的探索尤其值得我国学术界关注。许渊冲在20世纪中国翻译史上是一个奇迹，他在中译外和外译中两方面均有很深造诣，这十分少见。而且，在中国典籍外译过程中，他在英、法两个语种上同时展开，更是难能可贵。"书销中外五十本，诗译英法唯一人"的确是他的真实写照。从陈季同、辜鸿铭、林语堂等开始，中国学者在中译外道路上不断探索，到许渊冲这里达到一个高峰。他的中译外的翻译数量在中国学者中居于领先地位，在古典诗词的翻译水平上，更是成就卓著，即便和西方汉学家（例如英国汉学家韦利）相比也毫不逊色。他的翻译水平也得到了西方读者的认可，译著先后被英国和美国的出版社出版，这是目前中国学者中译外作品直接进入西方阅读市场最多的一位译者。

特别值得一提的是，许渊冲从中国文化本身出发总结出一套完整的翻译理论。这套理论目前是中国翻译界较为系统并获得翻译实践支撑的理论。面对铺天盖地而来的西方翻译理论，他坚持从中国翻译的实践出发，坚持走自己的学术道路,自成体系,面对指责和批评,他不为所动。他这种坚持文化本位的精神,这种坚持从实践出发探讨理论的风格,值得我们学习和发扬。

许渊冲把自己的翻译理论概括为"美化之艺术,创优似竞赛"。"实际上,这十个字是拆分开来解释的。'美'是许渊冲翻译理论的'三美'论,诗歌翻译应做到译文的'意美、音美和形美',这是许渊冲诗歌翻译的本体论;'化'是翻译诗歌时,可以采用'等化、浅化、深化'的具体方法,这是许氏诗歌翻译的方法论;'之'是许氏诗歌翻译的意图或最终想要达成的结果,使读者对译文能够'知之、乐之并好之',这是许氏译论的目的论;'艺术'是认识论,许渊冲认为文学翻译,尤其是诗词翻译是一种艺术,是一种研究'美'的艺术。'创'是许渊冲的'创造论',译文是译者在原诗规定范围内对原诗的再创造;'优'指的是翻译的'信达优'标准和许氏译论的'三势'(优势、劣势和均势)说,在诗歌翻译中应发挥译语优势,用最好的译语表达方式来翻译;'似'是'神似'说,许渊冲认为忠实并不等于形似,更重要的是神似;'竞赛'指文学翻译是原文和译文两种语言与两种文化的竞赛。"①

许渊冲的翻译理论不去套用当下时髦的西方语汇,而是从中国文化本身汲取智慧,并努力使理论的表述通俗化、汉语化和民族化。例如他的"三美"之说就来源于鲁迅,鲁迅在《汉文学史纲要》中指出:"诵习一字,当识形音义三:口诵耳闻其音,目察其形,心通其义,三识并用,一字之功乃全。其在文章,则写山曰崚嶒嵯峨,状水曰汪洋澎湃,蔽芾葱茏,恍逢丰木,鳟鲂鳗鲤,如见多鱼。故其所函,遂具三美:意美以感心,一也;音美以感耳,二也;形美以感目,三也。"②许渊冲的"三之"理论,即在翻译中做到"知之、乐之并好之",则来自孔子《论语·雍也》中的"知之者不如好之者,好之者不如乐之者"。他套用《道德经》中的语句所总结的翻译理论精练而完备,是近百年来中国学者对翻译理论最精彩的总结:

译可译,非常译。

忘其形,得其意。

得意,理解之始;

忘形,表达之母。

---

① 张进:《许渊冲唐诗英译研究》,硕士论文抽样本,西安:西北大学,2011 年,第 19 页;张智中:《许渊冲与翻译艺术》,武汉:湖北教育出版社,2006 年。
② 鲁迅:《鲁迅全集》(第九卷),北京:人民文学出版社,2005 年,第 354—355 页。

故应得意,以求其同;
故可忘形,以存其异。
两者同出,异名同理。
得意忘形,求同存异;
翻译之道。

2014年,在第二十二届世界翻译大会上,由中国翻译学会推荐,许渊冲获得了国际译学界的最高奖项"北极光"杰出文学翻译奖。他也是该奖项自1999年设立以来,第一个获此殊荣的亚洲翻译家。许渊冲为我们奠定了新时期中译外翻译理论与实践的坚实学术基础,这个事业有待后学发扬光大。

四、知识:跨学科的知识结构是对研究者的基本要求

中国古代文化经典在域外的翻译与传播研究属于跨学科研究领域,语言能力只是进入这个研究领域的一张门票,但能否坐在前排,能否登台演出则是另一回事。因为很显然,语言能力尽管重要,但它只是展开研究的基础条件,而非全部条件。

研究者还应该具备中国传统文化知识与修养。我们面对的研究对象是整个海外汉学界,汉学家们所翻译的中国典籍内容十分丰富,除了我们熟知的经、史、子、集,还有许多关于中国的专业知识。例如,俄罗斯汉学家阿列克谢耶夫对宋代历史文学极其关注,翻译宋代文学作品数量之大令人吃惊。如果研究他,仅仅俄语专业毕业是不够的,研究者还必须通晓中国古代文学,尤其是宋代文学。清中前期,来华的法国耶稣会士已经将中国的法医学著作《洗冤集录》翻译成法文,至今尚未有一个中国学者研究这个译本,因为这要求译者不仅要懂宋代历史,还要具备中国古代法医学知识。

中国典籍的外译相当大一部分产生于中外文化交流的历史之中,如果缺乏中西文化交流史的知识,常识性错误就会出现。研究18世纪的中国典籍外译要熟悉明末清初的中西文化交流史,研究19世纪的中国典籍外译要熟悉晚清时期的中西文化交流史,研究东亚之间文学交流要精通中日、中韩文化交流史。

同时,由于某些译者有国外学术背景,想对译者和文本展开研究就必须熟悉

译者国家的历史与文化、学术与传承,那么,知识面的扩展、知识储备的丰富必不可少。

目前,绝大多数中国古代文化外译的研究者是外语专业出身,这些学者的语言能力使其成为这个领域的主力军,但由于目前教育分科严重细化,全国外语类大学缺乏系统的中国历史文化的教育训练,因此目前的翻译及其研究在广度和深度上尚难以展开。有些译本作为国内外语系的阅读材料尚可,要拿到对象国出版还有很大的难度,因为这些译本大都无视对象国汉学界译本的存在。的确,研究中国文化在域外的传播和发展是一个崭新的领域,是青年学者成长的天堂。但同时,这也是一个有难度的跨学科研究领域,它对研究者的知识结构提出了新挑战。研究者必须走出单一学科的知识结构,全面了解中国文化的历史与文献,唯此才能对中国古代文化经典的域外传播和中国文化的域外发展进行更深入的研究。当然,术业有专攻,在当下的知识分工条件下,研究者已经不太可能系统地掌握中国全部传统文化知识,但掌握其中的一部分,领会其精神仍十分必要。这对中国外语类大学的教学体系改革提出了更高的要求,中国历史文化课程必须进入外语大学的必修课中,否则,未来的学子们很难承担起这一历史重任。

五、方法:比较文化理论是其基本的方法

从本质上讲,中国文化域外传播与发展研究是一种文化间关系的研究,是在跨语言、跨学科、跨文化、跨国别的背景下展开的,这和中国本土的国学研究有区别。关于这一点,严绍璗先生有过十分清楚的论述,他说:"国际中国学(汉学)就其学术研究的客体对象而言,是指中国的人文学术,诸如文学、历史、哲学、艺术、宗教、考古等等,实际上,这一学术研究本身就是中国人文学科在域外的延伸。所以,从这样的意义上说,国际中国学(汉学)的学术成果都可以归入中国的人文学术之中。但是,作为从事于这样的学术的研究者,却又是生活在与中国文化很不相同的文化语境中,他们所受到的教育,包括价值观念、人文意识、美学理念、道德伦理和意识形态等等,和我们中国本土很不相同。他们是以他们的文化为背景而从事中国文化的研究,通过这些研究所表现的价值观念,从根本上说,是他们的'母体文化'观念。所以,从这样的意义上说,国际中国学(汉学)的学术成果,其

实也是他们'母体文化'研究的一种。从这样的视角来考察国际中国学(汉学)，那么，我们可以说，这是一门在国际文化中涉及双边或多边文化关系的近代边缘性的学术，它具有'比较文化研究'的性质。"①严先生的观点对于我们从事中国古代文化典籍外译和传播研究有重要的指导意义。有些学者认为西方汉学家翻译中的误读太多，因此，中国文化经典只有经中国人来翻译才忠实可信。显然，这样的看法缺乏比较文学和跨文化的视角。

"误读"是翻译中的常态，无论是外译中还是中译外，除了由于语言转换过程中知识储备不足产生的误读②，文化理解上的误读也比比皆是。有的译者甚至故意误译，完全按照自己的理解阐释中国典籍，最明显的例子就是美国诗人庞德。1937 年他译《论语》时只带着理雅各的译本，没有带词典，由于理雅各的译本有中文原文，他就盯着书中的汉字，从中理解《论语》，并称其为"注视字本身"，看汉字三遍就有了新意，便可开始翻译。例如"《论语·公冶长第五》，'子曰：道不行，乘桴浮于海。从我者，其由与？子路闻之喜。子曰：由也，好勇过我，无所取材。'最后四字，朱熹注：'不能裁度事理。'理雅各按朱注译。庞德不同意，因为他从'材'字中看到'一棵树加半棵树'，马上想到孔子需要一个'桴'。于是庞德译成'Yu like danger better than I do. But he wouldn't bother about getting the logs.'(由比我喜欢危险，但他不屑去取树木。)庞德还指责理雅各译文'失去了林肯式的幽默'。后来他甚至把理雅各译本称为'丢脸'(an infamy)"③。庞德完全按自己的理解来翻译，谈不上忠实，但庞德的译文却在美国和其他西方国家产生了巨大影响。日本比较文学家大塚幸男说："翻译文学，在对接受国文学的影响中，误解具有异乎寻常的力量。有时拙劣的译文意外地产生极大的影响。"④庞德就是这样的翻译家，他翻译《论语》《中庸》《孟子》《诗经》等中国典籍时，完全借助理雅各的译本，但又能超越理雅各的译本，在此基础上根据自己的想法来翻译。他把《中庸》翻

---

① 严绍璗：《我对国际中国学(汉学)的认识》，《国际汉学》(第五辑)，郑州：大象出版社，2000 年，第 11 页。
② 英国著名汉学家阿瑟·韦利在翻译陶渊明的《责子》时将"阿舒已二八"翻译成"A-Shu is eighteen"，显然是他不知在中文中"二八"是指 16 岁，而不是 18 岁。这样知识性的翻译错误是常有的。
③ 赵毅衡：《诗神远游：中国如何改变了美国现代诗》，成都：四川文艺出版社，2013 年，第 277—278 页。
④ [日]大塚幸男：《比较文学原理》，陈秋峰、杨国华译，西安：陕西人民出版社，1985 年，第 101 页。

译为 *Unwobbling Pivot*（不动摇的枢纽），将"君子而时中"翻译成"The master man's axis does not wobble"（君子的轴不摇动），这里的关键在于他认为"中"是"一个动作过程，一个某物围绕旋转的轴"①。只有具备比较文学和跨文化理论的视角，我们才能理解庞德这样的翻译。

从比较文学角度来看，文学著作一旦被翻译成不同的语言，它就成为各国文学历史的一部分，"在翻译中，创造性叛逆几乎是不可避免的"②。这种叛逆就是在翻译时对源语言文本的改写，任何译本只有在符合本国文化时，才会获得第二生命。正是在这个意义上，谢天振主张将近代以来的中国学者对外国文学的翻译作为中国近代文学的一部分，使它不再隶属于外国文学，为此，他专门撰写了《中国现代翻译文学史》③。他的观点向我们提供了理解被翻译成西方语言的中国古代文化典籍的新视角。

尽管中国学者也有在中国典籍外译上取得成功的先例，例如林语堂、许渊冲，但这毕竟不是主流。目前国内的许多译本并未在域外产生真正的影响。对此，王宏印指出："毋庸讳言，虽然我们取得的成就很大，但国内的翻译、出版的组织和质量良莠不齐，加之推广和运作方面的困难，使得外文形式的中国典籍的出版发行多数限于国内，难以进入世界文学的视野和教学研究领域。有些译作甚至成了名副其实的'出口转内销'产品，只供学外语的学生学习外语和翻译技巧，或者作为某些懂外语的人士的业余消遣了。在现有译作精品的评价研究方面，由于信息来源的局限和读者反应调查的费钱费力费时，大大地限制了这一方面的实证研究和有根有据的评论。一个突出的困难就是，很难得知外国读者对于中国典籍及其译本的阅读经验和评价情况，以至于影响了研究和评论的视野和效果，有些译作难免变成译者和学界自作自评和自我欣赏的对象。"④

王宏印这段话揭示了目前国内学术界中国典籍外译的现状。目前由政府各部门主导的中国文化、中国学术外译工程大多建立在依靠中国学者来完成的基本思路上，但此思路存在两个误区。第一，忽视了一个基本的语言学规律：外语再

---

① 赵毅衡：《诗神远游：中国如何改变了美国现代诗》，成都：四川文艺出版社，2013年，第278页。
② [美]乌尔利希·韦斯坦因：《比较文学与文学理论》，刘象愚译，沈阳：辽宁人民出版社，1987年，第36页。
③ 谢天振：《中国现代翻译文学史》，上海：上海外语教育出版社，2004年。
④ 王宏印：《中国文化典籍英译》，北京：外语教学与研究出版社，2009年，第6页。

好,也好不过母语,翻译时没有对象国汉学家的合作,在知识和语言上都会遇到不少问题。应该认识到林语堂、杨宪益、许渊冲毕竟是少数,中国学者不可能成为中国文化外译的主力。第二,这些项目的设计主要面向西方发达国家而忽视了发展中国家。中国"一带一路"倡议涉及60余个国家,其中大多数是发展中国家,非通用语是主要语言形态①。此时,如果完全依靠中国非通用语界学者们的努力是很难完成的②,因此,团结世界各国的汉学家具有重要性与迫切性。

莫言获诺贝尔文学奖后,相关部门开启了中国当代小说的翻译工程,这项工程的重要进步之一就是面向海外汉学家招标,而不是仅寄希望于中国外语界的学者来完成。小说的翻译和中国典籍文化的翻译有着重要区别,前者更多体现了跨文化研究的特点。

以上从历史、文献、语言、知识、方法五个方面探讨了开展中国古代文化典籍域外传播研究必备的学术修养。应该看到,中国文化的域外传播以及海外汉学界的学术研究标示着中国学术与国际学术接轨,这样一种学术形态揭示了中国文化发展的多样性和丰富性。在从事中国文化学术研究时,已经不能无视域外汉学家们的研究成果,我们必须与其对话,或者认同,或者批评,域外汉学已经成为中国学术与文化重建过程中一个不能忽视的对象。

在世界范围内开展中国文化研究,揭示中国典籍外译的世界性意义,并不是要求对象国家完全按照我们的意愿接受中国文化的精神,而是说,中国文化通过典籍翻译进入世界各国文化之中,开启他们对中国的全面认识,这种理解和接受已经构成了他们文化的一部分。尽管中国文化于不同时期在各国文化史中呈现出不同形态,但它们总是和真实的中国发生这样或那样的联系,都说明了中国文化作为他者存在的价值和意义。与此同时,必须承认已经融入世界各国的中国文化和中国自身的文化是两种形态,不能用对中国自身文化的理解来看待被西方塑形的中国文化;反之,也不能以变了形的中国文化作为标准来判断真实发展中的

---

① 在非通用语领域也有像林语堂、许渊冲这样的翻译大家,例如北京外国语大学亚非学院的泰语教授邱苏伦,她已经将《大唐西域记》《洛阳伽蓝记》等中国典籍翻译成泰文,受到泰国读者的欢迎,她也因此获得了泰国的最高翻译奖。
② 很高兴看到中华外译项目的语种大大扩展了,莫言获诺贝尔文学奖后,中国小说的翻译也开始面向全球招标,这是进步的开始。

中国文化。

在当代西方文化理论中,后殖民主义理论从批判的立场说明西方所持有的东方文化观的特点和产生的原因。赛义德的理论有其深刻性和批判性,但他不熟悉西方世界对中国文化理解和接受的全部历史,例如,18世纪的"中国热"实则是从肯定的方面说明中国对欧洲的影响。其实,无论是持批判立场还是持肯定立场,中国作为西方的他者,成为西方文化眼中的变色龙是注定的。这些变化并不能改变中国文化自身的价值和它在世界文化史中的地位,但西方在不同时期对中国持有不同认知这一事实,恰恰说明中国文化已成为塑造西方文化的一个重要外部因素,中国文化的世界性意义因而彰显出来。

从中国文化史角度来看,这种远游在外、已经进入世界文化史的中国古代文化并非和中国自身文化完全脱离关系。笔者不认同套用赛义德的"东方主义"的后现代理论对西方汉学和译本的解释,这种解释完全隔断了被误读的中国文化与真实的中国文化之间的精神关联。我们不能跟着后现代殖民主义思潮跑,将这种被误读的中国文化看成纯粹是西方人的幻觉,似乎这种中国形象和真实的中国没有任何关系。笔者认为,被误读的中国文化和真实的中国文化之间的关系,可被比拟为云端飞翔的风筝和牵动着它的放风筝者之间的关系。一只飞出去的风筝随风飘动,但线还在,只是细长的线已经无法解释风筝上下起舞的原因,因为那是风的作用。将风筝的飞翔说成完全是放风筝者的作用是片面的,但将飞翔的风筝说成是不受外力自由翱翔也是荒唐的。

正是在这个意义上,笔者对建立在19世纪实证主义哲学基础上的兰克史学理论持一种谨慎的接受态度,同时,对20世纪后现代主义的文化理论更是保持时刻的警觉,因为这两种理论都无法说明中国和世界之间复杂多变的文化关系,都无法说清世界上的中国形象。中国文化在世界的传播和影响及世界对中国文化的接受需要用一种全新的理论加以说明。长期以来,那种套用西方社会科学理论来解释中国与外部世界关系的研究方法应该结束了,中国学术界应该走出对西方学术顶礼膜拜的"学徒"心态,以从容、大度的文化态度吸收外来文化,自觉坚守自身文化立场。这点在当下的跨文化研究领域显得格外重要。

学术研究需要不断进步,不断完善。在10年内我们课题组不可能将这样一个丰富的研究领域做得尽善尽美。我们在做好导论研究、编年研究的基础性工作之外,还做了一些专题研究。它们以点的突破、个案的深入分析给我们展示了在跨文化视域下中国文化向外部的传播与发展。这是未来的研究路径,亟待后来者不断丰富与开拓。

这个课题由中外学者共同完成。意大利罗马智慧大学的马西尼教授指导中国青年学者王苏娜主编了《20世纪中国古代文化经典在意大利的传播编年》,法国汉学家何碧玉、安必诺和中国青年学者刘国敏、张明明一起主编了《20世纪中国古代文化经典在法国的传播编年》。他们的参与对于本项目的完成非常重要。对于这些汉学家的参与,作为丛书的主编,我表示十分的感谢。同时,本丛书也是国内学术界老中青学者合作的结果。北京大学的严绍璗先生是中国文化在域外传播和影响这个学术领域的开拓者,他带领弟子王广生完成了《20世纪中国古代文化经典在日本的传播编年》;福建师范大学的葛桂录教授是这个项目的重要参与者,他承担了本项目2卷的写作——《20世纪中国古代文学在英国的传播与影响》和《中国古典文学的英国之旅——英国三大汉学家年谱:翟理斯、韦利、霍克思》。正是由于中外学者的合作,老中青学者的合作,这个项目才得以完成,而且展示了中外学术界在这些研究领域中最新的研究成果。

这个课题也是北京外国语大学近年来第一个教育部社科司的重大攻关项目,学校领导高度重视,北京外国语大学的欧洲语言文化学院、亚非学院、阿拉伯语系、中国语言文学学院、哲学社会科学学院、英语学院、法语系等几十位老师参加了这个项目,使得这个项目的语种多达20余个。其中一些研究具有开创性,特别是关于中国古代文化在亚洲和东欧一些国家的传播研究,在国内更是首次展开。开创性的研究也就意味着需要不断完善,我希望在今后的一个时期,会有更为全面深入的文稿出现,能够体现出本课题作为学术孵化器的推动作用。

北京外国语大学中国海外汉学研究中心(现在已经更名为"国际中国文化研究院")成立已经20年了,从一个人的研究所变成一所大学的重点研究院,它所取得的进步与学校领导的长期支持分不开,也与汉学中心各位同人的精诚合作分不开。一个重大项目的完成,团队的合作是关键,在这里我对参与这个项目的所有学者表示衷心的感谢。20世纪是动荡的世纪,是历史巨变的世纪,是世界大转机的世纪。

20世纪初,美国逐步接替英国坐上西方资本主义世界的头把交椅。苏联社会主义制度在20世纪初的胜利和世纪末苏联的解体成为本世纪最重要的事件,并影响了历史进程。目前,世界体系仍由西方主导,西方的话语权成为其资本与意识形态扩张的重要手段,全球化发展、跨国公司在全球更广泛地扩张和组织生产正是这种形势的真实写照。

20世纪后期,中国的崛起无疑是本世纪最重大的事件。中国不仅作为一个政治大国和经济大国跻身于世界舞台,也必将作为文化大国向世界展示自己的丰富性和多样性,展示中国古代文化的智慧。因此,正像中国的崛起必将改变已有的世界政治格局和经济格局一样,中国文化的海外传播,中国古代文化典籍的外译和传播,必将把中国思想和文化带到世界各地,这将从根本上逐渐改变19世纪以来形成的世界文化格局。

20世纪下半叶,随着中国实施改革开放政策和国力增强,西方汉学界加大了对中国典籍的翻译,其翻译的品种、数量都是前所未有的,中国古代文化的影响力进一步增强①。虽然至今我们尚不能将其放在一个学术框架中统一研究与考量,但大势已定,中国文化必将随中国的整体崛起而日益成为具有更大影响的文化,西方文化独霸世界的格局必将被打破。

世界仍在巨变之中,一切尚未清晰,意大利著名经济学家阿锐基从宏观经济与政治的角度对21世纪世界格局的发展做出了略带有悲观色彩的预测。他认为今后世界有三种结局:

> 第一,旧的中心有可能成功地终止资本主义历史的进程。在过去500多年时间里,资本主义历史的进程是一系列金融扩张。在此过程中,发生了资本主义世界经济制高点上卫士换岗的现象。在当今的金融扩张中,也存在着产生这种结果的倾向。但是,这种倾向被老卫士强大的立国和战争能力抵消了。他们很可能有能力通过武力、计谋或劝说占用积累在新的中心的剩余资本,从而通过组建一个真正全球意义上的世界帝国来结束资本主义历史。
>
> 第二,老卫士有可能无力终止资本主义历史的进程,东亚资本有可能渐

---

① 李国庆:《美国对中国古典及当代作品翻译概述》,载朱政惠、崔丕主编《北美中国学的历史与现状》,上海:上海辞书出版社,2013年,第126—141页;[美]张海惠主编:《北美中国学:研究概述与文献资源》,北京:中华书局,2010年;[德]马汉茂、[德]汉雅娜、张西平、李雪涛主编:《德国汉学:历史、发展、人物与视角》,郑州:大象出版社,2005年。

渐占据体系资本积累过程中的一个制高点。那样的话,资本主义历史将会继续下去,但是情况会跟自建立现代国际制度以来的情况截然不同。资本主义世界经济制高点上的新卫士可能缺少立国和战争能力,在历史上,这种能力始终跟世界经济的市场表层上面的资本主义表层的扩大再生产很有联系。亚当·斯密和布罗代尔认为,一旦失去这种联系,资本主义就不能存活。如果他们的看法是正确的,那么资本主义历史不会像第一种结果那样由于某个机构的有意识行动而被迫终止,而会由于世界市场形成过程中的无意识结果而自动终止。资本主义(那个"反市场"[anti-market])会跟发迹于当代的国家权力一起消亡,市场经济的底层会回到某种无政府主义状态。

最后,用熊彼特的话来说,人类在地狱般的(或天堂般的)后资本主义的世界帝国或后资本主义的世界市场社会里窒息(或享福)前,很可能会在伴随冷战世界秩序的瓦解而出现的不断升级的暴力恐怖(或荣光)中化为灰烬。如果出现这种情况的话,资本主义历史也会自动终止,不过是以永远回到体系混乱状态的方式来实现的。600年以前,资本主义历史就从这里开始,并且随着每次过渡而在越来越大的范围里获得新生。这将意味着什么?仅仅是资本主义历史的结束,还是整个人类历史的结束?我们无法说得清楚。①

就此而言,中国文化的世界影响力从根本上是与中国崛起后的世界秩序重塑紧密联系在一起的,是与中国的国家命运联系在一起的。国衰文化衰,国强文化强,千古恒理。20世纪已经结束,21世纪刚刚开始,一切尚在进程之中。我们处在"三千年未有之大变局之中",我们期盼一个以传统文化为底蕴的东方大国全面崛起,为多元的世界文化贡献出她的智慧。路曼曼其远矣,吾将上下求索。

张西平
2017年6月6日定稿于游心书屋

---

① [意]杰奥瓦尼·阿锐基:《漫长的20世纪——金钱、权力与我们社会的根源》,姚乃强等译,南京:江苏人民出版社,2001年,第418—419页。

前　言

"中国文化在南亚"是一个大题目。以中国历史之悠久和文化之繁荣来讲，先不要说域外传播，单论其自身的产生和发展无疑也是个难题。同时南亚也是个复杂的地理概念。在古代，南亚次大陆是"随地称国"，至玄奘才"语其所美，谓之印度"。今天一般意义上的南亚，则包括印度、巴基斯坦、尼泊尔、不丹、孟加拉、斯里兰卡和马尔代夫等国。所以无论"南亚"还是"印度"，其包含的语义范围在古代的不同历史时期乃至今天，都存在很大程度的不同。

我们所讨论的南亚，只好古今兼顾，即凡是在古代被称为"印度"范围之内的，以及凡是在今天的地图上标示为南亚地区的，都予以列入。甚至在某些问题的讨论上，这个地理范围还要拓展。比如作为连接古代中国与南亚地区的重要中转地的中亚，在很多历史时期是模糊在此消彼长的疆界更迭之中的。如果忽略掉中亚，"中国文化在南亚"这个论题是要出现很多空白和中断的。所以我们不能舍弃。

这个题目又有极其重要的意义。南亚地区和中国都由于新兴经济而正在对世界范围的政治经济和地缘格局形成深刻影响。中国与南亚的文化互动，既是文明古国之间文化交流的延续，也是新千年世界文化发展的重要坐标。如何让连绵千年而不断的文化交流传统在新的历史阶段焕发更大的活力，并且为繁荣世界文化做出更大的贡献，是文化学者应该思考和关注的课题。基于此，"中国文化在南亚"既要对两地之间已有的交流活动和积累进行总结和梳理，更需要对其未来的走向提出建议。

对于这样一个既宏大又意义深刻的题目，我们在撰写的过程中要追思历史和重温经典。在中国与南亚地区之间自古以来的文化传播活动中，有哪些经过历史的检验和证明是成功的、具有生命力的？有哪些经验教训可以汲取并为今天的文化交流活动提供借鉴？有哪些经典造就和助推了异域文化之间的传播与交流？又是谁创造了这样的经典，使得后世的交流活动可以立足其上，做到视野高远？这些都是我们反复思考并且希望在文中能够给出一定答案的问题。

为了将这个题目做好，我们和多位文化交流方面的专家学者进行了讨论并得到诸多启发。张西平教授为这个题目的确定及撰写框架提出了宝贵的建议，作为"20世纪中国古代文化经典域外传播研究书系"中的一卷，"中国文化在南亚"这样一个论题的产生至其完成，都离不开张西平教授的鼓励和帮助。在撰写过程中，深圳大学的郁龙余教授也提出了指导性意见，郁龙余教授在中国与南亚文化交流方面著述颇多而享誉两地，他的看法始终是我们完成这个论题的推动力量。我们还参考了一些在此领域堪称巨擎的大家之作，像耿引曾和薛克翘的交流史论作。在此也对他们表示敬意和感谢。

此外，我们将整个篇章按年代分成"古代"和"近代以来"两个部分，实际上很多研究活动是难以按时间来截取划分的。比如当代的很多文化传播成果是建立在古代载籍或者论著之上的，再加上网络和信息技术的发展，许多文化交流和传播空前活跃，这些将对本论题形成有益的补充。我们有理由相信"中国文化在南亚"是一个值得持续研究的课题。

佟加蒙　李亚兰

2012年9月于北京外国语大学

目 录

第一部分　古代篇

绪　论　3

第一章　史料与文献　11
  第一节　中国古代载籍　13
  第二节　古代中国与南亚文化交流的当代研究　16

第二章　丝绸之路与南亚　21
  第一节　丝绸之路与中外文化交流　22
  第二节　丝绸之路与南亚的连通：北方丝路和南方丝路　24
  第三节　中国文化通过丝绸之路在南亚的传播　26
  第四节　丝绸之路与中国文化在南亚　29

第三章　海上丝路与南亚　31
  第一节　海上丝路的历史沿革　33

第二节　海上丝路与南亚　　34
　　　第三节　海上丝路与"珍珠链"　　40

第四章　郑和在南亚　　43
　　　第一节　郑和下西洋与中外文化交流　　45
　　　第二节　郑和下西洋所抵达的南亚国家和城市　　46
　　　第三节　中国文化通过郑和在南亚的传播　　48

第五章　古代中国的对外贸易与南亚　　53
　　　第一节　古代中国的对外交往与"朝贡贸易"　　55
　　　第二节　古代南亚与中国的贸易往来　　56

第六章　佛教文化交流与南亚　　65
　　　第一节　佛教文化交流的讨论依据　　67
　　　第二节　古代中国与南亚之间的僧人互访　　68
　　　第三节　佛教与中国文化海外传播　　76

第七章　法显在南亚　　79
　　　第一节　法显所抵达的南亚国家　　80
　　　第二节　《佛国记》与南亚国家古代史　　83
　　　第三节　法显在近当代南亚　　86

第八章　玄奘在南亚　　89
　　　第一节　玄奘与中印文化交流　　90
　　　第二节　玄奘的南亚旅历及其文化影响　　92
　　　第三节　《大唐西域记》与印度古代史的重建　　96

第九章 四大发明在南亚　99

　　第一节　纸和造纸术在南亚　101
　　第二节　印刷术在南亚　103
　　第三节　火药在南亚　104
　　第四节　指南针在南亚　105

第二部分　近代以来篇

第一章　近代以来中国文化在南亚的传播：文化交流的阶段特征及研究概况　109

　　第一节　近代以来中国与南亚的历史境遇及文化交流特征　112
　　第二节　近代以来中国文化在南亚的传播与影响：研究现状、研究角度与目的　116

第二章　中国对南亚的关注与中国文化的传播　121

　　第一节　鸦片战争前后中国知识分子对南亚的关注　124
　　第二节　民国时期中国对南亚的关注与研究　126
　　第三节　中华人民共和国成立后中国与南亚的文化交流　129
　　第四节　中国的历史境遇与中国文化向南亚传播的阶段特征　131

第三章　中国学者与中国文化向南亚的传播　133

　　第一节　谭云山与中国文化在南亚　135
　　第二节　徐梵澄与中国文化在南亚　140
　　第三节　陶行知与徐悲鸿等赴印学者与中国文化在南亚　145
　　第四节　以季羡林为代表的当代中国学者与中国文化在南亚　148
　　第五节　中国的南亚研究对中国文化在南亚传播的意义　151

第四章　南亚对中国的关注与中国文化在南亚的接受　153
  第一节　近代以来不同历史阶段南亚对中国文化的关注　154
  第二节　南亚名人对中国文化的关注与传播　160
  第三节　印度援华医疗队　170
  第四节　印度人游记中的中国　172
  第五节　南亚的历史境遇与中国文化在南亚的接受　176

第五章　南亚的中国学研究与中国文化的传播　179
  第一节　印度的中国学研究：阶段、特征与机构　180
  第二节　近代以来印度的中国学研究的主要内容　189
  第三节　印度知名汉学家与中国文化在南亚　197
  第四节　印度的中国学研究与中国文化在南亚的传播　206
  第五节　斯里兰卡的中国学研究与中国文化的传播　208

结　语　近代以来中国文化在南亚：分析与展望　215

  附录1　法显在斯里兰卡　219

  附录2　南亚有关中国文化题材的论文及著述选录　228

参考文献　257

索　引　261

后　记　268

第一部分 古代篇

绪论

文化的要义是什么？这似乎是一个没有答案的问题。"文化"大概在语意丰富方面是包含性最强的一个词。我们几乎可以把生活中的万事万物都归结到文化层面予以论说。在这个概念之下，高妙至精神哲学，细碎到衣食住行；具体到人物书籍，抽象至思想理念，无不具有文化的意义。既然我们的论题所涉及的是"文化"的传播，其内容就几乎可以包罗万象了。这其实提出了一个难题：下笔万言，绝难还原事物的本体。历史的长河在流淌过程中泥沙俱下，谁能捧得一朵浪花保存给后人展示？然而从另一个角度来看，文化的记载和传承又是必须完成的任务，否则文化便没有了积累和发展，后来人便不能追根溯源。玛雅文明和摩亨佐·达罗古城遗址留给人们的就是无穷无尽的遗憾。此外，任何一种区域性文化，无不以为世界文化做出贡献为荣。将自己的文化传播到另外一个地区，让自己的文化价值观念为更多的人所接受，是人类自从有历史以来就孜孜不倦追求的目标。文化只有传播开来，繁衍生根，才具有生命力，否则其必然消亡。简而言之，对于文化传播的讨论，其难则不可名状，其意义却不言自明。

古代中国与南亚地区存在密切的文化交流。形成这种密切文化交流的原因也很简单：作为世界上两个重要文明和文化的繁衍栖息地，其地理位置又仅一山之隔，交流如何能不频繁呢？相关的学术研究也历史久矣。尽管我们的命题是"中国文化在南亚"，但是从学术史和文献研究的角度看，是很难将两个地区之间文化的"往"与"来"完全划分开来的。在我们论述过程中涉及的文献资料,大部分是以"交流"的名义立说,很少有完全单向传播的视角,而且这种交流在中国的学术视野中,总是传入比传出的内容更加丰富。例如,我们在文中一些地方引用的"文化交流史",由于作者的立意以及资料限制,其内容就以"传来"的居多,"流出"的部分总显得单薄。这大概有两个原因:一个是在历史上,中国的传统文化博大精深,所以就发展出了更大的容量,以至于能够海纳百川,更多地接受外来文化;另一个是任何文化流传出去不但不会对发源地有什么损失,反而会巩固其优势文化的地位。而当一种文化传播进来的时候,就会丰富接受地区的文化内涵。所以从自身的视角,人们总是能够注意到有何种异域文化传播了进来,而不太注意自己有哪一个方面的文化内容流传到其他地区。这样,"中国文化在南亚"这个课题就显得格外有意义。因为这可能是一个在历史上以及在今天的学术研究中都容易被忽略的问题。

我们的论述基本上从公元前后开始,这当然不意味着那是一个文化传播或者交流的开端时期。如果做一个思考上的推断,不同地区人类族群之间的交流应当会追溯到远古,只不过相应的证据随着时间流逝越久远也就越湮没无考。我们只要看看各种不同种属的动物在地球上大规模迁徙并适应不同地区气候和生存条件的事实,就可以想象在今天所谓的文明发轫之前,上古的人们长途迁移、随遇而安的能力要比必须借助交通工具才能远距离旅行的现代人强。生物社会学者甚至认为人类拥有共同的祖先,即便是不同肤色和种族,也不可能从彼此毫无干系的两条线索遗传下来。英国著名演化生物学家道金斯就推断,坐在一家大型电影院中四下张望观众,看到远系表亲的概率非常大。如果考究一下元代历史以及印度历史上的突厥化的穆斯林人,谁敢说两地一定不存在几个有共同先祖的人呢。尤其考虑次大陆这样一个"人种博物馆",以及中亚在勾连南亚与古代中国方面所发挥的重要作用,先不提文化,即使基因层面的交流也应该是必然的。从这个意义上讲,文化传播的视角的确应该放得更高远。陈炎教授在海上丝路的研究中,能够将目光投向文化遗址的考古发掘,就很好地说明了这个问题。

对于我们的研究课题而言,公元前后的一段时间是文化交流的文字证据开始出现并日益丰富起来的时期。这也是我们从其时开始论述的原因。从早期的文化交流史料来看,人们对异域文化充满了好奇和探求的愿望,即使只是传闻,也会记录下来。《史记·大宛列传》中记载张骞听说的"蜀布"和"邛竹杖",被作为中国与南亚地区之间文化交流的文字证据,被反复引证和讨论。在今天看来,相比于中国制造的产品在全球铺天盖地,这仅仅听来的微末事物却被如此重视或许会令人哑然一笑。然而历史上的万物都是这样从无到有、从细小到宏大发展而来的。文化交流的轨迹也是如此,也经历一个从跬步到千里的过程。今天,我们或许已经不关心哪一个国家的店铺里出售着哪一种来自中国的商品,也不在意哪一个地区的人们在日常生活中使用着什么标记有"MADE IN CHINA"的器物,但是我们却需要重视来自中国的事物、信息和影响给接受地的人们带来怎样的感受。而这种感受是在历史长河的流淌过程中缓慢而又深刻地形成,并且是在不断发展变化的。这无关某个具体的人或者某一时间发生的某件事情,而是一个整体的印象。能够形容和概括这种印象的词,就是"文化"。我们的"文化",总要流传到另一个国家或者地区。即使是闭关锁国与外部几乎隔绝的时代里,外部的世界和人们也在通过不同的渠道观察着我们并得出自己的结论。在中国日益走向世界舞台前沿的今天,我们就更需要回过身去观察历史,看一看从古代到现在,我们的文化是怎样传播到其他地区的,给那个地区的人们形成了怎样的印象和产生了怎样的影响。这对于今天形成较好的文化传播策略,为明天建立更好的文化形象是至关重要的。论及此,任何早期的交流,虽然微不足道,但却是我们的文化在传播历史中的一部分,是值得记忆的宝贵证据。

中国与南亚地区的文化交流到东汉时期内容变得极其丰富。这其中最主要的原因是佛教开始传入。伴随这一中国文化史和宗教史上重要的事件发生的,是中国开始更为主动地去了解南亚地区,特别是希望探究那里的文化源流和风土事物。在这一过程中,越来越多的中国人不畏旅途险阻,跋涉万里来到南亚,或游历或学习或经商或定居。这些人之中,若以文化意义言之,则以僧人的事迹最为突出,功绩也最为显著。其中的原因自然是僧人们都饱读经书,可以完成文化交流的使命并用文字记载下来,从而也让后人论之有据。我们在"佛教文化交流与南亚"这一章中,主要就是讨论这些僧人对中国文化在南亚传播做出的贡献。当然,佛教文化交流立意高远、内容艰深并且纷繁复杂,并非在一章内可以叙述清楚,只不过鉴于其重要性而不得不以专章论述而已。所以我们在文中特别指出:"在这里我们无意对佛教交流这样一个宏大绚丽的文化现象进行方向性的剥离划分。

那样做的话如同抽刀断水。我们这里希望做的是讨论一下佛教东来之后,中国对其来源地做出了怎样的反应。具体而言,就是有哪些人因为佛教的关系从古代南亚国家和地区来到中国,以及中国僧人到过哪些古代南亚的国家和地区。"在这个意义上,描述法显和玄奘必须浓墨重彩。他们是中国与南亚文化交流史上璀璨的明珠,光芒四射,不但通过取经活动将南亚文化带到中国,更是通过在南亚地区的长期生活,将自己所代表的中国形象写入了对方的历史。

中国和南亚地区之间在历史上围绕佛教进行的接触和互动是世界文化交流史上成功的典范。在面对这样一个延绵时间长、牵扯范围广和交流程度深的宏伟文化现象的时候,我们除了对历史的学术沉淀展开讨论,还可以发现很多可以对今天的交流活动有指导作用的思路。一个国家或者地区所特有的文化或者宗教思想,在传播到另一个国家或者地区的时候,其历程往往是千回百折、举步艰难的。例如,伴随着新航路开辟而开展的基督教传教活动,往往与流血和暴力事件联系在一起。人们对来自异域的新文化,尤其是新的宗教思想,很多时候是心存戒备甚至是抵触的。然而佛教在传播的过程中,虽然也经历了重重困难,但是整个过程却要顺畅很多。这其中最为重要的原因,我们将其归结为官方的支持。从魏晋时期到唐宋时期,中国和南亚地区的僧人前赴后继地投入佛教交流,除了宗教信仰的虔诚心态使然,官方所提供的援助也无比重要。我们的看法是:"寺庙需要掌握相当的资源,才能供养译经僧人经年累月地专心学术、心无旁骛。这样的资源光靠民间的施舍是远远不够的,一定需要得到政权的支持。那么多送经、译经或者取经的僧人义无反顾,终毕生之力投身于这项事业,除了精神力量的支撑,物质保障恐怕也是重要的原因。"论及此处,想到以海外中文教育推广和中国文化海外传播为主旨的若干活动,无疑也需要以古鉴今,吸取历史上文化交流的成功经验和失败教训。这样才能把我们的文化传播活动做好。

在以佛教为代表的文化交流之外,经济和贸易活动也贯穿整个中国对外交流的历史。贸易活动的初衷虽然大抵只是营利,但是其结果却同样是互通有无,对某种物品的来源地或者接受地都产生经济利益之外的影响。这也是我们在文中主要讨论的方面,即经济活动所产生的文化效应。以"对外贸易"或者"海上丝路"等为例,相应的盈利或者亏损,万国来朝或者耀兵异域,都早已被历史所湮没。到今天,大概已经没有人还会关心某年某月某日某船瓷器在某地赚了多少银子,也没有人会觉得船队远行擒获别人的国王是多么值得炫耀的事情。然而文化的印记却在这些活动中深深地刻在历史之中。我们在"丝绸之路与南亚"中谈道："文化交流的意义在于使民众在潜移默化间产生自发的感受。丝绸之路这一称谓已经成为一种象征，马上能够让人联想到的就是璀璨的中国古代文明在世界其他地区的传播和影响。从这个意义上讲，不但当初开辟丝绸之路的人们功不可没，那些重新发现丝绸之路以及从学术研究角度构建丝绸之路的人也都应该得到感谢。相比之下，到底有哪些物品或者生产技术曾经通过这条通道流传出去，却显得不那么重要了。"丝绸之路之所以成为文化交流的重要象征，当然不在于数量众多的行商驼队远途运送了多少物品，而在于古人不畏风餐露宿、筚路蓝缕的开拓精神。

陆上丝绸之路的开辟以及中国与南亚地区的佛教交流，在一定程度上都依托了中亚这样一个文化集散地。而到了宋明时期，通过海路完成的各种交流活动越来越频繁和深入。这种交流通道从陆地到海洋的转换，似乎也预示着我们的文化进程即将出现重大转折。对中国而言，宋代繁荣的海路贸易以及明代郑和下西洋，都表明海路在国际交流中越来越重要。在西方主导的新航路开辟尚未开始，在以欧洲为中心的视角中世界还存在诸多未知地域的时候，东方国家之间实际早已发展了规模宏大的海路航行。我们在"海上丝路与南亚"一章中讨论了从汉唐时期到宋明时期，中国与南亚国家之间的交流活动。在地缘政治观念在相应学术研究中占据相当视角的今天，深入了解海上丝路的历史，无疑有助于我们辨别是非。例如，"珍珠链"的概念在很长时间内甚嚣尘上，而实际上这样的航路，以及中国与南亚国家的海路贸易或交流，是存在悠长的历史渊源的。只有从文明与文化对话的角度去理解才能洞察，而非狭隘的地缘政治利益可以解释清楚。所以，我们在"海上丝路与南亚"一章中提出，"回顾历史，中国通过海上丝路输出的丝绸、瓷器等产品，与沿路各国进行的是使节互相拜访、互赠珍稀方物的友好往来；而近代以来欧洲殖民者们通过这条丝路带来的却是军火鸦片、战争掠夺和殖民占领。以海上丝路的南亚航线来说，中国船队在南亚各国港口的经停补给，甚至上岸往来有着 2000 年左右的历史。这样一段对中国来说孤悬海外的航线，却被一些国际媒体和学术机构炮制出'珍珠链'之说，可以说是既罔顾历史又无视现实"。

综上所述,我们在"古代中国文化在南亚"的框架下进行的讨论主要有三条线索。一是时间线索,从秦汉时期到明代将近两千年的时间内,中国与南亚地区和国家之间所开展的交流活动以及相应的文化影响。二是空间线索,讨论我们与南亚国家和地区之间的交流通道是如何建立起来的,有着怎样的历史,以及产生了怎样的效果。三是文献资料线索,我们着重讨论的则是围绕这些交流活动,都存在着哪些重要的文字记载。在这样的框架之下,论述的展开是专题式的,不以中国或者南亚国家的历史脉络发展进行分期,从而有别于其他的"交流史"类专著。"丝绸之路""佛教交流""海上丝路""对外贸易""郑和下西洋"和"四大发明"是我们重点讨论的几个专题。其中,由于佛教文化交流意义重大,玄奘和法显又在其中做出了卓越贡献,我们予以分章讨论。

第一章 史料与文献

在论述"中国文化在南亚"的过程中，我们主要利用了以下几种文献资料：一是对中国古代载籍的直接引述。对于"中国文化"这样一个命题，尤其是"古代中国文化"，再没有比藏量丰富的载籍更有代表性了。更为可贵的是这些载籍中对于中国边疆及周围地区和国家的记述非常细致详尽。实际上今天对中国与其他国家和地区之间发生的文化交流或者文化传播进行的讨论，是以中国古代载籍为基础的。二是近当代以来，有学者对相关古代载籍进行了分类梳理，并做了深入的讨论研究。在"中国文化在南亚"这个题目中，这方面最典型的例子就是耿引曾所撰的《汉文南亚史料学》。这样的著作对于相关研究而言，尤其是在电子检索没有实现之前，有如汪洋大海之中的灯塔，其作用和功绩是难以言表的。三是近当代学者所撰写的各种文化交流史，重要的著作包括季羡林所著的《中印文化交流史》。当代中外文化交流和文化传播研究的一个重要特点，就是视角从单向转向了多元，既关注我们自己历史文献的积淀，也重视他国的研究资料和成果。下面我们综述这些文献资料。

第一节　中国古代载籍

《四库全书》中多有涉及古代中国与其他国家和地区进行文化交流的记录。在我们的论述中,最主要的载籍为"二十五史"。从《史记》到《清史稿》,正史之中记载了大量关于中国与其他国家往来交流的史实。对于世界历史而言,这些内容成为宝贵的历史资料。尤其是对于那些没有官方修史传统,或者由于各种原因,历史的发展脉络已经湮没的国家而言,中国正史之中的丰富记录已经成为历史研究的瑰宝。正史之外,还包括涉及南亚的游记以及方志杂记。

《史记》中涉及南亚的篇章就包括《西南夷列传》和《大宛列传》。作为中国第一部纪传体通史,《史记》的历史价值毋庸赘言。这样一部被称为"史家绝唱"的作品中包含了大量中国边疆地区少数民族以及周边国家的历史记录,对于文化交流研究而言就具有更加特殊的意义。《西南夷列传》和《大宛列传》中有关南亚国家"身毒"的记载,成为中国对南亚地区最早的历史描述,也是中国与南亚文化交流早期的文献证据之一。我们在"丝绸之路与南亚"以及"古代中国的对外贸易与南亚"等章节,均引用了《史记》中的记述。

《汉书》虽然也是纪传体史书,但较之于《史记》,在体例上做出了诸多创新。一个特点是增加了《地理志》和《艺文志》。这两部分内容对于文化交流研究而言,是尤其宝贵的资料。除了《地理志》和《艺文志》,《汉书》还以较大的篇幅描写了西域地区和国家与中国内地的往来情况。例如,《地理志》中就详细记载了中国与南亚国家通过海路以及陆路的连接线路。这是中国史籍中,关于海外交通比较早的史料。我们在"海上丝路与南亚"以及"古代中国的对外贸易与南亚"等章节中,引用了相关内容。

《后汉书》中涉及南亚的史料包括《南蛮西南夷列传》和《西域列传》等。由于佛教在东汉时期传入中国,《后汉书》记载了与佛教相关的诸多史料,主要出现在《西域列传》中的天竺国章节。例如,该章节谈到汉明帝求法的情况:"世传明帝梦见金人,长大,顶有光明,以问群臣。或曰:'西方有神,名曰佛,其形长丈六尺而黄金色。'帝于是遣使天竺问佛道法,遂于中国图画形像焉。"①这是关于佛教东传起因的经典记载。《西域列传》中还详细记录了天竺国的风土人情和国家概况,以及贵霜帝国建立的情形。耿引曾在《汉文南亚史料学》中指出:"……汉文史料引起了中外研究者的重视,使之能对大月氏历史及贵霜王朝作出较系统的论述,成为编写中亚史、南亚史的主要依据。"②

《三国志》中也包含有南亚地区的史料。尤其是裴松之在作注的过程中,引用了《魏略》《异物志》等书,其中出现了很多有关南亚地区和国家的记载,最主要的内容包括《魏略》中的"西戎传"章节。"西戎传"中记载了从内地通往西域的几条主要通道,表明其时文化交流在地理上是能够保持顺畅的。裴松之还注引《浮屠经》,可以从中看到天竺国佛教发展的一些情况。

两晋南北朝时期,佛教在中国得到了大发展。这一段时期的史籍中更是出现了很多关于南亚的记载。例如,《宋书》中就记载了南亚师子国国王发来的国书,虽然汉译或有措辞夸耀,但是可以从中看出当时中国与斯里兰卡之间友好交往的史实。其文如下:"师子国,元嘉五年,国王刹利摩诃南奉表曰:谨白大宋明主,虽山海殊隔,而音信时通。伏承皇帝道德高远,覆载同于天地,明照齐乎日月,四海之外,无往不伏,方国诸王,莫不遣信奉献,以表归德之诚,或泛海三年,陆行千日,畏威怀德,无远不至。我先王以来,唯以修德为正,不严而治,奉事三宝,道济天下,欣人为善,庆若在己,欲与天子共弘正法,以度难化。故托四道人遣二白衣送牙台像以为信誓,信还,愿垂音告。"③《宋书》中还记载了天竺国王发来的国书,其中提及贡献"金刚指环、摩勒指环和金刚鹦鹉"等事。《宋书》之外,《南齐书》《魏书》等史籍中也多见南亚史料,包括南亚国家贡献方物,甚至佛牙等。我们在"佛教文化交流与南亚"章节中引用相关内容。

对于中国和南亚文化交流而言,两晋时期出现的最为重要的载籍为《佛国记》。这部惊世之著中的很多内容也为正史所引用。例如,《梁书》之中关于师子国的记载,基本采自《佛国记》。我们在"法显在南亚"章节中重点论及法显和他的《佛国记》。这部书如此之重要,以至于1600年之后的今天,仍然为相关国家的

---

① 范晔编撰:《后汉书第十册·卷八十八·西域列传》,北京:中华书局,1974年,第2922页。
② 耿引曾:《汉文南亚史料学》,北京:北京大学出版社,1990年,第18页。
③ 沈约:《宋书第八册·卷九十七·列传第五十七·夷蛮》,北京:中华书局,1974年,第2384页。

学者所津津乐道。例如对于印度,《佛国记》中关于笈多王朝的详细记录,已经成为撰修笈多王朝历史的重要文献。对斯里兰卡而言,法显则已经成为中斯友好交流的标志,是广为人知和备受推崇的中国古代人物。

梁代僧人慧皎所著的《高僧传》,则记载了从东汉到南北朝时期著名僧人的事迹。《高僧传》之外,同类著作还包括唐代道宣所著的《续高僧传》以及宋代赞宁所著的《宋高僧传》。这几部高僧生平传记著作中提及的僧人,很多都有在中国和南亚国家之间往来游访的经历。我们在"佛教文化交流与南亚"章节中多有引用。

至唐朝,玄奘西游并留下《大唐西域记》。这部著作对于中国与南亚文化交流的意义,用再多华丽的词语来形容都不为过。季羡林在"校注《大唐西域记》前言"中,综述玄奘的思想和业绩,并被学界认为是"研究玄奘的集大成者"①。季羡林主导校注《大唐西域记》,也被认为"代表了我国对该书的研究水平"。我们在"玄奘在南亚"章节中的论述,基本上以《大唐西域记》为材料,以校注等研究成果为指导,以从文化传播的角度再看这本巨著的意义为讨论目的,而非敢妄以为续。在本章中,我们利用的材料还包括《大唐西域求法高僧传》和《大慈恩寺三藏法师传》。

《新唐书》中记载了唐代通往南亚的路线,其中包括从陆路通往天竺和从广州海路通往斯里兰卡的路线。书中"西域列传"章节对天竺、罽宾和师子等国都有记载。我们在"海上丝路与南亚"一章中,引用《新唐书》史料作为讨论依据。

宋元时期的海路贸易有更大发展。这一时期的几部交通史类著作,包括《岭外代答》《诸蕃志》和《岛夷志略》,在海路与南亚国家交通方面,提供了宝贵的史料。"海上丝路与南亚"一章的内容,多有引述书中记载。唐代以来,海路对外交通史料的丰富,也表明中国对外文化交流从历史上更多地经由陆路开始向水陆并进的多层次发展。这一特点到明朝的郑和下西洋则表现得更为突出。

关于明代对南亚文化交流,我们讨论的重点就是"郑和下西洋"。围绕这一主题,有三部著作被引述,分别为马欢的《瀛涯胜览》、费信的《星槎胜览》和巩珍的《西洋番国志》。"郑和下西洋"作为西方新航路开辟之前的一个重大历史事

---

① 耿引曾:《汉文南亚史料学》,北京:北京大学出版社,1990年,第115页。

件，在国际学术研究中被赋予多重含义。我们的讨论则围绕文化交流而展开。郑和七次下西洋过程中，南亚很多地区（包括今天的孟加拉、印度南部多地、斯里兰卡和马尔代夫）都是重要的经由地和中转地。这一事件在文化交流方面的意义尤其重大。我们在"郑和在南亚"一章中，对此问题进行了论述。

以上是我们所利用的主要古籍。古代载籍是我们宝贵的文化遗产。尽管文化的基因也会以其他的形式保存下来，甚至随着世代繁衍在人群中自发自觉地生生不息，但是文字的记载无疑是其中最重要的组成部分。从古代中国与南亚国家的文化交流这样一个视角来看，后世对于这个领域的研究基础就是古籍。没有古籍内容的支撑，单依靠考古发现，相关研究就会变得苍白。从这个意义上讲，对古代中国与南亚国家文化交流的研究，在某种程度上就是对中国古代载籍中的相关记录进行梳理、考证和分析的过程。这里需要提及一个问题，即古籍之中存在多大程度的记载失真。官修正史是首先要拿给帝王家看的，所以其中不少"唯我独尊"的姿态，连礼尚往来地送头犀牛、长颈鹿之类的玩物，都被称为进贡。宗教、游记类书中又会有很多故弄玄虚，比如，法显在从斯里兰卡回国途中是可以口诵佛经而让大海波涛宁静的，玄奘是可以宣着佛号取出秘藏在地下的珍宝的。夸张如此，自然不足为信。但是很有可能存在看似合理但是又无考的内容。如何从真假混杂玉石莫辨的叙述中剔除糟粕，也是古籍利用的一个难题和挑战。从这个角度看，对于古籍的梳理摘选，实在是相关研究的重要铺垫和准备。

第二节　古代中国与南亚文化交流的当代研究

如上所言，中国的古代载籍如同汪洋大海，常常令一般研究者四顾茫然，在论述过程中就难免挂一漏万。当代学者对古代载籍之于中国与南亚国家文化交流的意义，进行了详细的整理、校注和评述，其中一些成果则成为相关研究工作的必要资料。在这方面，我们首推北京大学耿引曾教授的两本著作，即《汉文南亚史料学》和《中国古代载籍中南亚史料汇编》。我们在本书中引述中国古代载籍的过程中，基本上参考了这两部著作。

《汉文南亚史料学》(*Historical Data of South Asia from Chinese Sources*),对"南亚的汉文史料进行考订、分类、阐述和评价,试图把汉籍中的南亚史料整理出一个系统"。正如该书内容简介中所言:"汉籍中的南亚史料是举世无双的。它对历史资料极端缺乏,而一向以寓言、神话、传说来代替历史的南亚人民将如获瑰宝。它对研究亚洲的特别是南亚的历史文化,以及中国与南亚的关系,有无与伦比的价值。"季羡林在为这本著作作序的时候,提到"耿引曾……无间寒暑,锲而不舍,终于取得了这样的成就,为今后不管哪个国家的研究中印文化交流的学者提供了方便,弥补了多年以来就已经感到的一个缺憾"。① 这是对这本著作极中肯的评价。我们在讨论"中国文化在南亚"这样的课题时,在相关古代载籍的参考、引用和论述方面,均建立在《汉文南亚史料学》之上。

除此,耿引曾更编有《中国古代载籍中南亚史料汇编》。这部著作对于中国与南亚古代文化交流的研究者而言,是应该常备案头的工具。季羡林在这部著作的序言中写道:"耿引曾同志……翻检各种各样的典籍,焚膏继晷,兀兀穷年……搜集得成绩斐然可观。"这一方面说明这部汇编之得来不易,同时也指出了它对于相关学术研究的重要意义。有了这部汇编,我们就无须穷年累月地去做翻检的工作,而可以直接得到有用的材料。我们在"佛教文化交流与南亚""海上丝路与南亚"和"郑和在南亚"等章节,均从这本汇编中得到重要启发并加以引述。这本汇编以及上述的《汉文南亚史料学》如果按照南亚国家和地区再进行分类和外译,无疑将成为中国文化在南亚地区传播的经典。以斯里兰卡为例,尽管已经有部分研究关注了中国古籍中对该国的记载和叙述,但是系统全面的译介并没有出现。如果以《中国古代载籍之中的斯里兰卡》问世,一定可以成为中国文化在斯里兰卡传播研究的硕果。

在直接对中国古代载籍进行梳理和汇编之外,当代学者还对中国与南亚地区和国家之间自古有之的文化交流进行了深层次的研究和论述。我们参考的材料就包括季羡林所著的《中印文化交流史》、薛克翘所著的《中国印度文化交流史》、陈炎所著的《海上丝路与中外文化交流》、石云涛所著的《三至六世纪丝绸之路的变迁》等,种类繁多而不一一列举。无论从对于本研究课题的重要性还是从成果

---

① 耿引曾:《汉文南亚史料学》,北京:北京大学出版社,1990年,第1—2页。

的学术意义而言,季羡林所著的《中印文化交流史》都是高屋建瓴的,并对本研究深具指导意义。

季羡林所著的《中印文化交流史》,如他自己所言:"这确是一个大题……12万字的篇幅,这一本书我也只能小做。"又云:"在限定的篇幅内,戴着枷锁跳一场舞……还要尝试着写一部《中印文化关系史》。"①虽然是"小做",但是从学术的开拓意义而言,却立竿见影。这部著作中论及的佛教交流与倒流、造纸输入和蚕丝输入等问题,无一不成为后来研究的标尺和指南。尤其是对于"中国文化在南亚"这样一个论题而言,《中印文化交流史》更具指导意义。在有限的篇幅和叙述展开中,对于问题的研究框架已经确立。比如,问题讨论的源起应该在什么地方?季羡林提出《摩诃婆罗多》和《罗摩衍那》中关于"Cina"的记载,以此来说明文化交流历史的源头。再如,对于文化交流的分期,季羡林以"滥觞""活跃""鼎盛""衰微""复苏"和"转变"来勾画历史的脉络。又如,对于文化交流之中"中国文化在印度"这样的问题,季羡林以纸、造纸术、蚕丝、钢、制糖术等为切入点,从语言学的角度进行考证。这样的视野和方法,为后续研究奠定了牢固的基础。在这样的基础之上,之后出现的以"中国南亚文化交流"为主题的各种著作,就顺理成章了。在这些著作中,我们引证最多、最具有参考意义的是薛克翘所著《中国印度文化交流史》。

在《中国印度文化交流史》的绪言中,薛克翘指出了中印文化交流研究的意义:"在中国乃至世界,佛学、藏学、蒙古学、敦煌学、吐鲁番学、丝绸之路学等……研究者乐此不疲,学术气氛历久不衰。但是仔细想想,这些学科哪个能回避印度学,哪个与中印文化交流无关呢?"②在这样的表述中不难看到文化交流研究的重要学术意义。这部40余万字的巨著包揽细微,详述了中国和印度之间文化交流的历史。对于季羡林"尝试着写一部《中印文化关系史》"的心愿,这部书则有望满足。

当然,正是由于文化交流以及文化传播的重要性和重要意义,才使得这一领域著作频出,研究成果斐然。我们仅以最典型最有代表性的著作为引,简述对于

---

① 季羡林:《中印文化交流史》,北京:中国社会科学出版社,2008年,第2页。
② 薛克翘:《中国印度文化交流史》,北京:昆仑出版社,2008年,第3页。

本论题形成给予指导和帮助的作品。余者数目众多,难以尽述。我们希望强调的是,在中国和南亚地区之间,自古以来就存在着这样的一个交流的传统。古代的法显和玄奘筚路蓝缕,开拓文化交流的伟业。今天的研究者则"焚膏继晷,兀兀穷年",为保存和发扬这种传统做出贡献。这种文化交流的实践者和研究者都在交流史中留下了宝贵的印记。

除文化交流史类著作,一些汉学研究成果也丰富了我们的研究思路和内容。我们参考的相关书籍包括伯希和(Paul Pelliot,1878—1945)所著的《交广印度两道考》、李约瑟(Joseph Needham,1900—1955)领衔的巨著《中国科学技术史》和斯文·海定(Sven Anders Hedin,1865—1952)所著的《亚洲腹地探险八年》等。这些汉学著作,对我们的文化交流研究视角形成了有益的补充。实际上,汉学家们对于文化交流所做出的贡献是非常巨大的。像"丝绸之路""四大发明"等重要文化概念,其实是汉学家们的创作。连大熊猫最早都是由谙熟中国文化的传教士宣传出去的。斯坦因从英属印度北上中亚,最终从中国西北诸地发现大批文物,而这些文物的第一个转运站还是当年的英属印度。斯坦因和伯希和等人盗劫文物,其行为可鄙,然而其对于中国与南亚文化的勾连,倒是有了其初衷之外的结果。对于此类汉学家的研究成果和著作,我们在论述中也偶有涉及。

第二章 丝绸之路与南亚

丝绸之路在中外文化交流史上的意义,给予多高的评价也不为过。在长达1000多年的时间里,东西方文明在这条大通道上交会融合,相互借鉴和影响,形成了多元文化杂生共长的繁荣景象。尽管名为"丝绸之路",其内涵却超越丝绸或者任何曾经在其上交易置换的实物,其范围也远非多少条可以数清的道路可以描述。"丝绸之路"的意蕴是这样的:编织细密、纹理繁杂而又经纬缠绕有迹可寻之路。从地理位置上而言,丝绸之路横跨欧亚大陆,其连接南亚的通道正好像是主干上的一个侧枝。由于南亚与中国在空间上的接近以及有中亚这样一个丝路上重要和繁忙的地点作为中转,文化的传播与交流不但没有因为偏离了主丝路而有任何削弱,反而形成了自己的特点。

第一节　丝绸之路与中外文化交流

"丝绸之路"的称谓最早由德国人李希霍芬(Ferdinand von Richthofen)在1877年提出。他具体所指的是从公元前114年到公元127年,以中国为始发点,从中原地区,经今新疆向中亚运送丝绸等物的陆上通道;后来,所指范围逐步扩大,以至远达亚、欧、非三洲,并包括陆、海两方面的交通路线。对于西方而言,丝绸之路是一条发现之旅,要和马可·波罗以及斯文·海定等探险旅行家的名字放在一起来谈。对于中国而言,丝绸之路是向西探索的旅途,是张骞、班超等人的官方行为造就了这个陆路的贯通。不管审视的视角以及开辟丝路的初衷如何,丝绸之路实际上成为了历史上东西方文明文化交流的最重要的通道。

最早踏上丝绸之路的大多数人的目的应该都是谋利,文化的相互渗透和交流只是副产品。丝绸不过是碰巧成为当时在西方最奇货可居而又适合长途贩运的一种商品,交易量最大、最具有代表性。能够想象当年丝路上沿途集市多如繁星,商人们越接近中国,则丝绸和其他物品就越便宜,但往回运送的成本也越高。来自东方的商人也如此,尽可能西行以卖个好价钱。一定还有很多人在中途专做"转口"生意,把各种货物买来卖去。他们完成交易后,不免心情愉快,可能到酒肆勾栏放松一下,也会买些土特产品带回故国。甚至会有人留恋某地的异国风貌干脆住了下来,说不定还会结婚生子,由此大大提高丝路上很多市镇的国际化程度。这样一幅世俗化、生活化的场景中,文化层面上的交流也具有了相应的广度和深度。

官方的介入和推动会更快地扩大丝路之上的贸易规模。在中国,张骞出使西域之后,西汉设置了西域都护府,以加强管理和控制,这样就有效地维护了各种秩序。东汉班超也在该地区经营多年。到唐朝时设立安西四镇,进一步稳固了官方在西域和中亚地区的地位。在西方,丝绸等东方奢侈品的终端用户多是高官显贵等社会上流,他们都以穿丝绸衣服为荣。他们会不遗余力地推动和促进这种东西方贸易。这种从民间到官方都乐见其发展的氛围也就使得丝绸之路的繁荣顺理成章。当包括丝绸在内的各种商品买卖穷尽极致,外来工艺、宗教和风俗就自然随商进入,结果是实现真正意义上的文化交流。

第二节 丝绸之路与南亚的连通：北方丝路和南方丝路

李希霍芬所称的丝绸之路一般也称为北方丝绸之路。历史上，南方还存在一条从蜀道进云南，经印度再到波斯的所谓南方丝绸之路。北方丝绸之路和南方丝绸之路都通往南亚地区。

丝路研究学者一般将北方丝绸之路分为三段，即东段、中段和西段。东段：从长安到玉门关、阳关。中段：从玉门关、阳关以西至葱岭。西段：从葱岭往西经过中亚、西亚直到欧洲。而每一段又都可分为北、中、南三条线路。东段北线：从泾川、固原、靖远至武威，路线最短。东段南线：从凤翔、天水、陇西、临夏、乐都、西宁至张掖，路途漫长。东段中线：从泾川转往平凉、会宁、兰州至武威，距离适中。中段主要是西域境内的诸线路。中段南道：东起阳关，沿塔克拉玛干沙漠南缘，经若羌、和田、莎车等至葱岭。中段中道：起自玉门关，沿塔克拉玛干沙漠北缘，经罗布泊、吐鲁番、焉耆、库车、阿克苏、喀什到费尔干纳盆地。中段北道：起自安西，经哈密、吉木萨尔、伊宁，直到碎叶。西段的北、中、南三线分别与中段的三线相接对应。西段北线：沿咸海、里海、黑海的北岸，经过碎叶、怛罗斯、阿斯特拉罕等地到伊斯坦布尔。西段中线：自喀什起，走费尔干纳盆地、撒马尔罕、布哈拉等到马什哈德与南线会合。西段南线：起自帕米尔山，由克什米尔进入巴基斯坦和印度，也可从白沙瓦、喀布尔、马什哈德、巴格达、大马士革等前往欧洲。

北方丝路的西段南线存在一条经由克什米尔通往今天巴基斯坦和印度的路线。这条线也可由白沙瓦和喀布尔前往欧洲。在丝路繁荣时期，大夏人、塞人、安息人和大月氏人等纷纷南下进入古印度西北部地区。他们走的也正是这条由中亚进入南亚次大陆的通道。安息和大月氏等都曾经地处丝绸之路上必经之地，不同程度地控制着东西贸易的往来。他们南下印度，将丝路文明更多地带到阿富汗和北印度地区。

在北方丝绸之路之外，南方丝绸之路也同样闻名于世。南方丝绸之路主要有两条线路。一条为西道，即"旄牛道"。从成都出发，经邛州、名山、荥经、汉源、越西、西昌、大理到保山,经密支那进入缅甸、孟加拉和印度地区。另一条是东道,称为"五尺道"。也从成都出发,到宜宾、高县、昭通、曲靖、昆明,后经大理与旄牛道重合。

南方丝绸之路的存在有官方证据,最早见于《史记》中《大宛列传》的一段记载:骞曰:"臣在大夏时,见邛竹杖、蜀布。问曰:'安得此?'大夏国人曰:'吾贾人往市之身毒。身毒在大夏东南可数千里。其俗土著,大与大夏同,而卑湿暑热云。其人民乘象以战。其国临大水焉。'以骞度之,大夏去汉万二千里,居汉西南。今身毒国又居大夏东南数千里,有蜀物,此其去蜀不远矣。今使大夏,从羌中,险,羌人恶之;少北,则为匈奴所得;从蜀宜径,又无寇。"①

张骞认为既然产自四川的拐杖和布匹能够出现在印度和大夏,那么经由南方的贸易通道是必然存在的。而在云南的古墓发掘中,也发现了产自印度的文物,证明南方丝绸之路与南亚地区的连通。从民间而言,蜀地自古以来是天府之国,物产丰富。经由滇缅进入孟加拉和印度的线路中不存在自然障碍。相比较之下,茶马古道上有更多的艰辛危险,尚且能够维系。古代的商人在能够赶着骡马、牦牛大规模深入青藏高原的情况下,没有理由不走向气候温热、民风朴厚的南亚地区。这条贸易线路的形成和繁荣是必然的。

伯希和在《交广印度两道考》中,也备述南方陆路通道之详。其中更有"两道中之印度路程"章节,结合唐人贾耽的描述,指明陆路与中天竺等地的畅通。伯希和甚至认为云南旧有梵名"犍陀罗",其意如同今天上海之有"南京路",从而佐证云南在古代如缅、泰等中南半岛上的一些地区一样,俱受印度影响。② 这虽为一家之言,却说明滇缅与南亚联系之紧密。

---

① 司马迁:《史记第十册·卷一百二十三·大宛列传》,北京:中华书局,1974年,第3166页。
② [法]伯希和:《交广印度两道考》,冯承钧译,北京:中华书局,1955年,第185页。

第三节　中国文化通过丝绸之路在南亚的传播

中国通过丝绸之路输出的大抵是实物,通往南亚的丝绸之路也如此。研究学者将北方丝绸之路通往南亚的旅程称为"法宝之路"①,更多的是指通过这条路输入到中国的经教律典。但是所谓 One-Way Traffic 之说,是不能成立的。道路的沟通没有单向的道理,来来往往才能称为交通,买进卖出才算得上贸易。因为印度历史上缺乏相关记载,现在无从对中国输入南亚的实物开列清单,但是通过考古发现以及中国国内的载籍记录,还是可以得出其甚为丰富的结论。

一、丝绸

丝绸之路之所以得名,自然是因为这条通道上最具代表性、最能够体现东方特色以及交易量最大的物品就是丝绸。中国的桑蚕丝织业历史悠久,商周时期便有"抱布贸丝"的记载。中国丝布工艺和质量自来卓绝天下,至今外国友人来华访游,仍不忘采购丝绸织物。丝帛在历史上曾经不完全是一种商品或者奢侈品,甚至具有替代货币的流通功能。古代中国皇室在赏功恩赐或者战败赔偿时最常用的物品就是丝帛。它也是人们往来馈赠的佳品。可以说,丝绸之路通往哪里,哪里就会有大量丝绸。丝绸通过贸易繁荣的丝绸之路传往南亚实属必然。

关于丝绸西传的记载,见于传说和史书。《穆天子传》卷三记载:"天子宾于西王母。乃执白圭玄璧以见西王母,好献锦组百纯。"又说"自群玉之山以西,至于西王母之邦,三千里"。这西王母之邦,有人说是葱岭往西的中西亚某地,有人说在帕米尔,亦无定论。但是中国古时候称天竺为西天,《西游记》中西王母的座上宾也是如来佛祖等西天神灵,如果说西王母之邦在南亚离天竺不远的某地,也可算是一种合理的推断。若此,丝绸之传入南亚,则历史久矣。

---

① 石云涛:《三至六世纪丝绸之路的变迁》,北京:文化艺术出版社,2007 年,第 354 页。

丝绸大规模传入南亚,应该始于西汉时期。从西汉初年开始,原居住在今天新疆以及中亚一带的塞人和月氏人先后向西向南迁移。这些在中国史书中的所谓"游牧民族"原来地处丝绸之路要冲,历史上还曾经"杂居泾渭之北"。他们大规模地吸收接纳了中原文化和包括丝绸在内的各种工艺用品。这些游牧民族向西向南的迁移,将中国文化传播至南亚地区。新疆阿拉山口的塞人墓穴遗址中就发现了丝绸。塞人对印度的影响深远,印度曾沿用的传统历法,就是塞历。至于月氏人,多有史学家认为印度历史上的贵霜王朝就是大月氏人所建立。由此可见中国与印度的关系可谓密切。

关于丝绸传入西域,然后再到南亚,季羡林在《中国蚕丝输入印度问题的初步研究》中已经备述,无论古文献还是丝路上的考古挖掘都支持桑蚕丝织品经多条线路向外传递,包括传到南亚的论断。丝路的发展历经千余年,我们无从列举这期间丝绸或其他物品传入南亚的年代、地点。南亚诸国,从喀布尔到达卡,从新德里到科伦坡,其女性皆喜穿纱丽,真丝纱丽更是因为温凉舒适而广受欢迎。南亚人是从什么时候开始穿丝绸纱丽的,已无从考证。据说印度河文明时期的遗址中也出土了丝绸织品,但很难说当时的技术能够在此文明消亡后得以传继。历史上也未见罗马人到印度购买丝绸的记录。张骞能在大夏看到购自身毒的"蜀布",即说明此物在当时的整个南亚次大陆仍然是稀罕物,否则没必要辗转买卖。我们尝试做出这样一个推测:只有丝绸之路上物美价廉的丝绸被大规模贩运到南亚,或者在养蚕织丝的技术普及之后,普通人穿着丝质衣物才成为可能。

如果上述推测被认为不能成立,那么至少有一点能够肯定,即中国和印度作为世界上两个最大的丝绸产品生产和交易国,一定在这个生产领域有着密切的关系。这种关系中有合作也有竞争。例如,中国生丝的最大出口目的地是印度,而印度面临中国廉价的丝织品出口的挑战,则在加强技术革新的步伐。作为丝织历史悠久的国家,中国在这方面积累了丰富的经验和技术,其中一些传到南亚理所当然。

二、邛竹杖和蜀布

张骞在大夏见到的"邛竹杖"和"蜀布",现在被视为文化交流的证据。这两种蜀地的特产,是通过怎样的渠道辗转流传到大夏,也就是今天的阿富汗的,张骞不能确定。但是他认为身毒国"去蜀不远矣"。为了证实这个推断,汉武帝派张骞到四川探索南下进入南亚的通道。虽然"四道并出"的努力没有得到结果,但是却加强了西汉对西南地区政权的了解,所谓"始通滇国"。

西汉官方没能探索出通往印度的道路,但是这并不等于这样的道路从来没有存在过。今天的各国国界壁垒森严,但是边民照样频繁往来买卖交易,甚至走亲访友。而在古代,大多数地方的边境则根本不存在今天这样严格勘定的界线。汉代设西域都护府,范围都是大致圈定,无法管控其周边地区的人员流动。邛竹杖和蜀布出现在大夏,正说明其时虽然没有官方的贸易大道,但是民间的沟通和交流应该是异常活跃和丰富的。这两件物品仅仅是张骞偶然见之,我们可以推断在更加靠近滇蜀的孟加拉、尼泊尔和印度地区,会有更多的中国物品。文化交流学者认为,中国西南地区历史上特产的银器、银饰、漆器,当然也包括丝绸,都应该是转运贩卖的对象。只不过古代印度没有用文字记录史实的传统,再加上其人民大多笃信印度教,死后火葬或者河葬,没有陪葬器物入土的习惯,所以现在也都无法考证。

三、茶叶

《中国蚕丝输入印度问题的初步研究》认为,丝织品通过南方丝绸之路传入南亚地区的规模要比北方丝绸之路还大。① 这其中的原因是中国蚕丝以及织品的主产地在南方,清代有"天下丝缕之供,皆在东南"之说。而四川更是以蜀锦名闻天下。这些地方通过滇缅道进入南亚,在地理位置上更为接近,自然障碍也少,连张骞都希望官方能打开西南通道进入南亚。而除丝绸外,茶叶也是南方丝绸之路上被贩运的一种主要货品。

唐宋时期,中国西南地区和藏区的茶马交易日益活跃和繁荣,而后形成所谓的"茶马古道"。顾名思义,这条通道上交易量最大的就是茶叶和马匹。当然这如同丝绸之路一样,也是一种代表性的称谓,不能够认为商人们仅仅进行着这两

---

① 季羡林:《中印文化交流史》,北京:中国社会科学出版社,2008年,第95页。

种商品的交易,古道实际上也是一个道路网。但是总体而言,从内地经由川滇进入西藏和南亚的贸易通道上输出最多的还是茶叶。

茶叶的发源地在中国,这在世界范围内都得到了承认,语言学和历史学研究都表明其无可争议。南亚地区茶叶的大规模种植和生产,都始于英国殖民时期。历史上的茶马古道虽然主要通往藏区,但是喜马拉雅山两麓居民的生活习惯大抵相近,那些入藏的茶叶有部分要被贩运到今天的尼泊尔、不丹和印度北部地区。这里所说的茶叶是指普洱茶。这种茶最优质的原料产区只在云南一地。很多地方,包括印度,都竞相宣布拥有世界上最古老的野生茶树,从而希望证明自己才是最正宗的原产地。但是从茶树的分布面积、野生茶树数量以及历史资料各方面看,云南都是当之无愧的普洱茶故乡和历史上最主要的茶叶输出地。

茶叶原本不是南亚地区的主要经济作物。从殖民时代开始,为了谋求更多的经济利益,橡胶、咖啡和茶树的种植才开始在印度、斯里兰卡等国家普及开来。19世纪初,东印度公司从中国引入茶种,尝试进行商业种植。尽管当时印度的阿萨姆邦有野生的茶树,但是当时并没有考虑将之作为物种进行培育。这其中的原因大概是,在历史上南亚地区国家居民的习惯都是把茶叶作为调料,放在食物中烹调,而不知其有饮用功能。东印度公司从中国引进了大量的茶种和一些种茶专家,进行试种并取得了成功。斯里兰卡也曾经试种过从中国带去的茶种。彼时到现在,茶叶出口已经是这两个国家的重要经济支柱,并对其国民经济的运行发挥着不可替代的作用。

第四节 丝绸之路与中国文化在南亚

丝绸、茶叶等通过丝绸之路传播到其他地区的物品历经千年时间流逝,在今天也许没有多少人留意它们的出处,如同我们乘坐飞机时不一定要去想念美国的莱特兄弟。历史厚重感由此产生。在碰撞、渗透和融合之后,不同的文明和文化经常能水乳交融,让身处其中的人不辨他乡、故土。然而万物皆有源。在近现代西方主导的科技革命过程中,大到理论发明,小到公式计算,都有清楚的记载。很少有某种重要成果是由"无名氏"完成的。相比之下,古代重文轻理。一首诗歌,哪怕是不太精彩,大部分都有著者名谁。但是对日常生活中产生极其重要影响的物品,却少有记载,实为憾事。此外,文化话语权也是一个决定性因素。像"丝绸之路"以及后文所论之"四大发明"等文化概念,如果没有李希霍芬、培根和李约瑟等西方人的总结定论,这些概念的命运到底会怎样,殊难肯定。鉴于此,像季羡林对于蚕丝、糖和钢铁等进行的重要考证,是有必要在文化传播过程中大书特书的。

回到丝绸和茶叶,单就功能而言,这两种物品在南亚各国人们的生活中所扮演的重要角色,是任何其他物品不能比拟的。丝织纱丽已经成为大多数南亚女性的日常着装。喝茶也是大多数南亚人的共同爱好,其饮用的频繁程度足以让来自中国这个茶叶故乡的人感到惊讶。尽管不一定有人在喝茶的时候会遥想一下古代丝绸之路的繁盛,那些穿着光鲜纱丽的南亚女性也根本不知张骞是何许人,但是开创历史和造就文化交流的前人还是应该得到学术上的怀念与记忆。在一定程度上,关于历史上对外文化传播的考证,可以说是一种文化自觉。只有发现确认了我们有何种文化的基因保留在异域,今天才能够知道如何去进一步为它的延续和发展提供动力和支持。今天的工作并不是平地起高楼,而是对于历史的传承。

此外,从另一个角度来说,文化交流的意义在于使民众在潜移默化间产生自发的感受。"丝绸之路"这一称谓已经成为一种象征,马上能够让人联想到的就是璀璨的中国古代文明在世界其他地区的传播和影响。从这个意义上讲,不但当初开辟丝绸之路的人们功不可没,那些重新发现丝绸之路以及从学术研究角度构建丝绸之路的人也都应该得到感谢。相比之下,到底有哪些物品或者生产技术曾经通过这条通道流传出去,却显得不那么重要了。

第三章 海上丝路与南亚

李希霍芬提出"丝绸之路"的说法,得到文化交流学者的认可,遂衍生出多种"丝路"。法国汉学家沙畹(Edouard Chavannes, 1865—1918)在《西突厥史料》中提出了"丝路有海路两道"。日本学者三杉隆敏和中国香港学者饶宗颐对"海上丝路"进行了诸多研究考证。北京大学教授陈炎更是围绕这条丝路撰述丰富,并于1996年出版《海上丝路与中外文化交流》。陈炎对海上丝路起源的探讨,追溯到了河姆渡文化,称之为"中华民族海洋文化的曙光"。这种提法自然超越了"丝路"这样一个文化概念本身的界定。实际上,"丝路"成为文化交流的一种象征,它从人类历史产生之时便肇始,到今天可以说已经连路成网。至2006年,吴传钧主编了《海上丝绸之路研究——中国北海合浦海上丝绸之路始发港理论研讨会论文集》[1],其中有颇多新观点和新看法,将海上丝路研究推向新的高潮。

---

[1] 吴传钧:《海上丝绸之路研究——中国北海合浦海上丝绸之路始发港理论研讨会论文集》,北京:科学出版社,2006年,第157页。

第一节　海上丝路的历史沿革

海上丝路产生的时间取决于我们如何界定"丝路"这样一个概念。由于在河姆渡文化遗址中发掘出鲨鱼和鲸鱼骨以及可能用于造船的工具,陈炎认为"河姆渡的先民早在 7000 年前,已能利用舟楫进行原始航海活动"①。如果不以考古发现进行推断,而以文字记载作为依据,则更加具有说服力。秦始皇遣徐福东渡日本,可以说是比较早的远航记录。而比较确凿的航线记载则出现于东汉时期,中外史籍都明确记载了公元 166 年,罗马帝国与东汉通商的事实。《后汉书·西域列传》载有:"至桓帝延熹九年,大秦王安敦遣使自日南徼外献象牙、犀角、玳瑁,始乃一通焉。"②陈炎认为这样的记录可以视为连接东西方的海上丝路的真正伊始,"罗马帝国为了摆脱安息对陆上丝路的操控,曾于公元 166 年另辟到中国的海上丝路……"。③

在海上丝路产生后的很长一段时间内,东西方的交流主要还是通过陆路完成。其中的原因诸多,比如海路凶险、航海技术不够发达、航线没有完全开辟等。三国两晋时期,史籍中也有很多海路往来的历史。例如,东吴遣使赴扶南、东晋法显从斯里兰卡循海路归国等。但是总体而言,海路往来的频繁程度和规模远不及陆上丝路。到隋唐时期,尤其是 8 世纪中叶,东西方海路贸易和往来空前繁荣,奠定了明清时期的海上丝路的发展基础。这种陆地到海洋的路线转换,存在很多推动因素。陈炎认为主要因素为安史之乱阻断陆路交通、瓷器香料等物品通过海路易于运输和造船航海技术提高等。元、明、清是海上丝路的繁荣时期。中国古代载籍中关于此期间对东南亚、南亚乃至欧洲、非洲的海路贸易和交通往来的记述庞杂细致,给研究者提供了丰富的历史证据。这段时期海路往来发展的顶峰标志是郑和下西洋。其船队规模之大、所抵达地区之多,都足以成为新航路开辟之前

---

① 陈炎:《海上丝绸之路与中外文化交流》,北京:北京大学出版社,1996 年,第 8 页。
② 范晔编撰:《后汉书第十册·卷八十八·西域列传》,北京:中华书局,1974 年,第 2920 页。
③ 陈炎:《海上丝绸之路与中外文化交流》,北京:北京大学出版社,1996 年,第 19 页。

最为伟大的航海活动。

在这样历史悠久、往来繁忙的海上丝路之上,船只从中国沿海各港口南下东南亚,继而西出马六甲海峡,便进入印度洋。南印度诸地、斯里兰卡、孟加拉和阿拉伯海沿岸各港口,经停和贸易港口多不胜数。南亚的广大沿海地区也成为海上丝路的重要一环。例如,南亚岛国斯里兰卡,就成为丝路上的重要经停港口。海上丝路的历史在今天更是得到了完美的延续。对外贸易蓬勃发展的中国在今天无疑是需要重走这条丝路的。

第二节　海上丝路与南亚

对于海上丝路来说,南亚地区既是重要的目的地,也是通往阿拉伯和非洲的必经中转地,因此在各种文献记载中,孟加拉、斯里兰卡、南印度诸地,甚至马尔代夫都在丝路历史上频繁出现。

在陆上丝路还十分繁忙的汉晋时期,海上丝路早已经连通并发展到了一定的规模。关于这一点比较有力的证据来自法显的《佛国记》。法显自陆路经中亚南下印度再东行至恒河口,然后"载商人大舶,泛海西南行,得冬初信风,昼夜十四日,到师子国"。法显是乘坐商人的大船在孟加拉湾航行14天到达今天的斯里兰卡的。而法显在岛国停住两年之后,也是经海路返回。《佛国记》中生动地记录了法显乘船返回中国的情形:"得此梵本已,即载商人大船上,可有二百余人。后系一小船,海行艰险,以备大船毁坏。得好信风,东下二日,便值大风。船漏水入。商人欲趣小船,小船上人恐人来多,即斫绳断,商人大怖,命在须臾,恐船水漏,即取粗财货掷著水中。法显亦以君墀及澡罐并余物弃掷海中,但恐商人掷去经、像。唯一心念观世音及归命汉地众僧:'我远行求法,愿威神归流,得到所止。'如是大风昼夜十三日,到一岛边,潮退之后,见船漏处,即补塞之。于是复前。海中多有抄贼,遇辄无全。大海弥漫无边,不识东西,惟望日月星宿而进,若阴雨时为逐风去亦无准。当夜暗时,但见大浪相搏,晃然火色,鼋鳖水性怪异之属,商人荒遽,不知那向。海深无底,又无下石住处。至天晴已,乃知东西,还复往正而进。若值伏石,则无活路。如是九十日许,乃到一国,名耶婆提。"①这里我们可以看到,法显搭乘了可载200多人的大船,大船上还为海难准备了安全筏,从斯里兰卡出发在海上风浪之中连续航行90余天,才抵达东南亚。这样的大船完成如此复杂的航行,可见其时航海技术和经验已经有丰富的积累。

以下是海上丝路的三个重要节点:

一、广州通海夷道

到了唐代,丝路已经发展到成熟阶段。《新唐书·地理志》中记载了宰相贾耽(730—805)在《海内华夷图》中记录的几条主要的对外交通路线,其中包括"广州通海夷道",是从广州到阿拉伯,最终到非洲的航线。广州是"通海夷道"的始发站。这座城市在唐朝时已经成为国际化都市,其中"汉蕃杂居"。

广州通海夷道先是从广州南下,"广州东南海行,二百里至屯门山,乃帆风西行,二日至九州石。又南二日至象石。又西南三日行,至占不劳山,山在环王国东二百里海中。又南二日行至陵山。又一日行,至门毒国。又一日行,至古笪国。又半日行,至奔陀浪洲。又两日行,到军突弄山。又五日行至海硖,蕃人谓之'质',南北百里,北岸则罗越国,南岸则佛逝国。佛逝国东水行四五日,至诃陵国,南中洲之最大者。又西出硖,三日至葛葛僧祇国,在佛逝西北隅之别岛,国人多钞暴,乘舶者畏惮之。其北岸则个罗国。个罗西则哥谷罗国。又从葛葛僧祇四五日行,至胜邓洲。又西五日行,至婆露国。又六日行,至婆国伽蓝洲"。②

这条海路从东南亚出孟加拉湾,便抵达今天的斯里兰卡(师子国)和南印度(南天竺),一路再经过南天竺最南端的没来国,一直北上到"新头河"(印度河)。"又北四日行,至师子国,其北海岸距南天竺大岸百里。又西四日行,经没来国,南天竺之最南境。又西北经十余小国,至婆罗门西境。又西北二日行,至拔䫻国。又十日行,经天竺西境小国五,至提䫻国,其国有弥兰太河,一曰新头河,自北渤昆国来,西流至提䫻国北,入于海。又自提䫻国西二十日行,经小国二十余,至提罗

---

① 法显:《佛国记注译》,郭鹏注译,长春:长春出版社,1995年,第140—141页。
② 欧阳修等:《新唐书·卷四十三·地理七下》,北京:中华书局,1975年,第1153页。

卢和国,一曰罗和异国,国人于海中立华表,夜则置炬其上,使舶人夜行不迷。又西一日行,至乌剌国,乃大食国之弗利剌河,南入于海。"①

通过海上丝路运输的货物主要包括丝绸、瓷器和香料等。中国输出丝绸有上千年的历史,不管是陆上还是海上,中国商人所携带的最典型的货物就是质量傲甲世界的丝绸织品。瓷器也是中国输出的重要商品之一。而运往中国的产品中最重要的就包括东南亚和南亚特产的香料。南亚作为海上丝路的重要中转地,无论是商船往来的频繁程度还是到岸的贸易量都非常突出。到今天,海上丝路航线沿途经常还会出土各种中国的陶瓷碎片,从而可以佐证当年丝路贸易的繁荣。在斯里兰卡南部的海港城市高尔,博物馆里杂陈当地出土的青花瓷残片。其中很多残片仍然洁白如初,青花婉约,让人联想当年丝路上中国商品广受欢迎的程度。

二、细兰(斯里兰卡)

宋元时期的对外贸易继续发展,海上丝路依然繁盛。宋代赵汝适所著的《诸蕃志》就记载了从日本至非洲及地中海东岸诸国的风土物产,以及自中国沿海至海外各国的航线。至元代则有民间航海家汪大渊所著的《岛夷志略》,其中记述了海外诸国见闻,涉及包括南亚在内的200余个国家和地区。

《诸蕃志》中有很多关于南亚国家的记载,这表明宋朝时南亚临海地区是海上丝路的重要组成部分。宋时称斯里兰卡为"细兰",音若其曾用名"锡兰"。《诸蕃志》中对这个国家这样描述:"北风二十余日到南毗管下细兰国。自蓝无里风帆将至其国,必有电光闪烁,知是细兰也。其王黑身而逆毛,露顶不衣,止缠五色布,蹑金线红皮履,出骑象,或用软兜,日啖槟榔,炼真珠为灰。屋宇悉用猫儿睛及青红宝珠、玛瑙、杂宝妆饰,仍用藉地以行。东西有二殿,各植金树,柯茎皆用金,花实并叶则以猫儿睛、青红宝珠等为之。其下置金椅,以琉璃为壁。王出朝,早升东殿,晚升西殿,坐处常有宝光,盖日影照射琉璃,与宝树相映,如霞光闪烁然。二人常捧金盘从,承王所啖槟榔滓。从人月输金一锱于官库,以所承槟榔滓内有梅花脑并诸宝物也。王握宝珠,径五寸,火烧不暖,夜有光如炬,王日用以拭面,年九

---

① 欧阳修等:《新唐书·卷四十三·地理七下》,北京:中华书局,1975年,第1153页。

十余,颜如童。国人肌肤甚黑,以缦缠身,露顶跣足,以手掬饭,器皿用铜。有山名细轮叠,顶有巨人迹,长七尺余,其一在水内,去山三百余里。其山林木低昂,周环朝拱。产猫儿睛、红玻璃、脑、青红宝珠。地产白豆蔻、木兰皮、麝细香。番商转易用檀香、丁香、脑子、金银瓷器、马、象、丝帛等为货。"①

这段关于斯里兰卡的记述非常生动,其中的"出骑象""日啖槟榔""以缦缠身,露顶跣足,以手掬饭"等场景历然在目。有所谓"巨人迹"的"细轮叠山"(就是今天的圣足山)位于斯里兰卡中部。这样的细致记载如果仅凭道听途说殊难做到,作者一定经过深入游历才能对这个国家有如此了解。像"猫眼""红蓝宝石""豆蔻"等直到今天仍然是斯里兰卡的标志性产品。

汪大渊的《岛夷志略》称斯里兰卡为"僧加剌","叠山环翠,洋海横丝。其山之腰,有佛殿岿然,则释迦佛肉身所在,民从而像之,迨今以香烛事之若存。海滨有石如莲台,上有佛足迹,长二尺有四寸,阔七寸,探五寸许。迹中海水入其内,不咸而淡,味甘如醴,病者饮之则愈,老者饮之可以延年。土人长七尺余,面紫身黑,眼巨而长,手足温润而壮健,聿然佛家种子,寿多至百有余岁者。佛初怜彼方之人贫而为盗,故以善化其民,复以甘露水洒其地。产红石。土人掘之,以左手取者为货,右手寻者设佛后,得以济贸易之货,皆令温饱而善良。其佛前有一钵盂,非玉非铜非铁,色紫而润,敲之有玻璃声,故国初凡三遣使以取之。至是则举浮屠之教以语人,故未能免于儒者之议。然观其土人之梵相,风俗之敦厚,讵可弗信也夫!"②

《岛夷志略》中所谓"僧加剌"即玄奘所提到的"僧伽罗"。这里提到的"海滨有石如莲台,上有佛足迹,长二尺有四寸,阔七寸,探五寸许",是为圣足山上的佛陀足迹。圣足山位于斯里兰卡中南部,离海边较远,是斯里兰卡全岛第二高山,称之为"海滨有石如莲台"则不甚妥。作者在后序中说:"所过之地,窃尝赋诗以记其山川、土俗、风景、物产之诡异,与夫可怪可愕可鄙可笑之事,皆身所游览,耳目所亲见。传说之事,则不载焉。"③由此来看,则未可全信。至于"钵盂",是地位仅次于"佛牙"的国宝,相传为佛祖在时用过之物。如果"遣使取之",则和我们文化中的"问鼎"差不多了。

---

① 赵汝适:《诸蕃志校释》,杨博文校释,北京:中华书局,1996年,第51—52页。
② 汪大渊:《岛夷志略校释》,苏继庼校释,北京:中华书局,1981年,第243—244页。
③ 汪大渊:《岛夷志略校释》,苏继庼校释,北京:中华书局,1981年,第385页。

三、注辇国

　　《诸蕃志》中记载的南亚国家还包括位于印度次大陆南端的重要国家注辇国,"注辇国,西天南印度也,东距海五里,西至西天竺千五百里,南至罗兰二千五百里,北至顿田三千里。自古不通商,水行至泉州约四十一万一千四百余里。欲往其国,当自故临易舟而行,或云蒲甘国亦可往"。① 这里明确指出了自中国泉州至"注辇"的距离,可见从泉州到南印度已经有固定的航线。

　　书中记载了注辇国的城池布局,对于研究13世纪南印度地区的城市建筑是宝贵的史料。"其国有城七重,高七尺,南北十二里,东西七里。每城相去百步,四城用砖,二城用土,最中城以木为之,皆植花果杂木。第一、第二城皆民居,环以小濠,第三、第四城侍郎居之,第五城王之四子居之,第六城为佛寺,百僧居之,第七城即王之所居。屋四百余区所,统有三十一部落。"②我们可以看到这是一座有着七重城墙划分的城市,城中有几百所房屋,分成几十个部落,国王、大臣、僧侣、市民各有自己的居住区域,堪称井井有条。

　　对于注辇国的民风民俗和司法制度,《诸蕃志》也有详细叙述:"民有罪,命侍郎一员处治之,轻者絷于木格,笞五七十至一百,重者即斩,或以象践杀之。其宴则王与四侍郎膜拜于阶,遂共作乐歌舞,不饮酒而食肉。俗衣布。亦有饼饵。掌馔执事用妓,近万余家,日轮三千辈祗役。其嫁娶先用金银指环,使媒妇至女家,后三日会男家亲族,约以田土、生畜、槟榔酒等,称其有无为礼;女家复以金银指环、越诺布及女所服锦衣遗婿。若男欲离女,则不敢取聘财,女欲却男,则倍偿之。"这里的描述包括刑罚制度、宴乐场景、婚嫁规矩,甚至包括如果离婚对于男女双方的不同规定。

　　书中还描写了注辇国的战争场面:"其国赋税繁重,客旅罕到。舆西天诸国斗战,官有战象六万,皆高七八尺,战时象背立屋,载勇士,远则用箭,近则用槊,战胜者象亦赐号,以旌其功。国人尚气轻生。或有当王前用短兵格斗死而无悔。父子

---

① 赵汝适:《诸蕃志校释》,杨博文校释,北京:中华书局,1996年,第74页。
② 赵汝适:《诸蕃志校释》,杨博文校释,北京:中华书局,1996年,第75页。

兄弟不同釜而爨,不共器而食,然甚重义。"①

在《诸蕃志》中描写注辇国一章的最后,有该国和宋朝往来的记录:"自昔未尝朝贡。大中祥符八年,其主遣使贡真珠等,译者导其言曰:'愿以表远人慕化之意。'诏合门祗侯史佑之馆伴宴,锡恩例同龟兹使。适值承天节,其使获预启圣院祝寿。至熙宁十年,又贡方物,神宗遣内侍劳问之。其余南尼华啰等国,不啻百余,悉冠以西天之名。又有所谓王舍城者,俗传自交趾之北至大理,大理西至王舍城不过四十程。按贾耽《皇华四达记》云,自安南通天竺,是有陆可通其国。然达摩之来,浮海至番禺,岂陆程迂回,不如海道之迅便欤!"②这里我们看到在大中祥符八年(1015)和熙宁十年(1077),注辇国均曾遣使来宋,并贡献珍珠等方物。宋神宗还派遣内侍前去慰问。

关于注辇国,宋人周去非在《岭外代答》之中也有记述:"注辇国是西天南印度也。欲往其国,当自故临国易舟而行,或云蒲甘国亦可往。其国王冠有明珠异宝。多与西天诸国战争。国有战象六万,皆高七八尺。战时象背立屋载勇士,远则用箭,近则用槊。战胜者,象亦赐号以旌其功,至有赐锦帐金槽者。每日象亦朝王。国王及官民皆撮髻,绕白布。以金银为钱。出指环脑子,盖猫儿睛之类也,真珠、象牙、杂色琥珀、色丝布。妓女近万家,每日轮妓三千入朝祗役。国人尚气轻生,有不相伏者,日数十对在王前用短刀格斗,死而无悔。父子兄弟不同釜而爨,不共器而食,然甚重义。真宗大中祥符八年,注辇国王遣使贡真珠等。译者道其言曰:'愿以表远人慕化之心。'至神宗熙宁十年六月,此国亦贡方物。上遣内侍劳问之,乃此国也。"③

这里也对注辇国的战争场景进行了描述。实际上,11世纪南印度的注辇国(即Chola)是泰米尔人建立的疆域辽阔的政权,统一了包括锡兰岛以及南印度的广大地区。注辇国派使臣到宋朝贡献珍珠等方物,显示出当时宋朝通过海上丝路对南亚临海地区和国家产生过影响。

---

① 赵汝适:《诸蕃志校释》,杨博文校释,北京:中华书局,1996年,第75—76页。
② 赵汝适:《诸蕃志校释》,杨博文校释,北京:中华书局,1996年,第76页。
③ 周去非:《岭外代答》,北京:中华书局,1984年,第153页。

第三节　海上丝路与"珍珠链"

新航路开辟被认为是近代世界史的开端。"新航路"或者"新大陆"之说，俱以欧洲为中心和视角。如果考虑中国从秦汉时期已经开始的大规模出海航行，再至唐宋乃至明清时期繁盛的海路贸易，则"新航路"之说可以商榷。时至今天，通过马六甲海峡连接东亚与中东乃至非洲和欧洲的航线依旧繁忙。这条线路在2000年的历史上从未中断，中国也一直在这条航线上扮演重要角色。无论是石油运输还是前往索马里海域护航，都需要重走这条海上丝路。回顾历史，中国通过海上丝路输出的丝绸、瓷器等产品，与沿路各国进行的是使节互相拜访、互赠珍稀方物的友好往来；而近代以来欧洲殖民者们通过这条丝路带来的却是军火鸦片、战争掠夺和殖民占领。以海上丝路的南亚航线来说，中国船队在南亚各国港口的经停补给，甚至上岸往来有着2000年左右的历史。这样一段对中国来说孤悬海外的航线，却被一些国际媒体和学术机构炮制出"珍珠链"（String of Pearls）之说，可以说是既罔顾历史又无视现实。

从历史上看，由于早期的海上航行没有指南导航技术，所以基本上是沿海岸线向前的探索。直到15世纪早期，郑和下西洋的航线仍然沿岸南下，出马六甲海峡后随即北上到孟加拉，然后再沿岸南下，经过斯里兰卡，再往北，在西南印度港口经停补给，往北经过今天的巴基斯坦，然后是阿拉伯半岛乃至非洲。回程亦如此。地理大发现早期的欧洲航海，也是沿海岸线完成的。最早是葡萄牙等国在非洲西岸航行；迪亚士继续沿岸南下，绕过了好望角；达·伽马则到达东非的莫桑比克、肯尼亚，最后抵达印度。哥伦布抵达美洲，而麦哲伦完成了环球航行。即使在明确无误地知道横向跨海的航行也能抵达目的地，而不一定必须沿岸前进，早期的航海活动基本上还是以沿海岸线完成的居多。原因就是在茫茫大海之中，淡水食物难以补给，风暴来临又不能躲避。在哥伦布横跨大西洋的航行中，由于长时间不能抵达陆地，水手们几乎发疯。早期航行的记载中，甚至发生水手因为缺少食物和淡水而在崩溃的极限压力下吃掉死去的同伴的事情。总之，跨海航行是一件冒险和具有极强挑战性的活动,至少在大航海时代早期是如此。

实际上即使是航海技术发展成熟之后,远行的船队依然需要不定期地到岸补给。需要补给,就需要在航线往来频繁、地理位置便利的地方设立港口。在很大程度上,港口的设立是一种商业行为。如同在公路旁开设旅馆,老板自然希望司机们停下来吃饭住宿。这样,世界的海岸地区出现了无以计数的港口城市,从欧洲到美洲无不如此。如果把这些港口用线连起来,并用"珍珠链"这样的词来形容它,那么世界各地没有"珍珠链"的海岸一定少之又少。没有"珍珠链"的海岸或者是气候条件极恶劣,根本不适合航行,比如南极洲海岸;或者是所在国的经济发展极落后,没有能力修建设施良好的港口。这样看,从孟加拉绕过印度到波斯湾的这段航线中,港口的数量多一些,经停补给的船只数量多一些。但是单把它拿出来并冠以"珍珠链"之名,就是足以为奇的事情。

实际上炮制"珍珠链"这个词的是一家咨询公司,叫作博思艾伦咨询公司(Booz Allen Hamilton)。在该公司提交给美国国防部的一份报告《亚洲的能源未来》(Energy Futures in Asia)之中,提出了这个名词。商业公司的第一诉求是谋取商业利润。博思艾伦咨询公司从美国国防部的"智库"机构拿到经费,作为"结项成果"提交了一份关于亚洲能源未来预测和评估式的报告。这份报告本身倒无关紧要,"智库"机构撰写报告时甚至引用不足为信的网络内容已经众所周知。然而这样一份报告中所提出的一种标签和概念,是如何被传播和鼓噪流传的,倒是应该从文化传播视角上予以关注的问题。我们知道包括"金砖四国"等深入人心的词语,很多都是由一些商业公司创造的。这样的标签化名词在被媒体宣传之后,非常具有传播影响力。从逻辑上看,"珍珠链"是一个因果倒置的偷换概念。首先认定这样一段航线附加有战略利益诉求,然后再用地理位置和航行需求得出结论。这如同指责地方政府帮助建设连接其他省份的高速公路是为了谋利。这是狭隘地缘政治观念的典型反映。如果以利益诉求的"路霸"式思维为出发点,就不能容忍他人为维护路线和平贡献力量。而如果以共生共荣的和谐理念,也就是从地缘文明的视角来看,这段航线是一条历史悠久、前景美好的"丝路",任何人任何国家在这条丝路上建设有如珍珠一样的港口,都是在书写新的海上丝路历史。我们只要仔细回顾一下历史,就可以知道"丝路"有过怎样的繁荣和功绩。

第四章 郑和在南亚

郑和下西洋在中国的航海史上并不是一项突如其来的壮举。中国造船航行的历史悠久，甚至可以上溯到商周时期。秦汉至两晋，造船业迅猛发展。我们熟知三国时期的赤壁之战是大规模的水战。东吴为了拦截魏的战船，需要用"千寻铁索"，可见船只的巨大和数量之多。东晋法显西行，归途就是乘坐商船，"得此梵本已，即载商人大船上，可有二百余人。后系一小船，海行艰险，以备大船毁坏"。随便的商船便能载200余人，后面还拖着安全筏，表明当时海路交通已经频繁，乘船的人对海上可能发生事故有预判和心理准备。唐宋时期的海路贸易之繁盛已经被历史典籍和考古发现证实，毋庸赘述。元朝更是两次征伐日本，第一次"以千料舟、拔都鲁轻疾舟、汲水小舟各三百，共九百艘，载士卒一万五千，期以七月征日本"，第二次更是"率十万人征日本"。

若此历史种种可以得出一个判断，就是到明朝时候，大规模造船出海航行在技术上已经不是一件困难的事情。后世对郑和的研究，出发点多不是他出海远航所经历的艰难险阻。更具有讨论意义的在于这是一次最高统治者组织的、与诸多国家之间展开的官方交流。在这种交流中，既有礼尚往来，也有"不服则以武慑之"；既有各种贵重丰厚的"给赐"，也有施以刀兵继而"献俘于朝"。在这种全方位的交流中，文化层面上的相互了解和认识尤为重要。

关于郑和研究，梁启超早在1904年即在《新民晚报》上发表了《祖国大航海家郑和传》,以大航海以来的近代历史为背景阐释郑和下西洋的意义。2005年《郑和下西洋研究文选(1905—2005)》出版,郑和在百年时间里一直没有淡出研究者的视域。即使在今天,郑和的壮举仍然被赋予新的时代意义,而得到更为深入的研究。

第一节 郑和下西洋与中外文化交流

郑和下西洋的真正目的并不很明确。《明史》称:成祖疑惠帝亡海外,欲踪迹之,且欲耀兵异域,示中国富强。梁启超认为郑和下西洋"志非南渡而西征也"①。现代学者或有认为郑和是奉天子命在东南亚"推行和平外交,稳定东南亚国际秩序""扫平海盗,维护国家安全"以及"发展海外贸易,传播中华文明"。无论其最初的动机怎样,郑和下西洋在客观上加强了中国和东南亚、南亚以及阿拉伯和非洲各国的交流。某种意义上,文化交流就是有组织地走出去和请进来。如同今天各国争办体育赛事,让别人到自己国家来开个盛会;或者我们精心准备,到别国去表演舞蹈和举办展会。郑和下西洋可以说是一次未经邀请的大规模的官方组团出访,其船舶人数之多,盛况之空前,让百年后地理大发现时期的西方远航相形见绌。

明永乐三年,也就是1405年,郑和第一次率船队下西洋。史载此次随行人数众多,"将士卒二万七千八百余人"。船队的规模也惊人,"造大舶,修四十四丈、广十八丈者六十二"。这样一个庞大的团队,足以让任何一个被访的国家举国震动。郑和所带领的团队多为士卒,后人称他的船队为"特混舰队"。这么多人在船上要吃喝用度,沿途经停补给,上岸访问皇室贵族,或赐予中国特产,或接受回礼馈赠,回途再顺带各国回访的使节团队,其间交流过程中各种事务之烦琐细碎让人难以想象。然而郑和下西洋的历史功绩,更多地体现在这种与所到各国的交流、接触、相互了解和认识之中。郑和在很多当年访问过的国家中,被视为带来文

---

① 梁启超:《祖国大航海家郑和传》,《饮冰室合集》第6册,北京:北京出版社,1999年,第58页。

化影响的交流使者。例如在斯里兰卡,论及其在古代对外文化交流史中的地位,学者多将郑和排在弘扬佛法的阿育王之子摩哂陀(Mahinda)之后,其重要性可见一斑。

当然,不同的文化背景对于相同的历史事件存在不同解读,这是一件再正常不过的事情。对于郑和,国际学术研究之中也存在不同的声音。比如,刻意强调郑和的军旅出身、船员们的身份实际是军人、曾经和个别地区的本土政权产生摩擦、恰好从外贸繁忙的航线往返等。这些因素都被解读成明朝谋求地区霸权和经济利益的佐证。实际上,明朝时期的中国在海路探索方面还是持谨慎态度的,郑和下西洋前后都曾经发生仅仅因为海盗存在就实施的海禁,就说明了这个问题。我们单从结果来看,郑和将一个繁荣富强的中国形象传播给其下西洋过程中所到的各国。他在东南亚很多地方影响广泛,很多"郑和井"和"三宝庙"至今仍然留存完好。一些地方流传关于郑和的传说和故事,甚至将他"神化"为民间祭祀的对象。在斯里兰卡,郑和当年安置的石碑被放置在国家博物馆,当作珍贵的文物。在非洲,肯尼亚和索马里的沿海村落中还有人自称是郑和下西洋船队水手在当地留驻繁衍的后裔。到今天,郑和已经在世界范围内成为学术研究的对象。他的船队规模、所携带的物品、航行路线和沿途经历都被反复讨论,相关文献资料得到系统地收集整理。作为中外文化交流史上一个里程碑式的人物,郑和七下西洋的壮举成为世界永远的记忆。

第二节　郑和下西洋所抵达的南亚国家和城市

郑和七下西洋,抵达的国家数量众多,具体到城市更是难以计数。《明史》中罗列的国家有三十余个,包括"占城、爪哇、真腊、旧港、暹罗、古里、满刺加、渤泥、苏门答刺、阿鲁、柯枝、大葛兰、小葛兰、西洋琐里、琐里、加异勒、阿拨把丹、南巫里、甘把里、锡兰山、喃渤利、彭亨、急兰丹、忽鲁谟斯、比刺、溜山、孙刺、木骨都束、麻林、刺撒、祖法儿、沙里湾泥、竹步、榜葛刺、天方、黎伐、那孤儿"。在这些古代国家或者地区中,"占城、爪哇、真腊、旧港、暹罗、古里、满刺加、渤泥、苏门答刺"等地处东南亚,包括今天从越南、柬埔寨、泰国到印度尼西亚等国家地区,是郑和下西洋的重要途经地;而柯枝、大葛兰、小葛兰、锡兰山、榜葛剌、溜山等地则处于南亚,包括从孟加拉、印度、斯里兰卡、马尔代夫到巴基斯坦等主要南亚国家,这些则是本文主要讨论的对象。

《瀛涯胜览》对涉及南亚的国家进行了详细记录。郑和出海经东南亚马六甲海峡,进入孟加拉湾,首先就抵达榜葛剌,也就是今天的孟加拉。沿孟加拉湾借东北季风,到达柯枝,现在称之为柯钦,位于印度西南沿海佩里亚尔河口南岸。梁启超指出当时把这个城市叫作柯枝是按厦门口音翻译。继而到大葛兰和小葛兰,也称固兰,《星槎胜览》中指出其地与都樵栏,即今天的特里凡特琅相去不远。古里国是郑和下西洋途中的重要地点,即今天的卡利卡特。郑和多次抵达这个地方,最终在第七次航途中病逝于此。在印度半岛以南,郑和船队还抵达了锡兰,古称师子国,即今天的斯里兰卡;以及溜山洋国,或称麻代父群岛,即今天的马尔代夫。

梁启超根据《瀛涯胜览》和《星槎胜览》,推定郑和的航线如下:1.航中国南海至印度支那半岛之南端(西贡)。2.航暹罗湾(即曼谷湾)之东岸至曼谷。3.航暹罗湾西岸,循马来半岛南下至新加坡。4.绕航苏门答腊岛一周。5.绕航爪哇群岛一周。6.航孟加拉湾,经安达曼群岛至东印度(加尔各答)。7.循孟加拉湾东岸南航至锡兰,绕锡兰岛一周。8.循阿拉伯海东岸北航至西印度(孟买)。9.由孟买循波斯湾东岸北航至泰格里士河河口。10.循波斯湾西岸南航,复沿阿拉伯海西岸一周至亚丁。11.越亚丁湾,循红海东岸北航至麦加。12.循红海西岸南航出亚丁湾,复循亚非利加东部海岸南航,经莫桑比克海峡,掠马达加斯加岛之南端回航。

从这些航线中可以看到,郑和的船队密集访问过南亚多个国家和地区。从孟加拉到印度东海岸的加尔各答,然后到南印度各城市,再到斯里兰卡和马尔代夫,沿途访问印度西海岸多个城市,再由阿拉伯海至中东和非洲。印度次大陆的南端是整个航行的中点,尤其是斯里兰卡,是每次航程中不可回避的中转地,郑和的船队在七次行程中均有造访。从航线可以看到,梁启超先生在谈到郑和下西洋的目的的时候所提到的"志非南渡而西征也"之中的"西征",更多是一种路途遥远历尽辛苦的"征程"或"征途",而绝非成吉思汗后代那种攻城略地的征伐。整个过程更像是一种巡礼和探访,纵使有摩擦也是偶然所致,连文化的传播也只是副产品。

第三节　中国文化通过郑和在南亚的传播

郑和所到访的南亚诸国,按中国古籍中所称为榜葛剌、柯枝、葛兰、古里、锡兰和溜山,也即今天的孟加拉、南印度诸地、斯里兰卡和马尔代夫。所到之处,郑和或者船队代表都上岸访问当地皇室,并且因为随船带去了丝绸、瓷器和金银铜器等中国特产,又有翻译随行,很多时候都形成了融洽和热烈的场面,从而与很多国家建立了友谊并开始了礼节性互访。这种交流和往来,尽管会因为种种原因而偶然产生隔阂,但是总体上是友好和谐的。

一、孟加拉

中国古籍中所谓的榜葛剌,包括今天的孟加拉国和印度的西孟加拉邦。这一地区临近滇缅,在历史上通过南方丝路和茶马古道,与中国有着密切的往来。民间应该长期以来保持不断的交流传统。这其中自然发生民风、民俗的相互影响以及各种土特产品的往来转卖。明代官方组织船队下西洋过程中到访榜葛剌,更为重要的意义在于这是两国官方往来中的一件盛事。

《星槎胜览》中详细记录了明朝使节来到榜葛剌并受到隆重欢迎的场景。"其王知我中国宝船到彼,遣部领赍衣服等物,人马千数迎接。港口起程十六站,至锁纳儿江,有城池街市,聚货通商。又差人赍礼象马迎接,再行二十站,至板独哇,是酋长之居处。城郭甚严,街道铺店,连楹接栋,聚货甚有。其王之居,皆砖石甃砌高广,殿宇平顶,白灰为之。入去内门三重,九间长殿,其柱皆黄铜包饰,雕琢花兽。左右长廊,内设明甲马队千余,外列巨汉,明盔明甲,执锋剑弓矢,威仪之甚。丹墀左右,设孔雀翎伞百数,又置象队百数于殿前。其王于正殿设高座,嵌八宝,箕踞坐其上,剑横于膝。乃令银柱杖二人,皆穿白缠头,来引导前,五步一呼,至中则止。又金柱杖二人,接引如前礼。其王恭礼拜迎诏,初叩谢加额。开读赏赐,受毕,铺绒毯于殿地,待我天使,宴我官兵,礼之甚厚。"①

这真是一个宾主其乐融融的场面,主人招待得威严合序有礼有节,客人远道而来也并没有自恃天朝而喧宾夺主。这种情况下明朝使节"开读赏赐",其内容一定是异常丰富的。双方在正式礼仪结束后的交流也应该是热烈踊跃的。《星槎胜览》中详细记录了当地的特产,包括细布、撒哈剌、绒毯兜罗锦、水晶、玛瑙、珊瑚、珍珠、宝石、糖蜜、酥油、翠毛。而中国则赠之以布缎、色绢、青白花瓷器、铜钱、麝香、银朱、水银、草席和胡椒等,难以细数。

二、南印度诸地

郑和船队访问了南印度多个地方,包括柯枝、葛兰和古里等,地理范围为印度半岛南端的东西海岸地区。因为从孟加拉湾绕过次大陆南端的时候,这一地区为必经之路。而且沿海地区受季风影响,气候湿热、物产丰富,适合作为交易买卖的地点。15 世纪,穆斯林已经在印度建立了统治。中国相关载籍中也指出,南印度很多地方"回回人"是上等人和礼拜寺数量众多等情况。而郑和本人也是回族,这样与当地人的交流更没有障碍。郑和在第七次下西洋的途中染病。他选择了留在古里,直到病逝。古里国是一个伊斯兰占主导地位的国家,其国"王有大头目二人,掌管国事,俱是回回人,国中大半皆奉回回教门。礼拜寺有二三十处,七日一次行礼拜"。值得注意的是,郑和下西洋基本上是和平友谊之旅,仅有几次用兵,都发生在佛教国家,包括东南亚的三佛齐国和南亚的锡兰。

《瀛涯胜览》中提到在柯枝,当地人"名称哲地者,皆是财主,专一收买下宝石、珍珠、香货之类,候中国宝(石)船或别国番船客人来买,珍珠以分数论价而买"。他们专做宝石、珍珠的买卖,并都成为"财主",想来当时中国人和其他国家人到此地的商船应该是异常频繁,而且贸易的利润很丰厚。船队在古里的时候,"其二大头目受中国朝廷升赏,若宝船到彼,全凭二人主为买卖"。这样看来,古里国的头目已经垄断了与中国的贸易,而且因为接受了明朝廷的赏赐,买卖还非常公平。古里国对郑和也态度甚恭,"使回之日,其国王欲进贡,用好赤金五十两,

---

① 费信:《星槎胜览》,冯承钧校注,北京:中华书局,1954 年,第 39 页。

令番匠抽如发细金丝,结绾成片,以各色宝石大珍珠厢成宝带一条,差头目乃邦进奉中国。"①

三、斯里兰卡

郑和在七下西洋的航程中,每一次均抵达斯里兰卡,其间发生的一个重大事件,就是郑和于1409年在斯里兰卡南部立碑为记。郑和是在第二次下西洋的过程中在斯里兰卡立下的石碑。这块石碑于1911年由筑路工程师发现。石碑上用中文、泰米尔文和波斯文三种文字铭刻,而其内容则各有不同。中文表达了对佛教和佛法的虔诚;泰米尔文是向印度教的大神表示敬仰;波斯文涉及伊斯兰教的真主阿拉。这种对三种宗教不偏不倚,全部以礼待之的做法反映出明朝对宗教信仰的包容和宽让。这一点至今还被斯里兰卡学者称道。

石碑上用中文刻写的文字除赞扬佛法外,还罗列了当时供奉给佛寺的礼品。文字内容如下:

大明皇帝遣太监郑和、王贵通等昭告于佛世尊曰:仰维慈尊,圆明广大,道臻玄妙,法济群伦。历劫河沙,悉归弘化,能仁慧力,妙应无方。惟锡兰山介乎海南,言言梵刹,灵感翕彰。比者遣使诏谕诸番,海道之开,深赖慈佑,人舟安利,来往无虞,永惟大德,礼用报施。谨以金银织金纻丝宝幡、香炉、花瓶、表里、灯烛等物,布施佛寺,以充供养。惟世尊鉴之。总计布施锡兰山立佛等寺供养:金壹仟钱、银伍仟钱,各色纻丝伍拾匹,各色绢伍拾匹,织金纻丝宝幡肆对。纳红贰对、黄壹对、青壹对。古铜香炉伍个饯金座全,古铜花瓶伍对饯金座全,黄铜烛台伍对饯金座全,黄铜灯盏伍个饯金座全。朱红漆饯金香盒伍个、金莲花陆对、香油贰仟伍佰斛、蜡烛壹拾对、檀香壹拾炷。时永乐七岁次、己丑二月、甲戌朔日谨记。②

从碑文内容可以看到,郑和在从中国出发之前就准备好了石碑和礼物,说明其下西洋的初衷里面并没有冲突和征伐。两国之间通过郑和船队进行的交流中,

---

① 马欢:《瀛涯胜览》,冯承钧校注,北京:海洋出版社,2005年,第108页。
② 龙村倪:《郑和布施锡兰山佛寺碑汉文通解》,《中华科技史学会会刊》第十期,2006年12月。

主要还是建立友谊和开展贸易。斯里兰卡是一个盛产珍珠、宝石的国家,而其人民对中国产的麝香、纻丝、色绢、青瓷盘碗、铜钱和樟脑等物都非常喜爱。其间顺理成章地发生了频繁的物品买卖。

郑和在斯里兰卡为民众所熟知,还有另外一个原因。就是在 1411 年,郑和第三次下西洋的过程中曾经与斯里兰卡的国王开战,并将之俘获带回中国。《明史》中这样记载这段历史:"六年九月,再往锡兰山。国王亚烈苦奈儿诱和至国中,索金币,发兵劫和舟。和觇贼大众既出,国内虚,率所统二千余人,出不意攻破其城,生擒亚烈苦奈儿及其妻子官属。劫和舟者闻之,还自救,官军复大破之。九年六月献俘于朝。帝赦不诛,释归国。"

这个亚烈苦奈儿,就是斯里兰卡历史上的国王 Vira Alakesvara,是当时斯里兰卡三分天下的国王之一。现代的斯里兰卡历史学家认可《明史》的记载,并且认为在亚烈苦奈儿之后的国王,即巴拉克拉玛巴乎六世也是在明朝支持下登上王位的。不管怎样,虽然有短暂的不愉快,整体而言,郑和的船队还是和斯里兰卡建立了友好关系,在随后的下西洋过程中,"王常差人赍宝石等物,随同回洋宝船进贡中国"。

中国古籍中称斯里兰卡为锡兰、锡兰山或者师子国,相关的记录和描述很多。这些史料,对于现代斯里兰卡学者了解自己国家的古代史发挥了重要的作用。相比印度,斯里兰卡自己传承下来的古代史料比较少。这些史料主要是与佛教相关的,与其说是古代历史,不如说是古代佛教史更为准确。《大史》《小史》和《岛史》基本上都是围绕佛教展开的叙述。在现代学者重建古代史的努力过程中,来自中国载籍中的很多内容被加以利用。翻看由尼古拉斯(Cyril Wace Nicholas)和帕拉纳维达纳(Senarat Paranavitana)所著的《锡兰简明史》,就会在其中发现《瀛涯胜览》《星槎胜览》和《西洋番国志》,以及《明史》中记录的内容。①

尽管今天已经无从知晓郑和下西洋的真正目的,但是多次声势浩大的航程无疑推动了中国文化在其所到之处的传播和影响。相比较东南亚或者北印度而言,印度次大陆南部、斯里兰卡和马尔代夫等地离中国可谓山高海远,在古代建立联

---

① Cyril Wace Nicholas, Senarat Paranavitana: *A Concise History of Ceylon*, Colombo: University of Ceylon Press, 1961, p.87.

系和交流是颇为不易的事情。历史上经马六甲海峡、斯里兰卡转到阿拉伯国家的海路贯通在明朝以前就已经实现，但是经由国家派遣，集战船几十艘和士兵数万人的庞大队伍多次出访这么多的国家，在世界古代史上实属绝无仅有。从这个意义讲，郑和开辟了一个时代。他每到一个国家就宣读永乐皇帝的诏书，让那些"番国"惊讶于大明帝国的威武之师。当他拿出丰厚的赏赐，让各国之人在绫罗绸缎和金银玉器的交相辉映下眼花缭乱的时候，他就已经完成了效果最好的文化传播。

在西方学术研究的视角中，多有将郑和下西洋与新航路开辟混为一谈的。当名之曰"新航路"的时候，就以欧洲为中心，将通往印度的航线称为"新"，完全不顾百年之前郑和在这条航线上已经轻舟熟路。而当讨论郑和下西洋的目的的时候，又将之与所谓的"新航路"归为同类。实际上，郑和七下西洋，鲜见考虑利润的行为，反而到处慷慨地"赐予"。他回国后见了永乐皇帝，是不需要抬出满船的金银来交差的。而从欧洲出发的新航路的探险者，则有"投资人"在翘首期待着丰厚的收益。这里的动机和初衷是完全不同的，所引发的结果自然迥异。

郑和下西洋这个事件本身已经成为当年所到各国古代史的一部分。在斯里兰卡，郑和打败其国王并将之带到中国的历史被反复讨论。他留下的石碑现在被当作珍贵的文物陈列于科伦坡博物馆，成为那段历史的永久见证。在孟加拉，郑和下西洋已经作为一个重大事件记录在该国历史之中，几百年来一直被铭记。2006年，"纪念郑和下西洋600周年展览"在孟加拉首都达卡隆重举行，出席活动的其国官员表示，郑和率领船队于600年前抵达孟加拉东南部港口城市吉大港，并且与当地居民交换物品，这已经作为史实载入中孟友好交流的史册。吉大港这个当年见证了郑和来访的城市，也已经与中国云南省昆明市结成了姊妹友好城市。双方都在致力于继承和发扬保持了600年之久的友好传统。

第五章 古代中国的对外贸易与南亚

在中国的古代载籍中,有很多关于对外贸易的记载,并常常以"朝贡"为名。狭义而言,"朝贡"是不涉及那么多国家的。按照中国古代的宗法观念,与中央政权形成藩属关系的周围地区国家才适用朝贡这一概念。而存在藩属关系的国家和地区随着中国古代王朝的盛衰是不断变化的,是在归属、游离,甚至脱离等状态之间有不同程度的转化的。以南亚地区为例,可以说在历史上相当长的时间内,双方之间存在更多的是礼节性的官方拜访和交换方物。而到了明朝,随着郑和下西洋,典籍中开始把"西洋"地区的国家也纳入所谓的朝贡体系之中。《万历明会典》中,"东南夷"就包括南亚的锡兰等国家。在《近代中国的国际契机:朝贡贸易体系与近代亚洲经济圈》之中,滨下武志提到朝贡的概念源于贡纳,这与国内统治的原理从本质上看都是同样的。① 这也表明,某种程度上"朝贡"这个词在外托其名的方面具有更为重要的意义。

---

① [日]滨下武志:《近代中国的国际契机:朝贡贸易体系与近代亚洲经济圈》,北京:中国社会科学出版社,1999年,第34页。

第一节 古代中国的对外交往与"朝贡贸易"

如果追溯历史,"朝贡"这种制度是经过了漫长年代的演进的。它甚至可以归根到殷商时期的"内外服"制度。到周朝,《周礼》之中则提出了"九州之外,谓之藩国"的概念。真正形成与周边地区政权之间的册封和藩属的关系,始于秦汉时期。中央集权式的帝国建立之后,才有建立这样一种制度安排的行政基础。三国两晋南北朝时期,战乱纷纷,中央政权与藩属之间的行政关系不断崩溃瓦解再至重新建立。这一段时期,海上航线不断拓展,"海上丝路"将中国内地与东南亚、南亚等地区国家勾连起来,并通过海路进行了贸易活动。至唐宋时期,这种以"朝贡"之名进行的贸易活动,达到了空前繁荣的程度。狭义之下的"朝贡"主要涉及古代的朝鲜、安南、琉球等地区。而如果以托名朝贡进行贸易往来的地区也包括在内,其范围就会扩大很多。

明朝是这种朝贡贸易发展到顶峰的时期。一个标志是郑和下西洋。从记载郑和下西洋过程的几部载籍中看,在 15 世纪初期,时间跨度达 20 多年的郑和七下西洋的过程中,贸易是其中的一个主旋律。郑和的船队携带大量的丝绸、瓷器等中国商品,到岸即进行内容极丰富的物品交易。作为官方使节,郑和带回中国的物品都被称为"贡品"。费正清在《中国:传统与变迁》之中,认为明朝是"进贡"活动达到"极盛"的年代,"永乐帝有一宏伟计划,即将南亚与东南亚诸国都纳入朝贡的体系之中"。① 虽然郑和下西洋的实际目的在研究者之中并不能达成共识,例如,《明史》中记载他是奉成祖之名寻找惠帝,梁启超则说他"志非南渡而在西征",但是这样一个规模宏大的官方出访,极大地促进了当时与东南亚、南亚地区和国家的贸易往来,则是一个公认的事实。而当时间进入明末和清朝,随着新航路开辟和西方殖民活动的兴起,"朝贡"贸易就渐渐转换了性质,虽然在相当长的时期内,这个名词仍然被保留使用,实际上它慢慢变成了一种遭到胁迫的被动

---

① 费正清:《中国:传统与变迁》,张沛译,北京:世界知识出版社,2002 年,第 140 页。

贸易。到了清末,不平等条约之中的"开辟通商口岸"成为一项重要内容。

第二节　古代南亚与中国的贸易往来

中国与古代南亚国家的贸易往来,其记载散见于中国古代载籍之中。北京大学耿引曾编著的《汉文南亚史料学》,将中国古籍中关于南亚的记载抽丝剥茧、集腋成裘,成为研究古代中国与南亚各国关系的重要引导性著作。从这些史料之中,我们可以看到古代中国与南亚国家之间存在着频繁而且密切的贸易往来。

一、汉代时期

关于中国与南亚国家进行贸易往来的官方记载,最早出现在《史记》之中。《史记·大宛列传》中有关于张骞在大夏所见中国物品的描述:骞曰:"臣在大夏时,见邛竹杖、蜀布。问曰:'安得此?'大夏国人曰:'吾贾人往市之身毒。身毒在大夏东南可数千里。其俗土著,大与大夏同,而卑湿暑热云。其人民乘象以战。其国临大水焉。'以骞度之,大夏去汉万二千里,居汉西南。今身毒国又居大夏东南数千里,有蜀物,此其去蜀不远矣。"①像竹杖和布匹之类的日用品在身毒也就是今天的印度出现,并且在《史记》中有记载,说明早在公元前中国和南亚地区之间已经存在贸易往来。

班固《汉书·地理志》之中也记载了中国与南亚国家的贸易情况:"……黄支国,民俗略与珠崖相类。其州广大,户口多,多异物,自武帝以来皆献见。""平帝元始中,王莽辅政,欲耀威德,厚遗黄支王,令遣使献生犀牛。"②在这段史料中,明确记载了黄支国"多异物……皆献见",并且还有"生犀牛"。此外,《汉书·地理志》中还记载了"黄支之南,有已程不国"。关于黄支国和已程不国,诸多学者考

---

① 司马迁:《史记第十册·卷一百二十三·大宛列传》,北京:中华书局,1974 年,第 3166 页。
② 班固:《汉书·卷二十八·地理志》,北京:中华书局,1974 年,第 1671 页。

证其现代地理位置,并且达成基本共识,认为黄支国为南印度,而已程不国就是今天的斯里兰卡。

《汉书·西域列传》中则记载了罽宾之间存在物品贡献的情况:"自武帝始通罽宾,自以绝远,汉兵不能至,其王乌头劳数剽杀汉使。乌头劳死,子代立,遣使奉献。"①这里虽然没有具体提及所献物品为何,但是有记载这个国家出产"沐猴、孔爵、珠玑、珊瑚、虎魄、璧流离"等物品。关于罽宾,史学家考证其位于今天的克什米尔一带,属于今天我们地理概念之中的南亚地区。《汉书·西域列传》中还记载:"武帝始遣使至安息,王令将将二万骑迎于东界。东界去王都数千里,行比至,过数十城,人民相属。因发使随汉使者来观汉地,以大鸟卵及犁靬眩人献于汉,天子大说。"②据考证,安息国所贡献的大鸟卵为鸵鸟蛋。

《汉书·西域列传》中还记载大宛国贡献天马:"上遣使者持千金及金马,以请宛善马。宛王以汉绝远,大兵不能至,爱其宝马不肯与。……于是天子遣贰师将军李广利将兵前后十余万人伐宛,连四年。宛人斩其王毋寡首,献马三千匹,汉军乃还。"还记载为了饲养这么多天马,到大宛采集了苜蓿等植物并回王宫附近播种,作为天马饲料:"又发使十余辈,抵宛西诸国求奇物,因风谕以伐宛之威。宛王蝉封与汉约,岁献天马二匹。汉使采蒲陶、目宿种归。天子以天马多,又外国使来众,益种蒲陶、目宿离宫馆旁,极望焉。"③

《后汉书·孝桓帝纪》之中多次记载"天竺国来献"。东汉时期,佛教自天竺经中亚传入中国内地。伴随佛教传入,很多天竺僧人也到内地传经。《后汉书》中提到"天竺来献"的时候,一般只寥寥几个字,并不提及具体的物品。一种解释认为是这种"贡献"已经很频繁,贡献的物品也已经不罕见,所以不用记入史料了。

二、三国至南北朝时期

《三国志·魏书·三少帝纪》中记载了西域向魏国献火浣布:"二月,西域重

---

① 班固:《汉书·卷九十六·西域列传》,北京:中华书局,1974 年,第 3885 页。
② 班固:《汉书·卷九十六·西域列传》,北京:中华书局,1974 年,第 3890 页。
③ 班固:《汉书·卷九十六·西域列传》,北京:中华书局,1974 年,第 3895 页。

译献火浣布,诏大将军、太尉临试以示百寮。"关于这个火浣布,裴松之注中引《异物志》,提及:"斯调国有火州,在南海中。其上有野火,春夏自生,秋冬自死。有木生于其中而不消也,枝皮更活,秋冬火死则皆枯瘁。其俗常冬采其皮以为布,色小青黑;若尘垢污之,便投火中,则更鲜明也。"耿引曾在《汉文南亚史料学》中指出:"这段史料的价值,在于指明斯调国产火浣布。斯调国的地点,学者比较一致的看法是斯里兰卡。由此推溯,公元3世纪时,中国对印度洋中的南亚国家已有认识与了解。"①

《宋书·夷蛮列传》中记载了师子国(即斯里兰卡)给宋文帝的国书,其中提到"师子国,元嘉五年,国王刹利摩诃南奉表曰:谨白大宋明主,虽山海殊隔,而音信时通。伏承皇帝道德高远,覆载同于天地,明照齐乎日月,四海之外,无往不伏,方国诸王,莫不遣信奉献,以表归德之诚,或泛海三年,陆行千日,畏威怀德,无远不至。我先王以来,唯以修德为正,不严而治,奉事三宝,道济天下,欣人为善,庆若在己,欲与天子共弘正法,以度难化。故托四道人遣二白衣送牙台像以为信誓,信还,愿垂音告。"并提到"至十二年,又复遣使奉献。"②这是南北朝时期正史中最早关于南亚岛国斯里兰卡的记录。"刹利摩诃南"即是斯里兰卡历史上有名的国王"Raja Mahanama",即大名王。

《宋书·夷蛮列传》还记载了天竺国朝贡的情况,"奉献金刚指环、摩勒金环诸宝物、赤白鹦鹉各一头。太宗泰始二年,又遣使贡献……"。③《南齐书·蛮东南夷列传》中记载了天竺僧人释那伽仙代表扶南王出使南齐,"并献金镂龙王坐像一躯,白檀像一躯,牙塔二躯,古具二双,琉璃苏鉝二口,瑇瑁槟榔柈一枚"。南齐皇帝遂以"绛紫地黄碧绿纹绫各五匹"相赐。《魏书·西域列传》中记载了琉璃的制作工艺传入中国的情况:"世祖时,其国人商贩京师,自云能铸石为五色琉璃,于是采矿山中,于京师铸之。既成,光泽乃美于西方来者。乃诏为行殿,容百余人,光色映彻,观者见之,莫不惊骇,以为神明所作。自此中国琉璃遂贱,人不复珍之。"④《魏书》中关于南亚地区天竺等贡献物品的记载非常多,大部分均不载贡献

---

① 耿引曾:《汉文南亚史料学》,北京:北京大学出版社,1990年,第14页。
② 沈约:《宋书·卷九十七·夷蛮列传》,北京:中华书局,1974年,第2384页。
③ 沈约:《宋书·卷九十七·夷蛮列传》,北京:中华书局,1974年,第2386页。
④ 魏收:《魏书·卷一百二·西域列传》,北京:中华书局,1974年,第2275页。

何物,只说"遣使朝贡"或者"遣使朝献"。一个比较重要的记载是,南天竺国贡献了"辟支佛牙"。

《梁书》中则记载了中天竺和师子国的情况。其中提到师子国王遣使献玉像,以及国王刹利摩诃南遣使贡献的情况:"晋义熙初,始遣献玉像,经十载乃至。像高四尺二寸,玉色洁润,形制殊特,殆非人工。此像历晋、宋世在瓦官寺,寺先有征士戴安道手制佛像五躯,及顾长康维摩画图,世人谓为三绝。至齐东昏,遂毁玉像,前截臂,次取身,为嬖妾潘贵妃作钗钏。宋元嘉六年、十二年,其王刹利摩诃南遣使贡献。"①

南北朝时期还有两部与文化交流相关的重要著作,即法显所著的《佛国记》以及杨衒之所著的《洛阳伽蓝记译注》,其中有诸多关于这一时期中国与南亚国家之间物品往来的记录。例如,法显在师子国所见的白绢扇等。《洛阳伽蓝记》中记载了乾陀罗国所献的白象:"白象者,永平二年乾陀罗国胡王所献。背设五彩屏风、七宝坐床,容数人,真是异物。常养象于乘黄曹,象常坏屋毁墙,走出于外。逢树即拔,遇墙亦倒。百姓惊怖,奔走交驰。太后遂徙象于此坊。"②乾陀罗国即今天的北印度地区。

三、隋唐五代时期

《隋书·西域列传》记载了隋朝时期与南亚国家的物品往来:"炀帝时,遣侍御史韦节、司隶从事杜行满使于西蕃诸国。至罽宾,得玛瑙杯;王舍城,得佛经;史国,得十舞女、师子皮、火鼠毛而还。"③隋朝时与南亚国家的交往非常频繁和密切。《隋书·音乐志》中有这样的描述:"每岁正月,万国来朝,留至十五日,于端门外,建国门内,绵亘八里,列为戏场。"

经过隋朝短暂几十年的过渡,唐王朝迎来了社会稳定、经济发展、文化交流繁荣的昌盛时期。这一时期与南亚国家交流相关的载籍,是以《大唐西域记》为代表的一批僧侣游记,包括《南海寄归内法传》《大唐西域求法高僧传》等。在这一

---

① 姚思廉:《梁书·卷五十四·诸夷列传》,北京:中华书局,1974年,第800页。
② 杨衒之:《洛阳伽蓝记译注》,周振甫译注,南京:江苏教育出版社,2006年,第121页。
③ 魏徵等:《隋书·卷八十三·西域列传》,北京:中华书局,1974年,第1841页。

批僧侣游记中,记载了关于南亚社会、宗教、文化等方面的珍贵材料和史料,也包括物品往来细节。因其为佛教僧侣游记,后文另述。

《旧唐书·西戎列传》中记载了唐朝时今天尼泊尔地区的泥婆罗国遣使朝贡的情况:"其后王玄策为天竺所掠,泥婆罗发骑与吐蕃共破天竺有功。永徽二年,其王尸利那连陀罗又遣使朝贡。"①《旧唐书·西戎列传》中还记载了罽宾国朝贡的情况:"贞观十一年,遣使献名马,太宗嘉其诚款,赐以缯彩。十六年,又遣使献褥特鼠,喙尖而尾赤,能食蛇,有被蛇螫者,鼠辄嗅而尿之,其疮立愈。……开元七年,遣使来朝,进天文经一夹、秘要方并蕃药等物。"②在中国的载籍中,多有其他国家遣使来朝贡的记录,相比之下"给赐"的物品则较少。在《旧唐书·西戎列传》中,则明确记载了赐给罽宾使臣"缯彩",说明丝绸织品当时在南亚比较珍贵。

《新唐书·西域列传》记载了五天竺来朝贡献并得到回赠的情况:"乾封三年,五天竺皆来朝。开元时,中天竺遣使者三至。南天竺一,献五色能言鸟,乞师讨大食、吐蕃,丐名其军。玄宗诏赐怀德军,使者曰:'蕃夷惟以袍带为宠。'帝以锦袍、金革带、鱼袋并七事赐之。北天竺一来朝。"《新唐书·西域列传》中还有与斯里兰卡物品往来的记录:"总章三年,遣使者来朝。天宝初,王尸罗迷迦再遣使献大珠、钿金、宝璎、象齿、白氎。"③这里提到的宝石、象牙都是斯里兰卡的特产。通过这些记载我们可以看到,官方使臣所献贡品,多为奢侈品或玩物,包括狮子、羚羊、鹦鹉、象牙、珍珠、玛瑙和琉璃等。

除了官方的所谓朝贡与给赐,唐代还设立了市舶使,专门管辖与海外各国的海路贸易。这样成立专门的机构对海路贸易进行管理,说明在唐朝,随着航海技术的发展,国际贸易规模已经很大。市舶使设置的地点多为广州,地理上靠近东南亚和南亚,方便与这些地区国家的贸易往来。《旧唐书·玄宗纪》记载:"……周庆立为安南市舶使,与波斯僧广造奇巧,将以进内。"这里通过市舶使制造或者贸易得来的物品主要用于"进内",目的还是朝贡。《唐六典·少府监》载,市舶使与海外国家进行商贸活动,得到的"紫檀、桐木、檀香、象牙、翡翠毛、黄婴毛、青虫真珠、紫矿、水银"等物品,都是御用物品所需之物资。从这些物品中,我们可以看

---

① 刘昫等:《旧唐书·卷一百九十八·西戎列传》,北京:中华书局,1975年,第5290页。
② 刘昫等:《旧唐书·卷一百九十八·西戎列传》,北京:中华书局,1975年,第5309页。
③ 欧阳修等:《新唐书·卷二百二十一·西域列传》,北京:中华书局,1975年,第6258页。

到,通过海路所进行的贸易活动在很大程度上是为宫廷皇室贵族豪门服务的。

四、宋元时期

宋朝时与南亚地区的僧侣互访仍然频繁。这一时期海路贸易的繁荣在《岭外代答》和《诸蕃志》等书中有详细记录。相关内容见"海上丝路与南亚"章节。《宋史》中也记载了有关南亚国家的很多珍贵史料。

《宋史·外国列传》中有注辇国的记载:"注辇国东距海五里,西至天竺千五百里,南至罗兰二千五百里,北至顿田三千里,自古不通中国,水行至广州约四十一万一千四百里。其国有城七重,高七尺,南北十二里,东西七里。每城相去百步,凡四城用砖,二城用土,最中城以木为之,皆植花果杂木。其第一至第三皆民居,环以小河;第四城四侍郎居之;第五城主之四子居之;第六城为佛寺,百僧居之;第七城即主之所居,室四百余区。"①这一段记载对于研究注辇国的都城建筑布局和人口结构等都是珍贵的史料。

此外,《宋史·外国列传》中还详细记载了与注辇国之间的贡赐内容。大中祥符八年(1015)九月,"自昔未尝朝贡"的注辇国"谨遣专使等五十二人,奉土物来贡,凡真珠衫帽各一、真珠二万一千一百两、象牙六十株、乳香六十斤"。再至明道二年(1033)十月,"进真珠衫帽及真珠一百五两、象牙百株"。至熙宁十年(1077),"国王地华加罗遣使奇啰啰、副使南卑琶打、判官麻图华罗等二十七人来献豌豆珠、麻珠、琉璃大洗盘、白梅花脑、锦花、犀牙、乳香、瓶香、蔷薇水、金莲花、木香、阿魏、鹏砂、丁香。使副以真珠、龙脑登陛,跪而散之,谓之撒殿。既降,诏遣御药宣劳之,以为怀化将军、保顺郎将,各赐衣服器币有差;答赐其王钱八万一千八百缗、银五万二千两"。② 这里记载了答赐"钱""缗"和"银"等的具体额度,说明这样的朝贡其实已经成为了贸易。

《宋史》中记载的南亚国家,除了注辇,主要还有天竺。"天竺朝贡"在史籍中的记载已经很多。《宋史·外国列传》中则记载:"则天天授中,五天竺王并来朝

---

① 脱脱等:《宋史·卷四百八十九·外国列传》,北京:中华书局,1977年,第14095页。
② 脱脱等:《宋史·卷四百八十九·外国列传》,北京:中华书局,1977年,第14098—14099页。

献。……周广顺三年,西天竺僧萨满多等十六族来贡名马。"又比如,"天圣二年九月,西印度僧爱贤、智信护等来献梵经,各赐紫方袍、束帛。五年二月,僧法吉祥等五人以梵书来献,赐紫方袍。景祐三年正月,僧善称等九人贡梵经、佛骨及铜牙菩萨像,赐以束帛"。① 这里记载了对僧人的贡献所做的回赐,主要包括"紫袍"和"束帛"。这里的记载表明,印度僧人到中土所做的传教和译经活动,都是得到官方的许可甚至是支持的。

元代与南印度地区的往来非常密切,其中主要涉及南印度的马八儿,即注辇国以及斯里兰卡。斯里兰卡在元代时有各种中文称谓,包括僧伽耶、僧伽剌等。耿引曾教授在《汉文南亚史料学》中注,其皆为 SIMHALA 的梵文音译。

五、明清时期

以郑和下西洋为标志,对外贸易在明朝时期发展到顶峰。与郑和相关的古籍中详细记载了南洋及西洋诸番国与明朝进行贸易往来的情况。此部分内容单章另述。至清朝,西方殖民者已经在南亚大陆范围内确立殖民统治。该地区与清朝的贸易往来已经难于用"朝贡"来描述。尤其是 18 世纪末至 19 世纪初以后,英国开始加紧了对清朝的殖民入侵步伐,中国开始进入半封建半殖民地社会,与"朝贡"这两个字就更加渐行渐远了。

通过梳理古代载籍之中的中国与南亚国家和地区之间进行的物品交换和往来,我们看到中国输出的最主要的物品是"缯""绢""帛"和"缛"等丝绸织品。从西汉时期出现在南亚次大陆的"蜀布"到宋元时期赐给南亚使臣的"束帛",再到郑和下西洋时布施的"各色纻丝伍拾匹,各色绢伍拾匹"等,都表明手工艺织品是中国提供给南亚地区的一个重要的产品,是人们日常生活中的必需品。相比较而言,南亚地区国家"贡献"的则是包括狮子、犀牛等供皇室贵族观赏的珍稀动物,这样的动物在民间不具备饲养的条件。实际上连皇室的园林中也未必能够长时间饲养,东汉时期就出现过将波斯贡献的狮子送还的事情。其他如五色鹦鹉、珍珠、象牙、宝石,无不是贵族玩物或者饰物,是与老百姓没有关系的。尽管这种"贡

---

① 脱脱等:《宋史·卷四百九十·外国列传》,北京:中华书局,1977 年,第 14106 页。

品"还是会不同程度地流入民间,但是其数量和规模无法对民间形成深远的影响。而中国输出的布匹织物则不同,它一定会流通到民间使用。其制作工艺和技术也一定会得到模仿和学习。

  历史研究表明,这种丝绸织物的输出经历宋元到明清时期达到如此巨大的规模,以至于深刻地影响了世界经济秩序和地缘政治格局。贡德·弗兰克认为由于中国向世界输出丝绸等产品,在几个世纪中世界其他地区向中国输入了至少六万吨白银。[①] 这种输入和输出的严重不对等,造成世界范围内经济秩序的调整,以至于影响世界历史的走向。

[①] 贡德·弗兰克:《白银资本》,刘北成译,北京:中央编译出版社,2008年,第135页。

第六章 佛教文化交流与南亚

对于中国而言，佛教是从古印度传来的舶来品。我们既然是接受者，在这里放在"中国文化在南亚"的框架下去谈，似乎有些悖题。然而在佛教东来传入中国，从生根发芽枝叶蔓生到开花结出硕果累累，确实是一个互动的过程。难以计数的印度僧人或从中亚或从滇缅来到中国，也有众多的中国僧人远赴"西天"。他们用相当长的时间在对方的国家生活、学习、留驻。其中一些人干脆定居下来，融入到当地的社会生活当中，甚至到朝廷为官。在这个过程中，不仅是围绕佛教产生交流，文学艺术、方术医药、食品器物等各个领域都会发生互通有无的学习、吸收和借鉴。文化之所以会"交流"，就是因为任何一种事物，只要流传到异地，就必然会引起反应和反馈，而不会像被黑洞吸收了那样一进去就杳无音信。在这一点上，中国和印度之间如此，其他国家之间的文化交流也是如此。中国和东邻日本之间就是一个很好的例子。我们是难以把文化交流一刀斩断，清清楚楚地分开的。本章主要论及围绕佛教所产生的文化交流，其中主要是佛教传入中国的过程中，对南亚国家形成了怎样的反应和反馈。

第一节　佛教文化交流的讨论依据

讨论中国和南亚国家的文化交流,最主要的依据是中国的古代载籍。中国自古就有著书立说的传统,凡事都付诸文字流传后世。这样在历史上形成了规模庞大浩如烟海的载籍。尽管多个时期发生过官方的焚毁查禁,以致很多宝贵的古代书籍都已无从查找,但是留存下来的文字无论是质量还是数量仍然是世界上任何国家都绝难比拟的。中国古人以"文"言志立说或是求取功名,很多人从咿呀学语到白发苍苍,终生沉浸在纸堆里。相比之下,印度人的古代文化传统也可以说是一个宗教传统,追求的则是个人的冥想和对弟子的言传心授。印度人对古代历史的书写极少,对"文化交流"这样旁枝末节的内容就更是不予记录。我们今天只能通过中国的载籍来讨论。

一种宗教流传到一个国家和地区并成长为占据相当地位的主流思潮和文化现象,时间跨度和参与人群都非常大。这其中必须有官方的主导、民间的需求和学术力量的推动,否则对于异域文化,尤其是代表上层建筑的宗教信仰,是很难流传并被接受的。这需要一个对普通人群不断进行精神意识层面的冲击洗涤,让他们在思维和生活实践层面反复地对这种新事物和新理念进行验证,反复地进行无意识的自我劝说,以至最终接受甚至"信仰"。这个过程中还需要有一种"输入文化优势"的心理。如果一个社会的人群普遍认为自己的文化优于另一种文化,那么这个文化圈就会产生一种闭合倾向,会轻视或者漠视彼种文化。这种"优势"心理的形成,一定会受到经济发展程度、文化传统是否深厚等综合因素的影响。

今天,我们观察汉魏六朝时期中国对"佛教"这样一种外来文化的普遍接受,可以反思一下其中的原因。东汉时王莽篡位,三国两晋南北朝更是离乱纷纷。政权更迭速度太快,导致一个政权无法在精神意识层面对人群统治进行巩固。而新政权一般会对旧有的政权或者同时并存的敌对政权进行诋毁和攻击。在这样的情形下,社会思想就会纷繁杂乱,对现有和旧有的传统文化都会产生否定情绪。也只有在这样的情形下,外来的佛教才能够被接受。到了唐宋时期,盛世之中人们对外来文化的态度就会改变。反映到佛教上就是它更多地发展出自身的特点和内容，以至于演变成中国传统文化的一部分并对佛教的来源地形成反馈和影响。我们看到唐代赴印度的僧人数量非常多。玄奘甚至能够在佛教的故乡开坛讲法，如同今天我们聆听西方学者来宣讲汉学。

文化交流的趋向与文化发源地和文化接受地的社会盛衰呈现出的关系，如同长江与沿岸淡水湖之间的相互补水。这是一个此消彼长源源不绝的过程，而绝非可以长时间保持单向流动。在这里我们无意对佛教交流这样一个宏大绚丽的文化现象进行方向性的剥离划分。那样做的话如同抽刀断水。我们这里希望做的是讨论一下佛教东来之后，中国对其来源地做出了怎样的反应。具体而言，就是有哪些人因为佛教的关系从古代南亚国家和地区来到中国，以及中国僧人到过哪些古代南亚的国家和地区。

第二节 古代中国与南亚之间的僧人互访

早期佛教传入中国，起到重要作用的是中亚僧人。季羡林总结后汉三国时期的译经传教活动，发现一个特点："译经的人，不是姓安，就是姓支，还有的姓康。'安'代表'安息'，英文是 Parthia，'帕提亚国'。'支'是'月支'，'康'是'康居'。都是古代中亚一带的民族姓氏。"①这其中就包括安世高、安玄、支曜、康巨等。季羡林并判定佛教传入中国"途径有两条，时间有先后。最早的是通过大夏，以后是通过中亚某些古代民族……"。中亚是佛教传入中国的一个通道，在传播过程中发挥了主要作用的也是中亚僧人。在汉末三国时期，陆上丝绸之路已经贯通并日渐繁盛。中亚成为东西方文明文化交会融通之地。中亚国家，在文化上受到各种影响，犹如一个熔炉，把文化的热量向四周传递。来中国传经的中亚僧人，都谙熟两地语言文化，所以能够完成早期的译经事业。彼时中亚与印度的文化关系，应该比与中国的文化关系更为亲近，因为其早已经接受了古代印度的宗教文化传

---

① 季羡林：《中印文化交流史》，北京：中国社会科学出版社，2008年，第26页。

统。从历史上看,中亚地区虽然在文化上受印度影响更多,但是在实际的行政管辖上,却更多地属于中国。无论是西汉的"西域都护府",还是班超经管西域,抑或是到唐朝时设立的"安西四镇"。这样,从地理、文化或者行政管辖各个角度而言,中亚都适合扮演中国与南亚"文化交流中心"的角色。早期向中国传播佛教的僧人大多来自中亚,也说明了这一点。

一、早期译经的僧人

1. 安世高

和佛陀出身一样,安世高也是一位王子。王室成员投身宗教事业,有两种解释。或者是像宋徽宗、李后主等一样,自身禀赋优异又有得天独厚的艺术成长资源。虽然书画和宗教还不能类比,但是和王室应该追求的安邦定国相比,都算是"末流"了。另外的一种解释,就是他们希望该宗教成为维护统治秩序的手段。我们看到,历史上很多有政治追求的人都热衷于利用某一"教"来吸收追随者,或者干脆就用某一"教"来竖起大旗。2世纪前后,安世高的故国安息已经开始衰落。他出家为僧,也许是国运已败,希望遁空避世,也许是希望利用宗教的力量实现自己的政治诉求。

不管怎样,安世高成为早期佛教传入中国过程中重要的译经高僧。在早期的译经人物中,"其中最有影响的人物,当然首推安世高。他从汉桓帝建和二年(148)至灵帝建宁(168—171)二十余年中,共译出佛经三十余部"。① 梁代僧人释慧皎在《高僧传》之中,说安世高"先后所出经论,凡三十九部。义理明析,文字允正,辩而不华,质而不野"。②

安世高的故国安息,在中国古代的地理概念中同属西域。安息国的部分疆界实际上也覆盖今天的巴基斯坦和印度西北部地区。又因为安世高在译经方面的成就,这里将其列入。

---

① 季羡林:《中印文化交流史》,北京:中国社会科学出版社,2008年,第25页。
② 释慧皎:《高僧传》,朱恒夫等注译,西安:陕西人民出版社,2010年,第18页。

2.摄摩腾和竺法兰

释慧皎的《高僧传》中将摄摩腾列在首位,大概是缘于他对于佛教传入中国所做出的开创性贡献。关于摄摩腾,《高僧传》中这样记载:"本中天竺人。善风仪,解大小乘经,常游化为任。昔经往天竺附庸小国,讲金光明经。会敌国侵境,腾惟曰:经云:'能说此经法,为地神所护,使所居安乐。'今锋镝方始,曾是为益乎。乃誓以忘身,躬往和劝,遂二国交欢,由是显达。汉永平中,明皇帝夜梦金人飞空而至,乃大集群臣以占所梦。通人傅毅奉答:'臣闻西域有神,其名曰佛,陛下所梦将必是乎。'帝以为然,即遣郎中蔡愔、博士弟子秦景等,使往天竺,寻访佛法。愔等于彼遇见摩腾,乃要还汉地。腾誓志弘通,不惮疲苦,冒涉流沙,至乎雒邑。明帝甚加赏接,于城西门外立精舍以处之,汉地有沙门之始也。但大法初传,未有归信,故蕴其深解,无所宣述,后少时卒于雒阳。有记云:腾译四十二章经一卷,初缄在兰台石室第十四间中。腾所住处,今雒阳城西雍门外白马寺是也。相传云:外国国王尝毁破诸寺,唯招提寺未及毁坏。夜有一白马绕塔悲鸣,即以启王,王即停坏诸寺。因改'招提'以为'白马'。故诸寺立名多取则焉。"

汉明帝派遣中郎蔡愔等人赴西域求经,在大月氏遇到了摄摩腾和竺法兰等,并将其请回洛阳,随之带来的是最早的佛经和佛像。这是在中国广为流传的佛教东传的故事。据说当时一众人是用白马驮着经典到洛阳,所以称"白马驮经"。但是很多文化交流学者并不认可这个故事。季羡林在《中印文化交流史》中指出:"研究中国佛教史的学者们大都认为,这个说法,尽管流传甚广,却是靠不住的。从佛教传入中国的种种迹象来看,肯定早于汉明帝。"尽管这个故事有附会之嫌,但是历史上佛教是在东汉时期由西域僧人传来的事实是得到公认的。

竺法兰也是"中天竺人"。《高僧传》中记载,竺法兰"亦中天竺人,自言诵经论数万章,为天竺学者之师。时蔡愔既至彼,兰与摩腾共契游化,遂相随而来。会彼学徒留碍,兰乃间行而至。既达雒阳,与腾同止,少时便善汉言。愔于西域获经,即为翻译十地断结、佛本生、法海藏、佛本行、四十二章等五部。移都寇乱,四部失本,不传江左。唯四十二章经今见在,可二千余言。汉地见存诸经,唯此为始也"。从这段记载中可以看到,竺法兰"少时便善汉言",这对于他投身译经事业正得其便。

3. 康僧会

如同季羡林所言,早期译经的僧人中,姓康的便是"康居"人。康僧会便是其中之一。实际上,他只是祖籍康居,后来就住在天竺。他的父亲因为经商,移居到了交趾。康僧会十余岁的时候,父母双亡。他服完孝便出家为僧。《高僧传》中记载他的篇幅较长,认为他是三国时期比较重要的译经者。

康僧会"笃至好学,明解三藏,博览六经",是个博学的出家人,甚至"天文图纬多所综涉,辩于枢机,颇属文翰……博览经籍,莫不精究,世间伎艺,多所综习,遍学异书,通六国语"。三国时期能通晓六国语言的人,恐怕除了康僧会没有第二位了。《高僧传》记录了他的译经活动:"……而经多梵文,未尽翻译,已妙善方言,乃收集众本,译为汉语。从吴黄武元年至建兴中。所出维摩、大般泥洹、法句、瑞应本起等四十九经,曲得圣义,辞旨文雅。又依无量寿、中本起制菩提连句梵呗三契,并注了本生死经等,皆行于世。"

康僧会曾对吴主孙权宣传佛法,并劝化孙皓,对佛教在东吴的传播起到了重要作用。《高僧传》中明确记载了由于康僧会的努力,东吴王室开始信奉佛教,并且实现了"法遂兴":"时吴地初染大法,风化未全,僧会欲使道振江左,兴立图寺,乃杖锡东游,以吴赤乌十年初达建邺,营立茅茨,设像行道。时吴国以初见沙门,睹形未及其道,疑为矫异。有司奏曰:'有胡人入境,自称沙门,容服非恒,事应检察。'权曰:'昔汉明帝梦神,号称为佛,彼之所事,岂非其遗风耶?'即召会诘问,有何灵验。会曰:'如来迁迹,忽逾千载,遗骨舍利,神曜无方,昔阿育王起塔,乃八万四千。夫塔寺之兴,以表遗化也。'权以为夸诞,乃谓会曰:'若能得舍利,当为造塔,如其虚妄,国有常刑。'会请期七日,乃谓其属曰:'法之兴废,在此一举,今不至诚,后将何及。'乃共洁斋静室,以铜瓶加几,烧香礼请。七日期毕,寂然无应,求申二七,亦复如之。权曰:'此寔欺诳。'将欲加罪,会更请三七,权又特听。会谓法属曰:'宣尼有言曰:文王既没,文不在兹乎。法灵应降,而吾等无感,何假王宪,当以誓死为期耳。'三七日暮,犹无所见,莫不震惧。既入五更,忽闻瓶中鎗然有声,会自往视,果获舍利。明旦呈权,举朝集观,五色光炎,照耀瓶上。权自手执瓶,泻于铜盘,舍利所冲,盘即破碎。权大肃然惊起,而曰:'希有之瑞也。'会进而言曰:'舍利威神,岂直光相而已,乃劫烧之火不能焚,金刚之杵不能碎。'权命令试之。会更誓曰:'法云方被,苍生仰泽,愿更垂神迹,以广示威灵。'乃置舍利于铁砧碓上,使力者击之。于是砧碓俱陷,舍利无损。权大叹服,即为建塔,以始有佛寺,故号建初寺,因名其地为佛陀里。由是江左大法遂兴。"①

二、两晋南北朝时期的重要僧人

佛教自东汉传入,至三国开始大规模译经,再至两晋南北朝得到急剧发展。西晋是个维持了仅仅 50 余年的短暂王朝。东晋衣冠南渡,留下北方各个少数民族连年混战,形成十六国。这是一个政权轮替频繁、战事不息的时代。在这样的环境中,倡导"仁、义、礼、智、信""修身、齐家"之类思想的儒家学说是找不到"市场"的。统治者和民众都需要一个外来的精神力量,来填补混乱之中的意识形态空虚。也正是在这样的气氛中,主张"避世""超然"或者"度外"的佛教才会有更大的生存空间。佛教在这一时期的繁荣,从接受方来说,存在合适的客观条件。所以在这样的时代中,名僧辈出并且为文化交流做出贡献就合乎情理了。这里我们主要谈一下这一时期从南亚国家来到中国,或者从中国远赴南亚,为两个国家和地区之间的佛教文化交流起到重要作用的僧人。

1. 竺法护

法护祖籍月支,是西晋时期最为重要的译经者。他早年出家,拜天竺高僧为师,后来携带了大量梵语佛典回到中国,并投身译经事业。《高僧传》中这样介绍这位高僧:"其先月支人,本姓支氏,世居燉煌郡。年八岁出家,事外国沙门竺高座为师,诵经日万言,过目则能。天性纯懿,操行精苦,笃志好学,万里寻师。是以博览六经,游心七籍。虽世务毁誉,未尝介抱。是时晋武之世,寺庙图像,虽崇京邑,而方等深经,蕴在葱外。护乃慨然发愤,志弘大道。遂随师至西域,游历诸国,外国异言三十六种,书亦如之,护皆遍学,贯综诂训,音义字体,无不备识。遂大赍梵经,还归中夏。自燉煌至长安,沿路传译,写为晋文。所获贤劫、正法华、光赞等一百六十五部。孜孜所务,唯以弘通为业。终身写译,劳不告倦。经法所以广流中华者,护之力也。"这里有一句重要的评价,即"经法所以广流中华者,护之力

---

① 释慧皎:《高僧传》,朱恒夫等注译,西安:陕西人民出版社,2010 年,第 56 页。

也",①表明竺法护在译经和传播经典方面所做出的重要贡献。

在任继愈所编的《中国佛教史》第二卷中,对竺法护进行了全面介绍,并高度评价了他的译经工作,认为"竺法护译经多,推进了佛教向社会的普及……"。季羡林则在《中印文化交流史》之中,说竺法护"既通天竺语,又通晋言,兼通西域众多的民族语言,是一个译经的大家"。竺法护还被认为在佛教哲学理论的形成方面做出了贡献。《中国佛教史》中还这样评价他:"这样,竺法护的大乘方等译籍,就形成了一个完整的宗教唯心主义体系:永恒不变而普遍存在的法身,是无限世界的本体,是一切现象的清净本性;由于染污不洁的思想作怪,所以通过十二因缘,派生了三界五道的诸现象,因而也派生了拯救众生于苦难的三世十方诸佛和各种佛法。"②

2.释道安

对于释道安,任继愈先生给出的评价是"东晋十六国时期一位著名的汉族佛教学者和僧团领袖"。释道安本姓卫,《高僧传》对他的描述是:"常山扶柳人也。家世英儒,早失覆荫,为外兄孔氏所养。年七岁读书,再览能诵,乡邻嗟异。至年十二出家。神智聪敏,而形貌甚陋,不为师之所重。驱役田舍,至于三年,执勤就劳,曾无怨色,笃性精进,斋戒无阙。数岁之后,方启师求经,师与辩意经一卷,可五千言。安赍经入田,因息就览,暮归,以经还师,更求余者,师曰:'昨经未读,今复求耶。'答曰:'即已暗诵。'师虽异之,而未信也。复与成具光明经一卷,减一万言,赍之如初,暮复还师。师执经覆之,不差一字,师大惊嗟而异之。后为受具戒,恣其游学。至邺入中寺,遇佛图澄,澄见而嗟叹,与语终日。众见形貌不称,咸共轻怪,澄曰:'此人远识,非尔俦也。'因事澄为师。澄讲,安每覆述,众未之惬,咸言:'须待后次,当难杀昆仑子。'即安后更覆讲,疑难锋起,安挫锐解纷,行有余力,时人语曰:'漆道人,惊四邻。'"③

释道安对于佛教文化交流所做出的重要贡献就是将弥勒净土信仰发扬光大。季羡林在《中印文化交流史》之中,提到"弥勒净土之信仰在中国道安时发扬光大。原始佛教中并没有未来佛弥勒之信仰,后来主要由于外来影响,此种信仰才

---

① 释慧皎:《高僧传》,朱恒夫等注译,西安:陕西人民出版社,2010年,第89页。
② 任继愈:《中国佛教史》第二卷,北京:中国社会科学出版社,1985年,第109页。
③ 释慧皎:《高僧传》,朱恒夫等注译,西安:陕西人民出版社,2010,第123页。

逐渐萌生。萌生之后,在印度、中亚,以及中、日、朝等地都产生了深远的影响"。

《高僧传》还论及释道安对于佛教的典籍错讹勘误的贡献:"而旧译时谬,致使深藏隐没未通,每至讲说,唯叙大意转读而已。安穷览经典,钩深致远,其所注般若道行、密迹、安般诸经,并寻文比句,为起尽之义,乃析疑甄解,凡二十二卷。序致渊富,妙尽深旨,条贯既叙,文理会通,经义克明,自安始也。自汉魏迄晋,经来稍多,而传经之人,名字弗说,后人追寻,莫测年代。安乃总集名目,表其时人,诠品新旧,撰为经录,众经有据,实由其功。四方学士,竞往师之。"①

3.鸠摩罗什

东晋年间,鸠摩罗什从中亚赴凉州,后至长安,开设译场,广收门徒,为译经做出了重要的贡献。鸠摩罗什祖籍天竺,世家出身,后来又游历多年,对中亚、内地和天竺的文化都很熟悉。《高僧传》中记载了他求学时,聪颖过人:"什年七岁,亦俱出家,从师受经,日诵千偈,偈有三十二字,凡三万二千言。诵毗昙既过,师授其义,即日通达,无幽不畅。……遇名德法师槃头达多,即罽宾王之从弟也。渊粹有大量,才明博识,独步当时,三藏九部莫不该练。从旦至中,手写千偈,从中至暮,亦诵千偈。名播诸国,远近师之。什至,即崇以师礼,从受杂藏、中、长二含,凡四百万言。"②

鸠摩罗什谙熟佛经兼两地语言,又能在翻译过程中不拘泥于文字。他翻译的佛经得到同时代和后代译经者的认可和推崇。他也深知翻译的难处,比如他提到佛经中的"偈颂"是以"歌叹为贵",如果强行翻译则很难达意,"改梵为秦,失其藻蔚,虽得大意,殊隔文体。有似嚼饭与人,非徒失味,乃令呕哕也"。这也是翻译过程中一个难以避免的缺憾。南传佛教中,"译经"的工作就不如"背经"那样重要了。比如在佛国斯里兰卡,僧侣们的重要任务是背诵巴利文原典,然后去"讲经",即把原典中的内容用当地语言解释给民众听。鸠摩罗什曾经作颂赠给一个沙门,"心山育明德,流薰万由延。哀鸾孤桐上,清音彻九天。凡为十偈,辞喻皆尔"。这里也涉及一个有关佛经的问题,即南传佛教的僧人有背诵经典的传统。阿育王时期的传教代表团并没有像中亚僧人到汉地那样用马驮着经文送过去,而

---

① 释慧皎:《高僧传》,朱恒夫等注译,西安:陕西人民出版社,2010,第156页。
② 释慧皎:《高僧传》,朱恒夫等注译,西安:陕西人民出版社,2010,第168页。

是分几个人背诵不同的经典,然后去口口相传。这里的经文如果没有韵律,不适合"传唱",那么连篇累牍的经文是很难背诵的。

4. 法显

关于法显,我们将在第七章中展开详述。

5. 真谛

季羡林在《中印文化交流史》中,把真谛放在南北朝阶段的收尾,"南北朝时期最后一个高僧是真谛。他在中国佛教史上,在中印文化关系史上,具有重要的地位"。① 这对于一位在中国并不广为人所知的天竺高僧,是非常重要的评价。《续高僧传》中,这样介绍真谛:"本西天竺优禅尼国人焉。景行澄明器宇清肃。风神爽拔悠然自远。群藏广部罔不厝怀。艺术异能偏素谙练。虽遵融佛理,而以通道知名。远涉艰关无惮夷险。历游诸国。随机利见。"

真谛对于佛教文化交流所做出的贡献是翻译了大量的佛经。季羡林在评价真谛译经工作的时候,说他"译的经数量极大……数量之大,可以说是空前的"②。《续高僧传》中详述了真谛翻译种种佛经的过程,在此不另述。

三、唐代对中印文化交流做出重要贡献的僧人

1. 玄奘

关于玄奘,我们将在第八章中展开详述。

2. 义净

在中国的佛教史上,最为著名的僧人是玄奘,无论从学术层面还是到民间,都有这样的共识。从南亚各国的视角来看,对于印度,最为著名的中国僧人还是玄奘;而对于斯里兰卡,排在第一名的毫无争议是法显。如果将学术贡献和国内外的声誉相比,其中反差最大的应该是义净了。他在取经和翻译佛经方面做出了很重要的贡献,但现在相比于玄奘和法显却有些默默无闻了。季羡林就将义净列为三位重要僧人之一。在评价他在中国佛教史上的地位的时候,季羡林这样写道:

---

① 季羡林:《中印文化交流史》,北京:中国社会科学出版社,2008年,第134页。
② 季羡林:《中印文化交流史》,北京:中国社会科学出版社,2008年,第140页。

"在中国众多的和尚中到印度取经去而复归且翻译又卓有贡献者,只有三人,义净就是其中之一。他在中国佛教史上的地位,就奠基于此。他是法显、玄奘与他自己三峰鼎立中的一峰。"

关于义净,王邦维《大唐西域求法高僧传校注》中有详述。

第三节　佛教与中国文化海外传播

从文化交流的角度,我们应该讨论一下该如何看待肇始于东汉而在魏晋南北朝及隋唐时期发扬光大的佛教传播。它是一种自觉自发的文化运动,还是官方设计的思想潮流的普及?这是一个很重要的问题。中亚地区在接受佛教方面比中国内地要早很多。佛教几乎是把中亚作为一个重要的基地,向其他地区发散传播。佛教在印度兴旺时期,官方派出的传教团曾经南下北上,抵达很多国家和地区,宣传推广佛法。比如,佛教流传到斯里兰卡就是这样一个官方代表团的努力结果。这样一种传教的努力,对一个国家改变其文化生态和民众思维习惯是重要的精神力量。由此可见,早期传教的努力是非常成功的。这样的传教行为,没有传播者的官方推动和接受者的官方配合是难以想象的。比如,寺庙需要掌握相当的资源,才能供养译经僧人经年累月地专心进行学术研究。这样的资源光靠民间的施舍是远远不够的,一定需要得到政权的支持。那么多送经、译经或者取经的僧人义无反顾,终毕生之力投身于这项事业,除了精神力量的支撑,物质保障恐怕也是重要的原因。法显和玄奘从南亚归国后,都得到了极高的荣誉,能够专心于学术研究和经典翻译。这是我们对取经人的看法。而那些来中国传教的中亚或者天竺僧人,是出于怎样的动机远赴异国?他们完成使命如果回到故国会得到怎样的结果?对于这样的问题,可以想象,一件事情如果没有很好的后路是难以吸引人对之投入的。如果是个别人的行为,我们可以用对宗教的虔诚来解释。但是对于一件事有一群人前赴后继地去做的时候,它一定需要精神层面以外的各种保障。

宗教或者学说的创立者以及传播者需要做到的是让一种理论或者理念呈现

出完整性和复杂性。而这种学说的接受者则只需要一个被劝说的过程,即从犹豫观望到认同的过程。我们看到佛教既有艰深复杂的理论,又有民间喜闻乐见的故事内容。这显然是出于传播的需要,而不是自然发生的结果。今天,我们提出"中国文化海外传播"这样一种观点,需要考虑的问题和当年佛教的传播是一样的。比如文化的载体是什么,投身传播事业的人是否得到官方强有力的资源支撑,目标地区的官方采取怎样的态度,等等。佛教的成功传播就有这些必要的因素。我们看到首先发生的就是印度和中亚的僧人带着佛教经典到内地,并对这些经典进行翻译宣讲。这些僧人与本地政权一拍即合,在目的上是达成了共识的,就是让更多的民众了解、接受这种宗教。这个过程大概需要做很多工作,因为任何地区对于外来文化尤其是宗教是要抱一点戒心的,因为信仰会直接影响社会的秩序和基础。然后本地的政权要对这个传播过程不遗余力地支持。这种支持的力度需相当大,才能从经济基础的层面帮助这种新的文化落地生根。南北朝时期,佛教寺庙遍布全国,有"南朝四百八十寺"的诗句,这不是靠民间施舍筹款就能够做到的。

最后,我们看民众对于这样一种宗教的接受。实际上,民间并不关心这种宗教是哪里来的,是谁翻译的什么经典。民间的"迷信"往往也不是那么认真的。很多时候,潜移默化地接受一种新事物,只需要一个简单的理由,而不需要复杂的理论支持。佛教披上了中国文化的外衣,看上去没有那么陌生和隔膜,又有一些可以产生民间基础的因素,比如劝人向善等,在最终端的受众环节,就没有什么阻力。我们的文化传播出去,也需要这样一种效果,或者也需要有这样一个能够营造出这种效果的气氛和条件。也许文化的传播都需要一个偶像,一个在历史上得到充分尊重、从上层建筑到民众基础上都没有对其进行过深刻质疑和否定的精神力量。

第七章 法显在南亚

在南亚各国具有重要影响力的古代中国人之中，法显的经历和成就足以和玄奘比肩。法显是在六十岁左右的高龄完成如此遥远之云游路途的，其对中国与南亚国家之间的文化交流做出了开创性贡献。从阿富汗到巴基斯坦，从北印度至岛国斯里兰卡，法显都是一位已经被铭刻在古代史上的经典人物。他所带回的很多佛教经典，为当时中土所无。他所记录的各个古代佛国的风土人情，至今仍然是研究该时期南亚各国历史的重要文献资料。

第一节　法显所抵达的南亚国家

根据《佛国记》记载，法显于东晋隆安三年（399）从长安出发，向西翻越葱岭，先经今天的巴基斯坦境内抵达了阿富汗。之后，法显经过巴基斯坦，进入北印度。至北印度，则抵达当时的摩揭陀国以及今天的尼泊尔。5世纪初的北印度邦国林立。法显在此游历了西北十国，其大多分布在今天巴基斯坦境内。法显在北印度停留数年，后于东天竺海港（即今天印度西孟加拉邦加尔各答）乘船抵达了师子国（即今天的斯里兰卡）。法显在师子国停驻两年，时间是在410—411年前后。

按章巽所校注的《法显传》,法显在南亚的旅程可以分为三个阶段,即北天竺和西天竺记游、中天竺和东天竺记游以及师子国记游。

一、北天竺和西天竺

法显越过葱岭,即抵达今天的克什米尔地区,之后北至今天的阿富汗,再南下至今天的巴基斯坦,先后游历陀历国、乌苌国、宿阿多国、犍陀卫国、竺刹尸罗国、弗楼沙国、那竭国、罗夷国、跋那国和毗荼国。

《佛国记》中记载法显在陀历国:"下有水,名新头河,昔人有凿石通路施傍梯者,凡度七百。度梯已,蹑悬絙过河。河两岸相去减八十步。《九译》所记,汉之张骞、甘英皆不至。"①由此可见,法显一行度过"新头河",即今天所谓的印度河,到达了汉代张骞和甘英都不曾抵达的地区。而且悬绳过河,其惊险如在眼前。在宿阿多国,法显亲眼见到了纪念佛祖"割肉贸鸽"塔,至犍陀卫国则见到了"以眼施人"塔,再至竺刹尸罗国见到了纪念佛祖"以头施人"和"投身饲虎"的纪念塔。在弗楼沙国,法显对当年贵霜国迦腻色迦王所修建的高塔印象深刻,另有供养"佛钵"塔。法显对佛钵及供养的异事加以记载:"日将中,众僧则出钵,与白衣等种种供养,然后中食,至暮烧香时复尔。可容二斗许,杂色而黑多,四际分明,厚可二分,莹彻光泽。贫人以少华投中便满,有大富者欲以多华而供养,正复百千万斛终不能满。"②

弗楼沙国之后,法显独自行至那竭国,分别参拜了供奉佛顶骨、佛齿及佛锡杖的寺院,然后翻越雪山进入罗夷国和跋那国。到毗荼国,当地人的信仰已经开始"兼大小乘学"。毗荼国人看到法显,惊叹"如何边地人能知出家为道远求佛法"。从此记载可见,法显之前西行求经的僧人还没有来过。

二、中天竺和东天竺

法显进入中天竺,其时为古印度强盛的笈多王朝统治时期,先后游历了摩头

---

① 法显:《佛国记注译》,郭鹏注译,长春:长春出版社,1995年,第18页。
② 法显:《佛国记注译》,郭鹏注译,长春:长春出版社,1995年,第27页。

罗国、僧伽施国、沙祇大国、舍卫城、毗舍离国、王舍新城和迦尸国等。法显对于中天竺和东天竺各国的记述非常详尽，备述其地的风土人情和社会民俗，对佛教寺庙建筑、僧侣生活和相关经典逸闻也做了长篇幅的记载。

法显笔下的中天竺气候适宜，人民安居乐业："中国寒暑调和，无霜雪，人民殷乐，无户籍，官法唯耕王地者乃输地利。欲去便去，欲住便住。王治不用刑罔，有罪者但罚其钱，随事轻重；虽复谋为恶逆，不过截右手而已。王之侍卫、左右，皆有供禄。举国人民悉不杀生，不饮酒，不食葱蒜，唯除旃荼罗。旃荼罗，名为恶人，与人别居，若入城市，则击木以自异，人则识而避之，不相唐突。国中不养猪鸡，不卖生口，市无屠行及酤酒者，货易则用贝齿。唯旃荼罗、猎师卖肉耳。"①从这样的描述中，我们可以复原一幅笈多王朝时期古印度社会生活的生动图景。

法显在舍卫城、王舍新城和迦尸等地参访佛教胜迹，并在巴连弗城留驻三年，学习梵语，抄写经律。之后经海路赴师子国。

三、师子国

法显从东天竺启程，"西南行得冬初信风昼夜十四日到师子国"，即今天的斯里兰卡。

法显于409年抵达斯里兰卡，在岛国居住了两年，其间游历四方，抄经不倦，最终带回了大量宝贵的佛教经典。他在《佛国记》中，留存了有关斯里兰卡的珍贵记录。这些记录形成了对斯里兰卡历史构建的支撑材料。后世斯里兰卡学者在讨论5世纪初佛教史的时候，经常引述《佛国记》。《梁书》中关于师子国的记载，基本采自法显的《佛国记》：师子国，天竺旁国也。其地和适，无冬夏之异。五谷随人所种，不须时节。其国旧无人民，止有鬼神及龙居之。诸国商估来共市易，鬼神不见其形，但出珍宝，显其所堪价，商人依价取之。诸国人闻其土乐，因此竞至，或有停住者，遂成大国。

在《佛国记》中，还记录了一件与中国有关的事情："法显去汉地积年，所与交接悉异域人，山川草木，举目无旧；又同行分披，或留或亡，顾影惟己，心常怀悲。

---

① 法显：《佛国记注译》，郭鹏注译，长春：长春出版社，1995年，第40页。

忽于此玉像边见商人以晋地一白绢扇供养,不觉凄然,泪下满目。"①法显离开故国多年,忽然看见中土的白绢扇,睹物思人潸然泪下,令人唏嘘不已。在斯里兰卡见到商人供养白绢扇,也表明当时中国与南亚国家建立了贸易往来。

第二节 《佛国记》与南亚国家古代史

一、印度古代史

中国的古代典籍对于南亚和东南亚的古代史构建发挥了重要作用。以东南亚国家柬埔寨为例,在戴维·钱德勒(David Chandler)所著的《柬埔寨历史》(A History of Cambodia)中,作者就明确表示,"在公元后几个世纪中,关于柬埔寨历史的材料几乎都是中文的。考古发现仅作为补充"。实际上,这部柬埔寨历史中频繁出现的是"根据中文史料""据中国旅行家描述"之类的字眼。对于13世纪末期吴哥的状况,则直接引用汪大渊所著的《岛夷志略》。而对于古印度历史的构建,情况虽不至于像东南亚几个国家那样特殊,但是毫无疑问中国古代典籍也发挥了难以取代的作用。

季羡林在《佛教十五题》中专章讨论法显,并详述《佛国记》在世界上的影响。谈到中国古代典籍对于研究印度古代史的重要性,季羡林表示:"众所周知,印度古代缺少真正的史籍,这一点马克思曾指出来过。因此,研究印度古代历史,必须乞灵于外国的一些著作,其中尤以中国古代典籍最为重要,而在这些典籍中,古代僧人的游记更为突出。僧人游记数量极多,而繁简不同,时代先后不同。《法显传》是最古的和最全的之一,一向被认为与唐玄奘的《大唐西域记》和义净的《大唐西域求法高僧传》《南海寄归内法传》鼎足而三。研究印度古代史的学者,包括印度学者在内,都视之为瑰宝。有一位著名的印度史学家曾写信说:'如果没有法

---

① 法显:《佛国记注译》,郭鹏注译,长春:长春出版社,1995年,第128页。

显、玄奘和马欢的著作,重建印度历史是不可能的.'"① 这里季羡林认为《法显传》是最古和最全的,而将之列在最重要的僧人游记之首,可见其重要的地位和意义。

对于上文中马克思的"印度无历史"这样的判断,实际上落脚点并不在于没有古代史籍。马克思于 1853 年在《纽约每日论坛》(*New-York Daily Tribune*)上发表了《不列颠在印度统治的未来结果》,其中提到:"印度社会根本没有历史,至少是没有为人所知的历史。我们通常所说的它的历史,不过是一个接着一个的入侵者的历史,他们就在这个一无抵抗、二无变化的社会的消极基础上建立了他们的帝国。"这里强调的其实是马克思眼中的印度反抗殖民侵略的态度。当然,印度没有像中国这样浩如烟海的古代史籍,在叙述古代史的时候需要借助其他书籍确实是事实。

在《佛教十五题》中,季羡林列举了几个例子,来说明《法显传》对于印度历史研究的重要性。其中一个是高善必在撰写《印度史研究导论》的时候,引用了法显书中的文字:"我举一个具体的例子。印度学者高善必是优秀的数学家,同时又是最优秀的史学家。他在印度古代史方面著述宏富,而且是用历史唯物主义的观点来探讨历史问题,时有石破天惊之论,在国际上享有盛誉。他的代表作是《印度史研究导论》('An Introduction to the Study of Indian History',Bombay,1956)。本书第九章讨论的主题是'自上而下的封建主义'。讲到早期封建制的发展时,他引用了《法显传》关于中天竺的一段文字:从是以南,名为中国。中国寒暑调和,无霜、雪。人民殷乐,无户籍官法,唯耕王地者乃输地利,欲去便去,欲住便住。王治不用刑罔,有罪者但罚其钱,随事轻重,虽复谋为恶逆,不过截右手而已。王之侍卫、左右皆有供禄。举国人民悉不杀生,不饮酒,不食葱蒜,唯除旃荼罗。旃荼罗名为恶人,与人别居,若入城市则击木以自异,人则识而避之,不相唐突。国中不养猪、鸡,不卖生口,市无屠、酤及估酒者。货易则用贝齿,唯旃荼罗、猎师卖肉耳。自佛般泥洹后,诸国王、长者、居士为众僧起精舍供养,供给田宅、园圃、民户、牛犊,铁券书录,后王王相传,无敢废者,至今不绝。"②

---

① 季羡林:《佛教十五题》,北京:中华书局,2007 年,第 129—130 页。
② 季羡林:《佛教十五题》,北京:中华书局,2007 年,第 130 页。

季羡林继而对这一段文字进行了分析:"这一段文字异常重要,它把印度公元 400 年左右在笈多王朝月护二世(超日王)统治下的中国描绘得具体而生动。高善必根据这一段文字做了如下的分析:官吏们还没有得到封建权利和权力。中国以外的土地一定要缴纳租税的,一般是收获粮食的六分之一。大概是这个帝国中心地带受到了特别的优惠,赋税比较少。在农村中一定有酿酒人和负贩。农民可以来去自由,表明没有农奴制。至于供给僧众田宅、园圃、民户、牛犊等东西,怎样解释?还是一个问题。外文翻译者各有各的理解。从标准的土地馈赠来判断,馈赠的只是收租权,而不是土地所有权。"

实际上由于法显到访印度的时候,恰逢古印度强盛的笈多王朝。对于这样一个重要的历史时期,却没有相应的历史文献记载,成为历史研究者心中极大的缺憾。而《法显传》则恰恰以细腻的文笔记载了这一时期法显在印度的所见所闻。也正是由于这个原因,《法显传》成为印度这一段历史研究者的必读书目。季羡林在论及此问题的时候谈道:"除了高善必以外,所有研究印度古代史特别是笈多王朝时代的历史的学者,不管是印度的,还是其他国家的,没有一个不引用《法显传》的。我再举一个例子。印度史学家 Lalmani Joshi 的《印度佛教文化研究》(*Studies in the Buddhistic Culture of India*, Motilal Banarsidass, Delhi, Varanasi, Patna, second revised ed., 1977) 是一部非常优秀的书。著者在本书中许多地方都引用了《法显传》。比如,在第 13 页和第 258 页讲到弥勒崇拜和乌苌国的首都时,都引用此书关于陀历国的记载。在第 298~299 页讲到佛教在印度衰微时,引用此书关于摩头罗国的记载:'有遥捕那河,河边左右有二十僧伽蓝,可有三千僧,佛法转盛。'他又引用玄奘《大唐西域记》卷四关于秣菟罗国的记载:'伽蓝二十余所,僧徒二千余人。'同一个地方,相隔几百年之后,伽蓝的数目没有变,僧人却减少了一千人,衰微的情况清晰可见。这样的例子,著者还举了一些。从上面几个简略的例子里可以看出,《法显传》对研究印度中世纪佛教,有多么重要的意义。"

二、斯里兰卡古代史

和印度的情形基本类似,斯里兰卡也没有完整的古代史。巴利文《大史》(*Mahawansha*)和《岛史》(*Dīpavaṃśa*)均为僧侣所编撰,基本上是佛教编年史,重佛教而轻社会政治和文化。近代以来，斯里兰卡学者编纂古代史，除将《大史》等佛教史及佛教典籍中记录的史实进行抽丝剥茧式的整理外，其他国家的历史典籍中关于斯里兰卡古代史的记录也多被采用。《佛国记》就是其中重要的一部著作。

在《锡兰简明史》中，编者多次提到法显及《佛国记》。在绪论中，编者提到"一位著名的到锡兰来访问的中国人是伟大的旅行家僧人法显。他于公元411年来到本岛，住了两年。他著有一部游记，他的关于锡兰的长篇记述颇有趣味"。① 在该书第二章"雅利安人殖民地和早期锡兰国王"之中，编者写道："中国旅行家法显的记载认为本岛有人居住应归功于商人。"并引述法显的精彩描述："其国本无人民，止有鬼神及龙居之，诸国商人共市易，市易时鬼神不自现身，但出宝物题其价值。商人则依价值直取物。因商人来往住故，诸国人闻其土乐，悉亦复来，于是遂成大国。"在《锡兰简明史》第六章"阿努拉达普拉时代初期的文化"之中，编著者提到"法显曾经于公元412年到413年在阿努拉达普拉居住过一个时期，他说城内住有从事国外贸易的商人"。仍是第六章，编著者在讨论5世纪初斯里兰卡的佛教部派纷争时，引用法显为证："但是当中国旅行家法显于公元五世纪初到达无畏山寺驻锡时，这所寺中还有人研究大乘佛教。"

第三节　法显在近当代南亚

《佛国记》成为研究南亚国家古代史的瑰宝，近代以来被翻译成多种文字，流传世界。该书仅英译本就有"五家七译"②。其中包括英国传教士理雅各（James Legge，1815—1897）的译本，以及李荣熙的译本和杨宪益的节译。一般认为，由于理雅各的深厚汉学功底以及在汉译方面的造诣，理雅各版的译本水平最高，也流传最广。此外，还有雷慕沙（Jean Pierre Abel Rémusat）的法文版以及长泽和俊的

---

① 尼古拉斯·帕拉纳维达纳：《锡兰简明史》，李荣熙译，北京：商务出版社，1964年，第22页。
② 石门编入《东晋求法高僧法显和佛国记》论文集，北京：宗教文化出版社，2010年，第207页。

日文版等不一而足。法显及其著作既有如此重要的历史意义和价值,其在世界范围内引起学者的关注就顺理成章了。关于法显的研究文章多不胜数,作者也分布极广。例如,在日本就有足立喜六撰写的著作《考证法显传》《沙门法显归还的航路》以及《沙门法显的西域行程》等论文。这些著作和文章通过法显的视角研究古代南亚的历史和宗教从而产生了广泛影响。

法显在当代南亚社会也有深远影响。例如,在斯里兰卡,法显是家喻户晓的高僧。一个据说法显曾经留宿的洞窟,被斯里兰卡人命名为"法显石洞",并且在附近修建"法显寺"。20世纪80年代初,为了纪念这位中斯友谊的先行者,中国政府在法显寺附近援助建设了"中斯友谊村"。

第八章 玄奘在南亚

在南亚地区留下足迹的古代中国人很多。他们之中既有得到官方赞助和支持的求法使者,也有追逐营利的民间商贩,甚或只因为心生逸致而去旅行探险的游客。在这些人中,因为佛教信仰而前往古印度取经或者朝圣的僧人在历史上有很多记录,其中尤以玄奘最为著名。他不但取回并翻译了大量佛经,还留下了《大唐西域记》这样一部记载了有关古代南亚各国风土人情的经典著作。直到今天,玄奘也是南亚各国人最为熟知的中国古代人物之一。玄奘西行求法,当然在更大的程度上促进了古代南亚文化在中国的传播。但是从另一个角度而言,玄奘毫无疑问也是一名在古代走出国门的出色代表,所到之处都留下了中国文化的痕迹。

第一节　玄奘与中印文化交流

关于古代的中印文化交流,有学者认为印度到中国的所谓"单向流动"占主导。季羡林著的《中印文化交流史》,大篇幅论述的是印度文化在中国。其中一些内容,例如说"一般人认为的(中国的)国医却确实不是国货,它的来源也多半是印度";又如"(印度的)寓言和童话从印度出发,走遍了世界,也到了中国来,而且给幻想很贫乏的中国文学带来了很多的新材料"等①。他谨慎地考证了几项中国传入印度的物品,包括蚕丝(还不是丝绸)、纸和钢等。除实物外,还有精神层面上的,主要是以玄奘为代表的西行求法使者。

玄奘对于中印文化交流的贡献,普遍认为是促进了印度文化在中国的传播与影响。说"印度"其实是个不很准确的概念。这个词最早由玄奘在《大唐西域记》中提出:"详夫天竺之称。异议纠纷。旧云身毒。或曰贤豆。今从正音。宜云印度。"②在那个年代,次大陆上基本上是"随地称国",玄奘认为那里的林总小国本没有一个统称,只不过"殊方异俗,遥举总名,语其所美,谓之印度"。这种局面和东周时期的列国纷争有些类似,但是次大陆上连一个名义上的"天子"都没有。今天我们说玄奘带来的是"印度文化",免不了要模糊一点。比如,佛陀的出生地蓝毗尼在今天的尼泊尔,所以就有人主张为乔达摩·悉达多正本清源。不管怎样,玄奘首创了"印度"一词,他在次大陆上的经历见闻及所成就的文化交流现在都用这个词来描述。

玄奘对于佛教东传做出了巨大的贡献。他取回了几百部经书,并亲自主持翻译工作,开创经文"新译"。这些成就已经被公认。我们今天讨论玄奘之于中国文化在南亚的意义,实际上是玄奘西行取经求法过程中的一个副产品。玄奘是虔诚的佛门弟子,相信佛教教义具有至高无上和不可比拟的优越。宋僧志磐等所著的《佛祖统纪》中记载:上令翻《老子》为梵文,以遗西竺。师曰:"佛老二教,其致大殊,安用佛言,以通老义?且老子立义肤浅。五竺闻之,适足见薄。"③一般印象中,道教都是以玄妙高深空灵缥缈为追求境界,但是在玄奘眼中居然是"立意肤浅",很让人讶异。这段记录如果真有其事,可见玄奘对佛教和其他宗教的立场态度之鲜明。

---

① 季羡林:《中印文化交流史》,北京:中国社会科学出版社,2008,第3页。
② 玄奘:《大唐西域记》,季羡林等校注,北京:中华书局,2000年,第56页。
③ 志磐等:《佛祖统纪》,释道法校注,上海:上海古籍出版社,2012年,第15页。

第二节　玄奘的南亚旅历及其文化影响

玄奘在唐太宗贞观三年(629)西出玉门关,经由今天的新疆地区取道阿富汗然后南下印度。他所途经和留驻的南亚国家和地区众多,包括阿富汗的巴尔赫、加兹和巴米扬,巴基斯坦的白沙瓦、斯瓦特、旁遮普,以及印度诸地,包括北部之菲罗兹布尔、贾朗达尔、罗塔克北、门达沃尔,乃至恒河西岸的勒克。在摩揭陀国的那烂陀寺,玄奘修学5年,之后又先后游历蒙吉尔、马德拉斯和克什米尔的查谟等地。他在曲女城备受戒日王礼遇,并参加佛学辩论大会,在3000个大小乘佛教学者和2000名外道之中无一人能予诘难,一时间名声大噪而被尊为"大乘天"(Mahāyānadeva)。

一、沙落迦寺

玄奘一路西行,进入今天的阿富汗境内并目睹巴米扬大佛,然后取道南下,翻越大雪山和黑岭,到达了一个叫作"迦毕试国"的地方。这个迦毕试国佛事鼎盛,大小寺庙百余所。听说大唐高僧西行路过,遂纷纷邀请玄奘入住。玄奘本欲选择一个大乘佛教的庙宇,但是沙落迦寺的僧人坚持请玄奘,并提出了一个让他不能拒绝的理由。《大慈恩寺三藏法师传》载:沙落迦,相传云是昔汉天子子质于此时作也。其寺僧言:"我寺本汉天子儿作。今从彼来,先宜过我寺。"这沙落迦寺原来是中国的一位皇子所建。玄奘于是"遂即就停"。

《大慈恩寺三藏法师传》还记载了玄奘在沙落迦寺停留时候的几件异事。说那位皇子在建造寺庙的时候,秘藏了很多珍宝在佛院东门南大神王足下,准备将来用以修缮之用。这些珍宝埋于地下,无人能动,因为一旦挖掘"地便大动",连神像头顶上描画的一只鹦鹉都"振羽惊鸣"。和尚们想把珍宝取出来,就遭遇"地还震吼",根本没有人敢靠近。这情景有些离奇,仿佛是传奇电影里被下了咒语的金字塔地宫。而玄奘到了藏宝地点之后,焚香祷告,云:"质子原藏此宝拟营功德,今开施用,诚是其时。愿鉴无妄之心,少戢威仪之德。如蒙许者,奘自观开,称知斤数以付所司,如法修造,不令虚费。唯神之灵,愿垂体察。"这些话说完之后,种种怪异立刻不见,挖得黄金数百斤和明珠数十颗。于是众人嗟服玄奘法师的佛法超然。

这段记载很有传奇性,一定是根据当时发生的某些事情予以夸张玄化,增加一些神秘色彩。如果这些描写不足信,另一件事则确实可以视为文化交流的证据。《大唐西域记》卷四"至那仆底国"载:迦腻色迦王既得质子,赏遇隆厚,三时易馆,四兵警卫。此国则质子冬所居也,故曰至那仆底(唐言汉封)。质子所居,因为国号。此境已往,洎诸印度,土无梨、桃,质子所植,因谓桃曰至那你(唐言汉持来),梨曰至那罗阇弗呾逻(唐言汉王子)。故此国人深敬东土,更相指语:"是我先王本国人也"。①

这段记载中明示古印度当时没有梨和桃子,因为那位充当人质的皇子将其移植在此,所以将这两种水果分别叫作"至那你"和"至那罗阇弗呾逻"。这是梵语名称的中文音译,意为"中国的"(Cīnanī)和"中国王子"(Cīnarajaputra)。这就无可置疑了。精通梵语的玄奘看到梨和桃子在印度的名称,又在沙落迦寺听说了皇子的故事,立刻明白了这一段中印文化交流的佳话,并将之记录下来。

二、乌仗那国

玄奘穿过迦毕试国,进入今天的巴基斯坦,访历多国,包括花果繁茂、略无霜雪的犍陀罗国。之后,他来到了乌仗那国。

这是一个和中国很有渊源的小国。在玄奘之前,南北朝时期的宋云一行人已经抵达过这里,并且在古籍中留下了记录。《洛阳伽蓝记》卷五载:国王见宋云云大魏使来,膜拜受诏书。闻太后崇奉佛法,即面东合掌,遥心顶礼。遣解魏语人问宋云曰:"卿是日出人也?"宋云答曰:"我国东界有大海水,日出其中,实如来旨。"王又问曰:"彼国出圣人否?"宋云具说周孔庄老之德;次序蓬莱山上银阙金堂,神仙圣人并在其上;说管辂善卜,华陀治病,左慈方术;如此之事,分别说之。王曰:"若如卿言,即是佛国。我当命终,愿生彼国。"②乌仗那国的国王一听说北魏来

---

① 玄奘:《大唐西域记》,季羡林等校注,北京:中华书局,2000 年,第 109 页。
② 杨衒之:《洛阳伽蓝记》,周振甫译注,南京:江苏教育出版社,2006 年,第 189 页。

使,即"膜拜受诏书",可见早就听说过中国天朝威名。又听宋云说起中国神仙圣人等事,竟然萌发了来生要做个中国人的愿望。

玄奘在乌仗那国还瞻拜了观音菩萨像,并在《大唐西域记》中指出"观音"这个词属于误译:阿缚卢枳低湿伐罗菩萨像(唐言观自在。合字连声。梵语如上;分文散音,即阿缚卢枳多,译曰观;伊湿伐罗,译曰自在。旧译为光世音。或云观世音,或云观世自在,皆讹谬也)。虽然玄奘指出了这个错误,但是千百年习惯使然,今天依然沿用旧译。

三、戒日王与玄奘

玄奘行至曲女城,受到了戒日王的隆重接待。我们从《大唐西域记》卷五的记录中可以看到,当时已经统一五印度的戒日王对中国以及秦王李世民都有很深入的了解。"王曰:'尝闻摩诃至那国有秦王天子,少而灵鉴,长而神武。昔先代丧乱,率土分崩,兵戈竞起,群生荼毒,而秦王天子早怀远略,兴大慈悲,拯济含识,平定海内,风教遐被,德泽远洽,殊方异域,慕化称臣。氓庶荷其亭育。咸歌《秦王破阵乐》。闻其雅颂,于兹久矣。盛德之誉,诚有之乎? 大唐国者,岂此是耶?'"①

玄奘在贞观三年(也说贞观元年)启程取经,其时李世民即位不久。戒日王对李世民登上王位之前的历史了解得如此透彻,连贞观元年才首次排演的《秦王破阵乐》都有提起,而且"闻其雅颂,于兹久矣",可见当时的信息渠道并不如今天人们想象的那般闭塞。玄奘自然也不会放过歌颂自己君王的机会。他描述的李世民一定给戒日王留下更深刻的印象:"天纵含弘,心发慈愍,威风鼓扇,群凶殄灭,八方静谧,万国朝贡。爱育四生,敬崇三宝,薄赋敛,省刑罚,而国用有余,氓俗无夭。风猷大化,难以备举。"

戒日王看到了玄奘在佛法上面的博学和才智,在以后的时间里给了玄奘种种礼遇,在某种程度上也成就了这位中国僧人。戒日王让玄奘在曲女城坐镇辩论法会,驳倒小乘和外道众人,赐予金银数万,乘象游街夸耀,尊号"大乘天";并且在玄奘回国之前为他举行七十五日无遮大会,临行恋恋不舍,让他带回经文数百部,

---

① 玄奘:《大唐西域记》,季羡林等校注,北京:中华书局,2000 年,第 167 页。

舍利一百多枚,这种殊荣真是空前绝后。玄奘为了更好地反驳小乘观点,特地撰写《制恶见论》一千六百颂,在印度佛教史上留下了自己的名字和位置。除此,玄奘当时还著有《会宗论》三千颂和《三身论》,所憾均已佚失。

四、那烂陀寺

那烂陀寺是佛教徒心目中的圣地,也是玄奘西行的终极目的地。尽管他一路迤逦而来,之后也曾南下访游,但是整个行程中驻留时间最长和收获最大的地点就是在那烂陀寺。这座寺庙与玄奘的渊源如此之深,以至于1957年中国政府捐资在其附近修建了玄奘纪念堂。

在玄奘之前和之后,都有中国的取经和求法僧人到过这座寺院,而且数量应该还不在少数。离那烂陀寺不远处,有一座"汉寺",专门供汉僧修行居住。外国来访僧人数量多时即专修寺庙的例子也还有。斯里兰卡国王的弟弟出家为僧,客居印度庙宇时被人视为乡下人而"咸轻边鄙",于是回国劝说国王哥哥在印度投资建寺,最终"舍国珍宝建此伽蓝"。这两件事说明当时北印度佛事之盛。玄奘也正是这段时期在那烂陀寺修学5年,并多次与小乘和外道辩论,因取胜而名声远播。

玄奘的名气从戒日王和拘摩罗王对他争相礼请就可见一斑。当时玄奘在那烂陀寺学成并萌生归意,在拘摩罗王的盛情邀请下前往会面,并且相谈甚欢。这些谈话被玄奘记录在《大唐西域记》中,从中可以见到当时的印度对中国相当了解。拘摩罗王夸奖玄奘,说他"慕法好学,顾身若浮,逾越重险,远游异域"。然后又提到"摩诃至那国《秦王破阵乐》者,闻之久矣,岂大德之乡国耶?"。这个《秦王破阵乐》先后被两位印度国王说起,可见其流传之广和受欢迎程度之深。

第三节 《大唐西域记》与印度古代史的重建

印度曾经被认为没有古代史,其中有两个原因,一个原因是次大陆上不断地遭受外族入侵,让印度古代历史的发展脉络出现混乱和断裂;另外一个原因就是印度古代没有以文字记录历史的传统。这种"没有历史"的说法经过马克思认定,就被广泛地接受。马克思于 1853 年在《纽约每日论坛》(*New-York Daily Tribune*)上发表了《不列颠在印度统治的未来结果》。其中有以下内容:印度社会根本没有历史,至少是没有为人所知的历史。我们通常所说的它的历史,不过是一个接着一个的入侵者的历史,他们就在这个一无抵抗、二无变化的社会的消极基础上建立了他们的帝国。① 马克思的话现在已经成为讨论印度古代史的一个标签。到今天,这种状况实际上已经有了很大的改观。现代的史学研究者根据考古、别国史籍记载和佛教史研究等辅助手段,重建了内容丰满、延续流畅的印度古代史。在这种努力的过程中,玄奘和他的《大唐西域记》也发挥了重要作用。

《大唐西域记》虽然是游记而不是历史典籍,但是其中的记录却异常精准,包括事件发生的时间、建筑物的方位以及涉及人物的言行都很细致。书中记录一百多个邦国,大部分都描述了其周围面积、气候环境和人民信仰等细节。尤其是菩提迦耶和那烂陀寺等佛教圣地,玄奘甚至详细描述了具体佛像的姿态和方位。这些内容在当时也许只能算是游记,但是从 11 世纪开始佛教随着穆斯林东渐在印度荒芜寂落之后,玄奘的描述变成了宝贵的历史记录。到英国殖民时期,探险和考古开始在印度活跃起来。亚历山大·康宁汉(Alexander Cunningham, 1814—1893)甚至创建印度考古团,在印度境内进行大规模的考古挖掘工作,不过他们在相当长的时间里都一无所获。1857 年,法国人 M·斯坦拉·儒莲(Julien

---

① Karl Marx, *The Future Results of British Rule in India*, *New York Daily Tribune*. "Indian society has no history at all, at least no known history. What we call its history, is but the history of the successive intruders who founded their empires on the passive basis of that unresisting and unchanging society."

Stanislav)将《大唐西域记》翻译成法文①，西方才了解了这部旷世著作。康宁汉和他的考古队几乎将《大唐西域记》作为行动手册，开始了有针对性的挖掘。不久，他们就相继发现了鹿野苑、那烂陀寺、菩提伽耶、阿育王大塔和桑奇大塔等遗迹。《大唐西域记》对考古队员的指导作用让人难以想象。1875年，康宁汉在对佛陀涅槃地进行考察时，注意到玄奘在书中记录那里有一尊头朝北而卧的佛像（其大砖精舍中作如来涅槃之像，北首而卧），于是命令他的助手按书中所记方位挖掘。结果令人惊讶，考古队员们掘地3米多，即挖得佛像，其姿态仍然如玄奘当年所述一样。

考古活动证明玄奘在《大唐西域记》中的记录绝非臆撰，由此，史学界开始重视这本书的地位和作用。到今天，印度古代史上很多细节，包括佛陀生卒年月的考证、阿育王的辉煌、迦腻色迦王和戒日王的统治等，都借鉴了《大唐西域记》中的内容。这本书的作用如此重要，以至于印度史学家称：如果没有法显、玄奘和马欢的著作，重建印度史是完全不可能的。②

谭中倡导中印两国之间应遵循"地缘文明范式"。这个传统的开创者就包括玄奘法师。玄奘在印度赢得盛誉，让佛教界赞佩，官方也派出使者与唐朝通好。玄奘的功绩已经超越了佛学研究意义上的文化交流，他为两国的友好往来做出了重要贡献。玄奘见到戒日王之后的第二年，后者即派出使臣赴长安拜见唐太宗。太宗之后也多次派王玄策等人回访。两国形成了友好款洽的互通。而在此之前，印度国王连当年的秦王已经继位称帝这样重大的事件都不知道。

玄奘游历南亚，足迹从今天的阿富汗，经巴基斯坦到印度各地，其行程漫长而游历丰富。他最远抵达印度半岛南端，一度想渡海到佛国斯里兰卡，虽然最终没有成行，但是在《大唐西域记》中留下了"僧伽罗国"的章节，记录了关于僧伽罗民族起源的历史故事。他的求法历程，不是以个人的身份得到声名的远播，而是以"至那圣僧"的形象永远留在印度和南亚各国的历史上。直到今天，他的名字仍在南亚各国广为人知。其事迹甚至出现在印度中学课本之中，凡受过初等教育的印度人都了解这样一位高僧曾经在1000多年以前孤身入印求法。其精神可嘉，

---

① Julien Stanislav, *Memoires sur les contrees occidentales*, Paris, 1857.
② 季羡林:《中印文化交流史》，北京：中国社会科学出版社，2008年，第60页。

其功绩可忆。2006年,中国和印度举行活动庆祝"中印友好年"。印度方面的主会场就设在那烂陀寺附近的玄奘纪念堂。中国政府为纪念玄奘求法译经的功绩,特别捐资建造了这座纪念堂,作为两国之间传统友谊的象征和见证。

第九章 四大发明在南亚

四大发明一般被认为是古代中国璀璨科技文明的典型代表,是中国对世界文明所做出的重要贡献。然而,"四大发明"这样的表述,其实并不是中国人自己发明的。仓孝和在《自然科学史简编》中指出,是意大利数学家杰卡丹(Girolamo Cardano,1501—1576)提出了三大发明之说。更广为人知的是,英国哲学家弗兰西斯·培根(Francis Bacon,1561—1626)在 1620 年创作的《新工具》(*Novum Organum*)一书中提出了三大发明的说法,其中包括印刷术、火药和指南针。虽然弗兰西斯·培根讨论的重点并不是发明人来自哪个国家,但是这些发明对人类文明进程非常重要的观点得到了很多学者的认同。英国汉学家艾约瑟(Joseph Edkins,1823—1905)在其著作《中国的宗教》(*Religion in China*)之中,将造纸术也列为中国古代最重要的发明之一。而后世得到普遍认可的"四大发明"之说,则来自李约瑟(Joseph Needham,1900—1955)。他在巨著《中国科学技术史》中,对古代中国的科技文明进行膜拜,并将印刷术、火药、指南针和造纸术列为不计其数的中国古代科技发明之首。

四大发明流传世界,对世界文明和文化的进程和发展产生了深刻影响。马克思在《1861—1863 年经济学手稿》中表示,"火药、指南针、印刷术——这是预告资产阶级社会到来的三大发明。火药把骑士阶层炸得粉碎,指南针打开了世界市场并建立了殖民地,而印刷术则变成了新教的工具,总的来说变成了科学复兴的手段,变成对精神发展创造必要前提的最强大的杠杆"。① 基于文明与文化传播的规律,一种先进事物的出现,总应该是先惠及近邻然后再由近及远。那么,这样伟大的发明在欧洲既然产生了如此深远的影响,那它们在我们的亚洲邻居中一定早就落地生根了,例如拥有伟大文明从而更有条件接受外来先进事物的古代南亚地区。

第一节　纸和造纸术在南亚

　　造纸对于人类文明的进程有重要意义。纸张出现之后,知识传承的方式得以改变。纸之前的书写媒介,在中国有绢和竹简等,在印度有贝叶,这些都由于造价昂贵、不宜携带运输或者刻写烦琐等原因,而无法在一般人群中普及。而以纸张为介质的书的出现,使得大众都有机会阅读。这对于打破知识垄断和丰富知识内容,都发挥了至关重要的作用。一般认为,真正意义上的"纸"是由中国东汉时期的宦官蔡伦在105年发明的。西汉张骞"凿空西域"以来,中亚地区由于地处丝绸之路之要冲,经济文化都得到了大发展,也成为文化交流的一个中转站。从开辟丝绸之路之初,中国的各种器物产品,经过今天的中国西部以及中亚地区流传到阿拉伯乃至欧洲,再向南进入印度次大陆,这已经被考古和历史研究所证实了。而纸张作为一项重大的发明以及文化知识的重要载体,既携带方便又有实际需求,其传播的速度和广度,绝不会亚于丝绸等纯粹的消费产品。

　　关于纸和造纸术从中国传入印度,已经得到学术界的关注。中外学者基本上都支持这样的论断。季羡林于1954年在《历史研究》上发表《中国纸和造纸法输入印度的时间和地点问题》一文,其中考证了纸张以及造纸术先从中国西北部传播到中亚地区,然后再传入古印度。就此问题,季羡林还发表了《关于中国纸和造

---

① *Division of Labour and Mechanical Workshop*, Marx's Economic Manuscripts of 1861 – 1863 Part 3) *Relative Surplus Value*, "Gunpowder, the compass, and the printing press were the 3 great inventions which ushered in bourgeois society. Gunpowder blew up the knightly class, the compass discovered the world market and founded the colonies, and the printing press was the instrument of Protestantism and the regeneration of science in general; the most powerful lever for creating the intellectual prerequisites."

纸法输入印度问题的补遗》以及《中国纸和造纸法最初是否是由海路传到印度去的》。① 印度也有学者支持纸是从中国输入印度的观点。印度学者高德（P. K. Code）于1944年发表《中国纸输入印度考》（*Migration of paper from China to India—A.D.105-1500*），其中论及"穆斯林人在8世纪从中国人那里学习了造纸术，传入欧洲和印度，时间约在12世纪"。② 《大英百科全书》（Encyclopaedia Britannica）上也明注：Paper has been traced to China in about ad 105. It reached Central Asia by 751 and Baghdad by 793, and by the 14th century there were paper mills in several parts of Europe. 凡此种种论述，均支持纸是由中国最早发明，沿丝绸之路西传到中亚，再至阿拉伯、欧洲及印度的。

在《中国纸和造纸法输入印度的时间和地点问题》之中，季羡林细述了"中国纸和造纸法传入印度的情形"。除做些推测外，主要的研究方法是考据古籍记载以及中亚和古印度各语言中"纸"字的来源。一个推测是途经中亚来到中国传播佛教的僧人会把纸和造纸方法带回印度。因为中国人惯于"抄经"，听到好的东西一定要写下来以免疏漏遗忘。而印度人则擅长背诵，他们把经文都记在脑子里，然后再开讲。这个推测是说，来中国传经的印度僧人，一定会看到有人把经文抄在纸上，然后对比贝叶和纸的优缺点，又不得不把纸带回去。这虽然是推测，并没有凭据，但是却很合理。贝叶在炎热湿润的天气中，有质地硬韧不易变形损坏的特点。即使到今天，很多种棕榈叶仍然在南亚各国的日常生活中有广泛的应用。比如，用一种大叶的棕榈遮蔽屋顶，可以经年累月地任雨水浸泡而不会腐烂。所以用叶宽的棕榈叶来做"贝叶"，记载经文，是可以保存长久的。只不过在上面刻写文字会非常繁难，需要先刻出文字然后再上色。相比之下，纸张轻薄便携又可以随意翻折，实在是很好的替代品。当然，既然没有明确可信的历史记载，那么种种说法都难免加上许多想象的因素。不管这推测看起来多么合情合理，持不同意见的人都可以轻易地以查无实据来反驳。例如，在《关于中国纸和造纸法输入印度问题的补遗》一文中，季羡林就反驳了袁翰青关于"纸是从海路传往印度的"，并认为这样的看法"既无文献证据，也无实物材料。仅凭主观想象进行科学

---

① 季羡林著，王树英编：《季羡林论中印文化交流》，北京：新世界出版社，2006年。
② P.K.Code, *Migration of paper from China to India—A.D.105-1500*.K.B.Joshi(Ed.), Paper making, All-India Village Industries Association, Maganwadi, Wardha, 1994.

研究，是行不通的"。实际上照这个逻辑，陆路传入本身也多少有些嫌疑。

第二节 印刷术在南亚

中国在隋朝时期出现了雕版印刷，北宋毕昇则发明了活字印刷。实际上，如果把印刷的概念放宽泛，之前人类历史上早已出现了各种方式和形式的"印刷"行为。在中国，隋朝以前早出现了"泥印"、碑石拓印、拓片，以及印染等"准印刷"技术。在印度，早在印度河流域文明时期就存在大量的印章。摩亨佐·达罗出土的各种印章达到 2000 枚左右，很难说那一时期城市文明程度已经非常高的古印度人不会把这些印章用作"印制图案"。世界上其他古文明也有过刻印或者印染的历史。但是如果我们所说的"印刷"是指成规模地把文字或者至少是图像印在纸上，那么中国作为印刷术的发明国家，就应该少很多争议。因为中国是公认的纸的故乡，使用纸作为书写介质的历史也最为久远，更有条件和需求发展较为成熟的印刷技术。

从中国历史上看，印刷术的发展与佛教的传播有着密切的关系。雕版的制作对材质和工艺要求极高。如果不是需要大规模复制，那么或许根本不如手抄来得便利。而佛教信众数量庞大，存在这样的需求。考古发掘和文物的证据都表明，最早的印刷产品中有相当一部分都是和佛教有关的，例如佛经和佛像。现存最早的雕版印刷品，就是在敦煌发现的《金刚经》。在敦煌发现的唐朝及五代的多种佛经刻本，都表明当时雕版印刷的水平已经很高，普及程度已经很广泛。而敦煌遗书以汉文著作最多，其中又有大量的吐蕃文、回鹘文、西夏文、蒙古文、粟特文、突厥文、于阗文、梵文和吐火罗文等文字的各类著作，显示其时当地的文化交流的活跃程度。如果《中国纸和造纸法输入印度的时间和地点问题》中关于印度僧人和纸的推断被认为成立，那么我们有理由相信，印刷术也会引起关注并被引入到相应的地区。

一般认为，雕版印刷术是先传入我们的东亚近邻朝鲜和日本，之后传入中亚地区,再传入阿拉伯和欧洲。这个过程中,也经由中亚传入南亚地区。① 这是古代印刷术的传播过程。至于现代意义上的印刷,德国人谷腾堡发明的铅合金活字印刷术则被认为是起到了极大的推动作用。这种印刷术也很快普及到欧洲其他国家和地区。到 16 世纪,新航路开辟,葡萄牙人、荷兰人、法国人以及英国人陆续开展大规模的殖民活动,伴随而至的是欧洲宗教和文化在相应地区的传播。西方殖民者在传教方面的不遗余力使我们可以相信,像印刷品和印刷技术之类可以对文化传播起到决定作用的事物一定也会随之而入。

第三节　火药在南亚

　　包括马克思在内的西方论者在评论四大发明中的火药的时候,用的都是"Gunpowder"一词,而不是"Explosives"。这意味着只有火药用于军事目的之后,才成为一种影响了人类历史进程的事物。而中国历史上关于军事用途之前的"火药"的记载,已经有很长的历史了。唐朝的孙思邈就在《诸家神品丹方》中记载了火药的配制方法。到宋元时期,火药已经在军事上得到了广泛的应用。蒙古人在同宋朝的连年战争中,学会了火药的使用方法,并且在西征过程中用于对阿拉伯和欧洲人的战争之中。阿拉伯和波斯在古代称火药为"中国雪"或者"中国盐",佐证了中亚和西亚地区的火药是从中国传入的。

　　火药在什么时候传入印度存在一定争议。在印度存在一种说法,即在公元前 8000 年的时候,就已经有印度人发明了火药。② 这一说法应该存疑。尤其是考虑印度古代史与神话传说的纠缠不清,就更加让人产生怀疑。据此传说,在公元前 8000 年发明火药的人是印度史诗英雄罗摩的祖先,而罗摩本人也是传说的主人公,那么其祖先就更加无考。

---

① 张树栋编校:《当代中华印刷史文选》,台北:财团法人印刷传播兴才文教基金会,2006 年。
② 参见美印商会报告,《印度:21 世纪崛起的大国》(*India: An Emerging Superpower in the 21st Century*) INVENTION OF GUNPOWDER IN INDIA IN 8000 BC: Gunpowder was known as AURBAGNI, being the invention of Aurba, the preceptor of Sagara and the ancestor of Lord Rama as have been described in the work NITICHINTAMANI.

比较可信的历史记载出现的时间比较晚。13世纪蒙古帝国在西征过程中，大汗旭烈兀（Hulegu Khan）曾经派使者到德里苏丹国，并炫耀火器。印度学者伊克迪达尔·阿拉姆·汗（Iqtidar Alam Khan）认为，1258年旭烈兀派到德里的使者所展示的火器，是印度历史上第一次关于火药的记载①。蒙古帝国在13世纪、14世纪多次对外征讨，兵临城下之前先遣使宣威是个惯例。这样的展示可以炫耀武力，大概希望可以达到让对手不战而屈的目的。到毗奢耶那伽罗帝国（Vijaynagar Empire）时期，已经有明确记载叫作top-o-tufak的武器。14世纪和15世纪，印度发生的战争中已经普遍使用火药武器。苏丹穆罕默德·沙·巴赫曼尼（Sultan Muhammad Shah Bahmani）1473年完成小亚细亚半岛的统一，火器已经成为主要的武器②。而从16世纪开始，西方殖民者大举入侵印度，诸多战争中枪支弹药已经完全成了武器的主角。

第四节　指南针在南亚

指南针在中国的历史非常久远，《韩非子》和《鬼谷子》中都有关于名为"司南"的记载。东汉王允在《论衡》中，详细描述了司南的形状和使用方法。早期司南的用途十分多样，后来应用于航海，更凸显出这项发明所具有的伟大意义。

远途航海过程中，没有指南针是一件不可想象的事情。也只有在拥有成熟的方向指示装置之后，大规模的海路交通和贸易才成为可能。从这个角度看，中国从两汉时期开始的与东南亚和南亚国家之间的频繁海路往来，很大程度上要得益于指南针等航海辅助工具的发明和完善。两汉肇始至唐宋期间，中国对外海路贸易的繁荣，在中国载籍中有丰富详尽的记录。经东南亚穿越马六甲海峡，到南亚的斯里兰卡、南印度，再至阿拉伯世界乃至更远的非洲和欧洲，被学者们冠以"海

---

① Khan, Iqtidar Alam(1996), "Coming of Gunpowder to the Islamic World and North India: Spotlight on the Role of the Mongols," Journal of Asian History.
② Khan, Iqtidar Alam(1996a), "The Role of the Mongols in the Introduction of Gunpowder and Firearms in South Asia." Chapter 3, In Buchanan, Brenda J. (1996). Gunpowder: *The History of an International Technology*. Bath: Bath University Press.

上丝绸之路"之名,以彰显其在中外文化交流方面的重要性和贡献。在这条海路上,南亚的斯里兰卡和南印度诸地既是一个重要的目的地,又是继续向前的一个必经中转枢纽。在航海过程中进行技术交流也应该是一件顺理成章的事情。

关于南亚地区什么时候开始应用指南针,并没有准确记载。但是可以肯定的是,指南针在13世纪传入中亚的波斯①。这个时间和纸、火药等其他发明的传播时间大抵相仿。

我们讨论中国文化在南亚,总是被一种寻踪觅迹而不得的情绪所笼罩。其原因是相对于古代印度文化,尤其是佛教文化,在中国所形成的根深蒂固的传播和影响而言,中国文化在彼处的存在总好像是做一种刻意的学术搭建。而四大发明的流传世界则算是一个基本的共识。从古代到16世纪新航路开辟之后的一段历史,如果说中国在世界范围内一直能够维持一个重要东方大国的地位,那么这种判断除了体现在经济规模之上,科技文化的先进也应该是一个重要的因素。造纸术和印刷术改变了人类记载和传播知识的介质和效率,火药应用于军事则改变了战争甚至整个人类历史的发展进程,而指南针则是新航路开辟和地理大发现的前提。从这个意义上看,四大发明诚可列入人类历史上最伟大的发明创造之行列。

---

① Kreutz, Barbara M. (1973), "Mediterranean Contributions to the Medieval Mariner's Compass," *Technology and Culture*, pp.367-383.

第二部分

近代以来篇

第一章 近代以来中国文化在南亚的传播：文化交流的阶段特征及研究概况

从中国与南亚地区的文化交流史中梳理出近代以来中国文化在南亚流传的概貌,并非易事。在"中国文化在南亚"这一研究命题下,为使我们的梳理成果更为精确可信,在此,需要阐明两个问题。

一个是历史分期的问题,即如何定义中国和南亚地区的"近代以来"。中国近现代史的历史分期不同于世界近现代史,对此学者们有许多不同意见。普遍被接受的看法是:中国的近代史起于1840年鸦片战争。1840年鸦片战争的失败,标志着中国半殖民地半封建社会的开始。但是,这种划分中国古代与近代的方式对南亚而言并不完全适用。研究印度的学者们认为:南亚近代史的开端最早可以追溯到1757年的普拉西战役。普拉西战役后英国东印度公司实际上控制了孟加拉,自此英国人的势力逐步渗透至整个南亚,并最终使南亚大部分地区沦为英国的殖民地。鉴于此,为避免因历史时期界定的不同而产生混乱,我们在探讨近代以来中国文化在南亚的流传时,以中国近现代史分期为依据,重点讨论1840年以来中国文化在南亚的流传情况。在叙述近代、现代以及当代等历史概念时,也主要以学术界对中国历史的分期为依据①。

---

① 本文选用的中国学术界有关中国历史的分期:1840—1919年为中国历史近代时期,1919—1949年为现代时期,1949年后为当代时期。

另一个需要阐明的是"南亚"所指称的地域范围问题。1947年印度独立之前，南亚次大陆从地理概念上来讲，基本可以用"印度"指称。1947年印度独立之后，南亚次大陆这一区域则发展为包括印度、巴基斯坦、孟加拉、斯里兰卡等在内的多个国家。考察近代以来，特别是当代中国文化在南亚的流传，理论上说需要兼顾考察中国文化分别在这数个国家的流传情况。但是，由于材料收集过程中的局限，我们对当代中国文化在巴基斯坦、孟加拉等国的传播与影响资料掌握较少，同时考虑到印度在南亚地区的地理优势，在整理当代中国文化在南亚的传播流传概貌时，我们仍以中国文化在印度的流传为主要考察对象。所以，在叙述中，印度的概念以1947年为限，之前的"印度"泛指南亚，之后的"印度"则较多表示的是当前的印度共和国。

当然，不论是对历史分期的界定，还是对地域范围的界定，都只为更好地梳理不同历史时期中国文化在南亚地区的传播与接受情况。文化之间的交流与影响，总是受特定历史环境的制约，中国与南亚地区之间的文化交流亦是如此。在不同的历史阶段、不同的历史境遇，中国与南亚文化交流的意图、方式与内容有所不同，这也使得中国文化在南亚的传播与接受在不同阶段呈现出不同的特点。

近代以来，中国和南亚的历史境遇，大概可分为两大阶段：一是殖民地半殖民地国家追求民族独立与解放的阶段；二是独立的现代国家追求和平与发展的阶段。在这两个阶段，历史环境使得中国与南亚之间的文化交流呈现出不同的诉求与特征。但是，无论在哪一个阶段，作为促进文化交流的主导者——知识分子在文化交流的过程中都扮演了至关重要的角色。因此，在考察近代以来中国文化在南亚的传播与影响时，我们试图将关注的重点集中到知识分子身上，通过考察不同阶段、不同类型的知识分子之间的互相交流与学习，考察南亚知识分子对中国的学术研究等，来分析不同时期中国与南亚之间文化交流的特征，并以此梳理出中国文化在南亚流传的脉络与趋势。

第一节　近代以来中国与南亚的历史境遇及文化交流特征

近代以来,中国和南亚地区的历史境遇均历经较大变化。这其中,有共同的命运也有不同的抗争。在世界历史发展潮流的挟带下,中国和南亚地区经历的共同历史境遇可以概括为:中国和印度(广义)分别在历经半殖民或殖民统治之后,通过思想启蒙与民族解放独立运动,摆脱封建主义、帝国主义、殖民主义的控制,最终走上独立发展的道路。

正如谭中在《印度与中国——两大文明的交往和激荡》一书中所说:"从19世纪中叶开始,中印两国变成了一对'殖民地难兄难弟'——印度是殖民地,中国是'半殖民地'。"①近代以来直到20世纪中期,中国与南亚的历史是一部反抗殖民地半殖民地统治、争取民族独立与解放的历史。在共同的历史境遇下,因相同命运而产生的互相同情与关注为中印文化交流提供了可能,中国和南亚地区一批较早觉醒的知识分子,从民族复兴与东方文明复兴的角度,互相关心、互相学习,积极倡导中国和南亚之间的文化交流。这一度使得进入"涓涓细流"状态的中印文化交流重新萌发生机,近代以来中国文化在南亚的传播也随之展开。

在中国,1840年鸦片战争以后,一批先进的知识分子,为实现民族的复兴,以强烈的忧患意识分析国情、观察世界,这其中也包括对沦为英国殖民地的印度的关注。例如康有为、梁启超等人,很早就关心印度问题,康有为不仅著有《婆罗门教考》,还曾在印度居住达一年半之久;此后又有革命领袖孙中山、章太炎等人,关心印度社会命运;在以谭云山为首的一批知识分子的推动下,1933年成立的中印学会,1937年建立的印度国际大学中国学院,为中印文化交流提供了重要基地;抗日战争后,为增进中印文化交流,一大批学者如常任侠、谭云山、金克木、吴晓玲、

---

① 谭中、耿引曾合著:《印度与中国——两大文明的交往和激荡》,北京:商务印书馆,2006年,第17页。

徐梵澄等纷纷去印度从事讲学与研究,并在回国之后成为中国印度学研究的中坚力量。从辛亥革命到 1949 年,我国学者发表了一大批有关印度学的著作。关注印度时局、关切中华民族命运的革命领袖、学者、知识分子等作为沟通中印文化的重要桥梁,一方面将印度文化介绍给中国,同时也以自身的渊博学识与人格魅力,成为中印文化交流过程中印度对中国文化认知的一部分。

在印度,经过 1857—1859 年民族大起义后,争取民族独立也成为印度人民为之努力不懈的目标。这期间,印度的思想家和政治领袖们也同样关注和重视中国文明和中国的命运。从较早的宗教社会改良家罗姆莫洪·拉伊(Rammohan Roy)、辨喜(Svāmī Vivekānanda),到领导印度民族独立运动的政治家甘地(Mohandas Karamchand Gandhi)、尼赫鲁(Jawaharlal Nehru),再到为中国人所熟知且为中印文化交流做出重要贡献的泰戈尔(Rabindranath Tagore)等人,均对中国文化抱有好感。他们积极倡导重启中印文明对话,促进中印文化交流。特别是泰戈尔,在他的力邀下,中国学者谭云山前往印度国际大学任教并在那里设立中国学院。这一事件成为近代以来重启中印文化交流的重要里程碑,在印度国际大学中国学院的带动下,一时间掀起了中国学者研究印度、印度学者学习中国文化的潮流。印度国际大学中国学院作为印度近代以来汉学研究的发起者,培养了诸如师觉月(Prabodh Chandra Bagchi)等一批汉学研究者,他们在促进两大文明对话的过程中,不断将中国文化介绍给南亚人民。

进入 20 世纪中期后,中国与南亚地区共同的历史境遇随着 1947 年印度独立及 1949 年中华人民共和国的成立发生改变。摆脱殖民地半殖民地统治、走上独立发展道路之后的当代中国与南亚各国,所处的历史境遇各有不同。这体现在:首先,国情不同。中国与印度选择的发展道路不尽相同,发展历程也不尽一致,在发展的过程中,两国各自面临不同的国内问题;其次,中国与印度所面对的国际环境也不尽相同,在处理对外关系过程中也有不同表现。因国际形势的影响与历史遗留原因,中印两国关系的发展历经挫折。在经过一段时间的"蜜月期"之后,中国与南亚最大的国家印度之间的关系因战争陷入冷淡,直到 20 世纪 80 年代才逐渐恢复。进入 21 世纪,随着中印两个大国的不断发展,两国文化的交流才又进入繁荣阶段。不同的历史境遇导致外交关系的变化,使得中国与南亚间的文化交流呈现不同面貌。薛克翘在《中国印度文化交流史》一书中将中华人民共和国成立后中国与印度的文化交流归纳为"高潮期""中断期""恢复期""平稳发展期"①，是对这一时期的文化交流史所做的非常贴切的概括。

在20世纪中期之后的历史环境下，中国与南亚地区的文化交流与互相关注也有不同表现。中华人民共和国成立前后，中印关系处于"蜜月期"，中国与印度的文化交流进入高潮。在印度，以德里大学为中心，印度学者广泛展开了对中国文化的研究。一批来中国学习的印度留学生，成为印度中国学研究的主体。同时，印度一些大学开设的中文课程也成为中国文化在印度传播的主要途径。与之相对应，在中国，以北京大学为代表，一些大学中也开设了有关印度文化的课程与专业，在政府的推动下，留学生以及文化交流团体被派往印度，印度学研究也蓬勃发展。随后，1962年中印战争后，印度对中国文明和文化的关注，更多转向了中国的政治文化、经济发展及外交政策方面，区域研究成为印度学者关注中国文化的主要课题。而在中国，由"文化大革命"带来的社会动荡，使中国的南亚研究陷入困顿，中国与印度之间的文化交流活动也无从谈起。1975年，在政府与民间的共同努力下，中印两国恢复大使级外交关系，中印友好的文化交流得以逐步恢复。1988年，印度总理拉吉夫·甘地（Rajiv Gandhi）的访华之旅打破了中印之间的隔阂，中印关系全面改善，文化交流也进入平稳发展时期。进入21世纪以来，两国之间的文化交流更是逐渐频繁，学者的研究兴趣也逐渐开始分散，印度的中国学研究呈现出繁荣的景象，相关的研究著述涉及文学、宗教、艺术、政治、经济等各个领域，中国文化在印度以更为广泛与深入的形式被传播与接受。

在简单回顾了近代以来中国与南亚地区的历史境遇与文化交流概况之后，可以看出，近代以来中国与南亚的文化交流呈现出以下特征：

首先，近代以来中国与南亚地区的文化交流，从主体上来讲，经历了不同的阶段，是从一个半殖民地半封建社会的国家与一个完全的殖民地地区之间的文化交流，逐步过渡到中国与多个独立的现代国家主体之间的文化交流。

其次，近代以来，中国和南亚地区的历史环境，从相似的历史境遇发展到需要面对不同的国际、国内政治环境。这使得中国与南亚文化交流的方式和内容较之古代展现出新的特点。体现在：如果说近代以前，中印文化交流主要是通过佛教、

---

① 薛克翘：《中国印度文化交流史》，北京：昆仑出版社，2008年，第506页。

贸易作为纽带，以佛教僧人、丝绸之路、海上丝绸之路以及官方使节等为主要媒介的话，那么近代以来的中印文化交流则是双方上层知识分子以改变自身命运、寻求国家安全与发展的愿望为驱动，在两个大国希望相互理解的基础上展开的。进入当代，随着中印两国经济的快速发展，中印两国作为新兴的发展中国家，在国际舞台上的影响力与日俱增，为顺应物质层面国家影响力的发展，在精神层面上中国与南亚文化表现出更强烈的对外交流与传播的愿望。当前，中国与南亚各国的友好合作关系，特别是中印外交关系的不断升温，更进一步促进了中国与南亚地区文化交流的繁荣。近代以来中国文化在印度传播的内容与形式，也主要从思想、贸易领域扩大到政治、经济、历史文化、文学、军事战略、外交关系、社会生活等更为广泛的领域。

最后，从中国文化在南亚的流传角度考察，可以看出，近代以来中国文化在南亚的传播，一来得益于中国学者在文化交流与对比过程中，对自身文化的弘扬与输出；二来借力于南亚的中国学研究机构及学者对中国文化的研究与推介。中国与南亚地区不同时期下的历史境遇所带来的政府间文化交流的意愿、两大文明间知识分子的共识与互动，始终是影响中国与南亚地区文化交流的重要因素，也是影响中国文化在南亚地区流传的主要因素。近代以来中国文化在印度的被传播与被接受的内容、形式与表现，在与不同历史阶段的时代需要相适应的同时，一方面受中国文化输出态度的影响，另一方面也受南亚对中国文化接受的需求与取舍态度的影响。中国与南亚文化相互之间关注的程度与意图，决定了文化交流的程度、范围与内容。关心民族前途与命运、倡导文明对话与交流的知识分子，是近代以来中国与南亚文化交流的主导者，更成为中国文化在南亚传播的践行者。

第二节　近代以来中国文化在南亚的传播与影响：研究现状、研究角度与目的

有关我国与南亚文化关系史的研究历史悠久，出版了不少相关著作。薛克翘在其著作《中国印度文化交流史》中，对近代以来有关中印文化交流史的研究，进行了较为详细的总结与回顾。从薛克翘的梳理中，我们知道，前辈在研究近代以来中印文化交流的情况时，对中国文化在南亚地区的流传情况也多有着笔，如金克木的《中印友谊史话》《印度文化论集》，季羡林的《中印文化关系史论文集》《佛教与中印文化交流》《中印文化交流史》，林承节的《中印人民友好关系史》等研究著作，都论及了中国文化在南亚流传的史实与例证。中印文化交流史研究方面的这些先行研究，为研究"中国文化在南亚"提供了重要的参考资料。

国内有关中印文化交流的著作中所涉及的中国文化在南亚传播的内容，根据收集的资料，介绍如下：

首先，是中印文化交流史方面的研究著作。季羡林所著的《中印文化交流史》中论及中国文化在印度的传播，更多的是从印度文化对中国文化的影响角度叙述，尽管所占篇幅有限，但季羡林所提出并在著述中反复强调的"中印文化交流非单向性"的观点，以及他在研究过程中提供的事实论据，为梳理中国文化在南亚的传播提供了理论前提。

林承节所著《中印人民友好关系史》一书，以非常翔实的资料介绍了近代以来中国与南亚知识分子之间为争取民族解放与自由所进行的互动，为研究印度知识分子对中国文化的态度，考察近代以来中印文化互动的意图与内容提供了丰富的资料。

薛克翘所著的《中国印度文化交流史》一书，详细梳理了近代以来中印文化交流的内容，资料翔实丰富，书中有相当篇幅论述到近代以来中国与南亚知识分子之间的互动以及中国文化在南亚的传播实例，并设单独章节详细介绍了"印度中国学的现状"。薛克翘对近代以来，特别是当代中印文化交流史的整理，为研究

中国文化在南亚的流传提供了许多重要线索。

深圳大学文学院郁龙余等著的《梵典与华章——印度作家与中国文化》，从中国文化对印度作家影响的角度展现中印间的友好交流，是国内为数不多的研究中国文化在印度传播和影响的著述之一。郁龙余与刘朝华合著的《中外文学交流史》（中国—印度卷）一书，对中国文学在印度的传播与影响进行了专门论述，书中涉及的许多内容，不仅限于文学，还对研究中国文化在南亚的传播有重要的参考价值。

谭中编著的《谭云山与中印文化交流》、与耿引曾合著的《印度与中国——两大文明的交往和激荡》两书，也为"中国文化在南亚"的研究提供了许多的细节资料。谭云山是现代中印文化交流的重启者，他在印度国际大学所建立的中国学院开启了近代以来印度研究中国文化的学术传统。谭中的书，不仅介绍了谭云山的中印大同理想，还提供了许多中印文化融合的事例，从一定的高度，批评了文明冲突的理论，强调中印文明友好共存、互相融合的关系，认为中印文明势必会共同发展、共同繁荣。谭中的这一观点，也是研究"中国文化在南亚"的理论指导与落脚点。

此外，还有一些著作，虽不以研究中印文化交流史为主要目的，但也是"中国文化在南亚"研究方面的重要著作。如周宁所编的《世界之中国——域外中国形象研究》一书，书中设有专门的篇章论述"印度的中国形象"，作者尹锡南以与中国有关的印度知识分子及他们的重点著作为线索，论及了近代以来各个阶段印度有关中国文化的研究思潮，介绍了与中国文化在印度有关的知识分子及他们的言论、著作，并一一做了详细的解析，勾勒出近代以来印度人眼中的中国面貌。"印度的中国形象"一章中所包括的内容，是研究近代以来"中国文化在南亚"的重要资料。

除著作外，近年来随着海外汉学研究在国内的兴起，印度人"如何看待中国和吸收中国文化"这一课题逐渐进入学者的研究视野，也出现了系列研究论文，专门研究中国文化在印度的流传，特别是中国学在印度开展的情况。比如，四川大学南亚研究所尹锡南等所作的《印度汉学界的中国文学研究》《20世纪印度与中国文化》《一百多年来印度对中国认识的复杂变化》《新世纪中印学者的跨文化对话：印度学者访谈录》等系列论文，印度学者 H.P.拉伊（H.P.Ray）载于《中外关系史论丛》第3辑的论文《中国学在印度》、B.坦克哈(Brij Tankha)载于《国外社会科学》(2007年第4期,张燕晖译)的论文《印度的中国学研究:正在改变的范式》、M.莫汉蒂(Manoranjan Mohanty)载于《国外社会科学》(2004年第6期,山佳译)的论文《中国学研究:印度学者的观点》以及其他印度学者在国内相关学术活动中的发言等,是这一课题研究中的重要成果。这些资料,均为深入了解中国文化在南亚的研究与接受提供了良好的基础。

此外,国内的汉学研究机构、亚洲文化研究机构也在关注这一课题的研究。在国内外研究机构所举办的关于"国外中国学研究"的一系列学术会议中,中国文化在南亚的传播与接受的论题反复出现,其中还出现了印度学者的身影。如:2007年1月由中国社会科学院国外中国学研究中心主办的"亚洲地区中国学研究述评"国际研讨会中,有印度学者做关于"印度的中国学研究"的发言;2008年到2009年间由新德里亚洲学者联合会(AAS)与台湾大学政治学系联合发起并完成的"印度中国研究口述历史访谈项目",其宗旨在于对印度资深的中国研究专家进行访谈。迄今为止,这个项目已经访谈了18位印度中国学研究专家,其中2/3的学者来自印度国内的大学,其所整理的访谈资料为了解印度中国学发展的历史与现状提供了有价值的材料。此外,中国社会科学院作为中国学术研究的先锋机构,其下成立于1975年的海外中国研究中心一直以来非常重视收集海外的中国研究信息,其中也包括中国文化在南亚的一些信息。

综上可知,近代以来"中国文化在南亚"这一课题的研究具备良好的研究基础。虽然众多的研究著述涉及的课题多有相似,研究角度与目的却各不相同。文化的向外传播状况,除文化本身的吸引力外,更多的与特定历史条件下文化传播的途径是否通畅、文化倡导者是否大力推广有关。总结前辈学人们的研究成果,回顾近代以来中国与南亚文化交流史,我们发现:古代中国文化向南亚的传播,除经由经济、贸易等民间交流形成的暗流外,大规模的向外文化传播是通过上层统治阶级层面的使节互访、能工巧匠与知识分子的互相派遣学习等方式实现。近代以来,中国和南亚间的文化交流亦是如此。不同的是,20世纪前期,由于中国和南亚均处在半殖民地或殖民地的未完全解放统治之下,官方层面的文化交流更多的是由一些有觉悟的知识分子、仁人志士来实现,寻求救国途径的上层知识分子之间的互通有无,构成了20世纪前期中国和南亚文化交流的主要内容;而在20

世纪后半期,随着中国与印度两个大国主权的确立,政府间的文化交流更多占据主流。但尽管其中掺杂了许多政治因素,承担政府间文化交流的使命并为之积极努力的仍然是活跃的知识分子。因此,知识分子对文化输出的态度及其文化需求与接受取舍,很大程度上影响了文化传播的内容与形式。

较全面地勾勒出中国文化在南亚传播的概貌,通过史实举证中国文化在南亚的流传痕迹,并对文化流传的促进因素做出分析、建议与预判,是我们的课题"近代以来中国文化在南亚"所期望达成的目标。为达成这一目标,在前辈们研究的基础上,我们意欲选择这样的研究角度:通过考察近代以来中国文化在南亚的传播与接受的历史环境,重点研究知识分子之间的互动所造成的"中国文化在南亚"的现象。我们希望能够抛开历史时间线索与具体事件的束缚,单从文化传播的主体与文化接受的主体两个角度,分别考察中国对外文化传播的态度以及南亚对中国文化接受的态度,考察中国学者对本国文化的输出态度以及印度学者对外来文化的接受取向,并以此为依据,分析构成中国文化在印度传播的主体及动因,梳理不同主体及动因对中国文化在南亚传播的作用,再结合中国文化在印度被传播与接受的主要内容与形式,勾勒出中国文化在南亚的流传与影响概貌。希望这样的梳理,能为总结中印文化交流过程中双方所取得的成绩与不足提供参考资料,并为更好地展开中印文化交流提出建议。

第二章 中国对南亚的关注与中国文化的传播

中国与南亚之间的文化交流自19世纪末逐渐走入颓势,如季羡林在《中印文化交流史》中所总结的那样:"明清之际开始的大转折,改变了中外文化交流的'流'的性质。中国同欧洲的交流,成了一股激流,而同有传统交流关系的亚洲国家的交流,则成为一股涓涓细流,没有中断,但不强烈,大有若断若续之概。"①鸦片战争打开了中国的国门,也打开了国人的眼界。面对西方先进的技术与政治制度,一批觉醒的中国知识分子以强烈的忧患意识,放眼世界,努力寻求救国图存的途径。自洋务运动,到戊戌变法,直至辛亥革命、新文化运动,热衷于改革的知识分子们,在宣传介绍西方文明的同时,也对传统的中国文化进行了大力的批判。对西方文化的关注,对救亡灵药的追寻,使得中国的知识分子们开始广泛地向国内介绍各种西方流行的学说观念。然而,即便在这种情势下,关于西方文化与东方文化孰优孰劣的讨论也从未停止。在向西方寻求救亡之道的同时,一些知识分子也不忘关注东方文化,特别是关注当时已沦为英国殖民地的印度,希望以其为前车之鉴,寻找落后的根源,获得精神的启示。这其中,有诸如康有为、梁启超、孙中山、章太炎、许地山等民主革命及新文化运动的活跃分子,也有诸如谭云山等重启20世纪中印文化交流的奠基人物。共同命运下形成的相互对照,是20世纪前

---

① 季羡林:《中印文化交流史》,北京:新华出版社,1993年,第159页。

半期中国知识分子了解印度的主要动机。自辛亥革命到 1949 年,我国学者发表了一大批有关印度学的著作,而有关印度方面的其他论文和译著,则更不胜枚举。

中华人民共和国成立后,中国与印度曾经历了一段美好的"蜜月期",两大文明携手谱写了历史上值得回忆的重要篇章。1962 年之后,形势大好的中印交流因战争而中断,边境问题形成的阴影使两国发现需要重新相互认知。因此,这一阶段,尽管文化交流陷入低迷,但双方都加强了对对方的关注与了解。战略的需要使得 20 世纪后半期中印互相关注的主题发生转换。与国内、国际政治环境紧密相连,中国对南亚的关注以了解对方、增进认知为主要动因,抱有非常实用的目的。特别是进入 20 世纪 80 年代,随着两国关系的逐渐升温,中国印度学研究取得丰硕成果。到 21 世纪,随着中国国力的迅速增强,中国更加重视发展与南亚之间的友好交流,中国政府在中印文化交流过程中也逐渐加大了对中国文化的宣传力度,在科技、文学、艺术等方面"走出去"的中国文化逐渐为更多的印度人所认知。

如上所述,近代以来直至整个 20 世纪,中国社会历经政治变革,而伴随着国内政治环境的变革,中国文化在南亚传播的条件及途径逐步形成、确立。其间,中国对南亚的关注大概可分为以下三个时期来叙述:清末至民国成立前中国对南亚的关注;民国前后及抗日战争时期中国对南亚的关注;中华人民共和国成立后中国对南亚的关注。这三个时期里,中国国内的政治格局不同,各政治力量所持的政治观念不同,对南亚关注的意图也有所不同。尽管如此,各个时期内的文化交流与传播活动并没有截然分开,而是相互连续的。以这几个时期为基础分开叙述,旨在更加清晰地描述各个不同时期的历史环境与文化交流的特点,考察其所带来的中国对南亚关注的动机、表现形式、活动内容等的演变,并由此考察各个阶段下作为文化主体的中国,在非主动地进行文化外传的过程中为文化交流所做出的努力,以此归纳中国文化外传的态度在中国文化向南亚传播过程中的作用与影响。

第一节　鸦片战争前后中国知识分子对南亚的关注

清朝建立后,尽管中印之间的文化交流呈现颓势,但仍有记载显示,鸦片战争之前清政府有官员前往印度旅行考察。他们返回后所作的记录,成为当时中国了解印度的重要资料。这其中,先有清朝官员陈伦炯所作的《海国闻见录》,介绍了印度的地理位置、主要港口以及西方列强在印度的殖民贸易情况,后有海员谢清高口述、杨炳南笔录的《海录》,详细描述了印度的物产、货币与民俗等,还有英国对印度征服和统治状况的介绍。鸦片战争后,中国的知识分子以强烈的忧患意识放眼世界,寻找救国良方,其中不乏关注南亚次大陆的人,其时梁廷枏的《海国四说》、魏源的《海国图志》、徐继畬的《瀛环志略》等书中,均有对印度及当时英国殖民政府在印度统治的描述。据季羡林在《中印文化交流史》中的统计,从1866年到1910年间,涉及印度的著作或翻译有二三十种①。

20世纪初,中国和印度之间已经有定期轮船往来,根据康有为游记中的记载,从广东直驶入印度的客轮,平均5天一班,一些居住在广东的工匠、商人等借此往来印度,甚至定居在那里,成为后来在印华侨的组成部分。但是,这时的中印交往仅限于民间的往来,关于印度的风土人情、两国之间的精神文化交流的记载极少,如康有为在其《印度游记》中所叹:

粤之木工、履工集于印者数千人。吏于卫藏或商人多假途出入,岁月相望,视如门户,然而无一人记印度之教俗、文字、宫室、器用,发其祖父子孙,镜其得失别派,以资国人之考镜采择,以增益于我文明。②

戊戌变法失败后,变法代表人物康有为及其弟子梁启超二人流亡海外,从"发其祖父子孙,镜其得失别派,以资国人之考镜采择,以增益于我文明"的角度,深入关注印度。康有为于1898年前往印度,在印度旅居一年半之久。在印度期间,他

---

① 季羡林:《中印文化交流史》,北京:新华出版社,1993年,第169页。
② 薛克翘:《中国印度文化交流史》,北京:昆仑出版社,2008年,第416页。原文见康有为《印度游记·序》。

周游各地,写下《印度游记》,以沉重的历史使命感,总结印度沦为英国殖民地的历史教训,以警醒国人。与康有为同样流亡海外的梁启超,虽然没有去过印度,但是也积极通过各种渠道了解印度,考察印度沦为英国殖民地的历史,总结印度的失败教训,认为"印度,大地最古之国也,守旧不变,夷为英藩矣",指出印度亡国乃因英人"灭国新法""以印度之力灭之也",并告诫国人,要"视印度及诸王朝之覆辙",防止列强"以支那人伐支那人"。康有为、梁启超关于印度问题的一系列言论,代表了当时中国对印度关注的态度:从内容上讲逐渐从表面认知深入到分析社会历史;从动机上讲,逐渐从看世界的感性认识深入到有关民族历史使命的借鉴思考。他们有关南亚的论述,"尽管有许多不足,但从近代中印两国人们重建友好关系的角度看还是很有意义的,是承上启下的一个重要环节"①。康有为、梁启超等人对中印文化交流以及"中国文化在南亚"的意义,在于他们开阔的视野与首创的精神。正如季羡林所评:

> 中国十九世纪后半至二十世纪前十年的中国的知识分子,对世界形势,尤其是对印度处境,是非常关怀的。他们同闭关锁国时期的知识分子完全不同,他们是真正睁开眼睛看世界的一代新人。②

民主革命时期中国对南亚的关注,自辛亥革命的领袖孙中山等人开始。在辛亥革命的领袖中,孙中山和章太炎是最关心和了解印度问题并与印度革命者颇有交往的两个人。关于印度问题孙中山有许多深刻的见解,比如论述英国殖民印度的真实意图、印度之于英国帝国主义的重要性以及英国帝国主义必将瓦解等。在日本留学期间,孙中山将出现在远东许多国家的问题综合起来加以研究,由此赢得了一群来自朝鲜、印度、泰国等国家的留日青年学生的支持,中国同盟会于日本成立时,还有留日的印度革命者前往参加。在当时印度的秘密革命组织中,甚至还流传着"这位伟大的中国领导人的许多事迹"③。辛亥革命爆发后,印度的革命者给予孙中山很高的评价,印度当时国民大会党(简称国大党)领袖奥罗宾多·高士(Arabinda Ghosh,1872—1950)以及甘地都把他与印度自由运动的先驱提拉克(Bāl Gangādhar Tilak,1856—1920)相提并论,视他为现代中国的缔造者。"二

---

① 林承节:《中印人民友好关系史:1851—1949》,北京:北京大学出版社,1993 年,第 69 页。
② 季羡林:《中印文化交流史》,北京:新华出版社,1993 年,第 175—176 页。
③ 薛克翘:《中国印度文化交流史》,北京:昆仑出版社,2008 年,第 435 页。

次革命"失败后,孙中山东渡日本期间,与当时同样逃亡日本的印度革命者也有接触。印度著名革命家拉·比·鲍斯(Rash Behari Bose)与孙中山有着深厚的友谊,在《革命之印度》(*The Indian Struggle*,1964)一书中,他回忆在日期间得到孙中山的援助"殊非鲜少"。孙中山在致力于中国革命的同时,始终保持着对印度的关注,并在各种场合提到印度,赞扬印度的觉悟和独立运动的发展,并乐观地预期印度最后的胜利。他逝世后,国大党工作委员会还通过决议,派代表来参加葬礼,其时的国大党领导人在悼文中赞扬孙中山不仅是中国革命的伟大领袖,还是"亚洲人民之精神领袖"。

章太炎与印度知识分子的交往同样始于留日期间,他于1902年及1906年两次赴日,其间与许多印度志士交流并结下深厚的友谊。作为《民报》主编,他时常著文介绍和评论印度问题,写出了《印度中兴之望》《记印度西婆耆王纪念会事》《印度独立方法》等文章,他还与在日本的印度革命者一起,参加了亚洲和亲会的创立,并亲自为和亲会撰写章程。

康有为、梁启超、孙中山、章太炎等人,作为清末至20世纪初中华民国建立前关注南亚的中国知识分子,在承担民族革新大任、探讨革命方法途径的同时,以其现代中国革命者的形象为印度仁人志士所认知,从而在南亚树立了中国知识分子的政治形象。尽管在特定历史时期,因背负特殊使命,这批知识分子在关注南亚历史情境时,并未将传播中国文化或树立中国知识分子的政治形象置于他们的考量之中,但是他们对南亚国家的关注,与印度革命者的普遍接触,对印度革命问题的讨论,客观上促进了中印之间的互相理解,为更深层次的文化交流创造了良好的基础。

第二节 民国时期中国对南亚的关注与研究

中华民国建立之后,在康有为、梁启超、孙中山、章太炎等开创的良好的中印交流传统下,越来越多的知识分子开始关注印度。

首先,从政治角度来看,当时中国的一些著名报刊,如《新青年》《东方杂志》

《少年中国》《申报》等，都发表了许多有关印度的文章，分析印度的时局及政治动向，评价印度民族主义运动的成败得失，特别是对甘地主义的介绍与批判，在当时形成了热潮。甘地领导的"非暴力不合作运动"引起了中国思想界的密切关注，以至于1921年到1925年期间思想界展开了一场关于甘地和甘地主义的大论争。有关印度独立运动史以及甘地主义的著作也不断出版，如樊仲云《圣雄甘地》（1926）、向达《印度现代史》（1929）、袁学易《印度独立运动史略》（1931）等，与之相关的论文更是多不胜数。

其次，从学术研究角度来看，对印度的研究兴趣，除佛教外，也逐渐扩大到有关印度的文学、哲学等领域。1916年，许季上率先在北京大学讲授印度哲学，其后梁漱溟也应聘到北京大学讲授印度哲学，他为此课程所作的《印度哲学概论》是当时颇有影响的著作。书中不仅介绍了印度的佛教思想，对印度其他宗教流派同样也有介绍。此外，梁启超的《印度佛教概观》（1921）、《印度佛教史略》（1925），汤用彤的《印度哲学之起源》（1924）也是这一时期有关印度哲学的重要著作。文学方面，许地山所作的《印度文学》是中国第一本印度文学史著作，他还翻译了《孟加拉民间故事》《二十夜问》和《太阳底下降》三本印度民间故事集，使中国学术界首次接触到佛教文献以外的印度民间故事。20世纪20年代，随着泰戈尔来华访问，中国掀起一股"泰戈尔热"，泰戈尔的许多作品被翻译成中文传入中国，译介和研究印度文学蔚然成风。围绕泰戈尔，中国文化界也展开了激烈的讨论与纷争。中国知识分子对泰戈尔的关注一方面显示出中印文化的亲近心理，另一方面也反映出特殊时期中国学者对东西方文化的思考与取舍。泰戈尔访华使他印度式的哲学观和世界观与当时中国知识分子的需要之间进行了第一次亲密的接触，这不仅在中国文学界造成了深远的影响，对其后的中印文化交流也具有重要意义。泰戈尔访华后，曾圣提即渡海前往印度，投奔泰戈尔创立的国际大学学习，他是近代以来第一位去印度留学的中国学生，随后前往印度留学的学者还有许地山、高剑父等，随着赴印留学的学生日益增多，中国的印度学研究逐渐兴盛。

民国时期中国对南亚的关注随着中印学会的成立走向组织化。1927年，在新加坡教书的谭云山与泰戈尔会面。1928年，他受泰戈尔邀请前往位于印度圣蒂尼克坦的国际大学任教。随后，在谭云山的动员下，在时任北京大学校长蔡元培及中央考试院院长戴季陶二人的大力支持下,1935年中印学会在南京正式成立。中印学会向印度所赠的十万多册汉语书籍,至今仍作为印度中国学研究的主要中文资料保存在国际大学图书馆。中印学会的成立,既是民国时期中印交流的高潮,也是近代以来中印精神交流事业的延续,更是近代以来中国文化向印度传播的起始。随后,在民国政府的支持与中印学会的组织下,国际大学建立中国学院,并接纳中国留学生前往求学。1942年,中印政府决定互派留学生。这些留学生一方面成为研究介绍印度文化的中坚力量,同时也是在印度传播中国文化的主体。中印学会是近代以来历史上第一次以促进中印交流为目的而成立的文化交流组织,谭云山也是近代以来第一位在南亚主动传播中国文化的中国学者,有关他的壮举以及谭云山本人对中国文化传播所做的贡献,将在下章中专门论述。

民国时期中国对印度的关注在抗日战争时期形成第二次高潮。中国的抗日战争时期同样是印度民族独立运动的关键时期,关于是否与英国合作参与反抗日本侵略的战争,印度的民族运动领导人之间有不同的意见。为了表达彼此对民族独立与解放的关切,争取相互间的支持,中印两国革命领袖多次互发支持声明,也进行了互访:1939年尼赫鲁访华,由重庆当局接待;1940年,国民政府考试院院长戴季陶访问印度,会见了印度民族解放运动领袖甘地;1942年,蒋介石夫妇访问印度,分别会见了尼赫鲁、甘地及其他印度重要人士。国民政府首脑与国大党领袖在这一时期的互访尽管都抱着特定的政治目的,但是双方在会谈期间关于彼此社会状况的交流,对国际形势的分析,对各自所持观点的解释,以及双方会谈时社会各界的讨论、发表的谈话记录等,都成为当时印度人民了解中国的有效资料。在蒋介石访问印度期间,国民党中央政府提出的交换教授讲学、交换留学生、交换出版物以及互派调查、访问和旅游团体的一些措施,在访问之后得到落实。一批中国留学生陆续前往印度留学,文化团体也组织了互访,这些活动在促进中印文化交流的同时,有利于增进印度人民对中国的了解。

第三节　中华人民共和国成立后中国与南亚的文化交流

早在民国时期，以毛泽东为首的中国共产党人就十分重视与印度的交流。尼赫鲁访华期间，中共领袖毛泽东就曾致电对其表示欢迎，印度援华医疗队曾经由重庆到达延安，受到中共革命者的热烈欢迎。中华人民共和国成立后，20世纪50年代中印文化交流进入一个高潮期。这一时期，两国在政治、经济、文化等方面展开了全面的交往与合作，中印友好协会与印中友好协会成立，"印中人民是兄弟"的口号一时传诵于中印人民之间。在这之后，尽管1962年中印战争导致中国与南亚之间的文化交流一度近乎中断，但在历史的长河中，这也只是短暂的一瞬。20世纪70年代中印文化交流逐渐恢复。此后，自20世纪80年代至今，中印关系不断得到改善，中印文化交流也进入了平稳发展时期，20世纪50年代许多早已开始的文化交流传统，如互派访问团体、领导之间高层互访、互相组织民间文化交流活动等，不但得以继续，还进一步发展成为常态。

中华人民共和国成立后中国对南亚的关注，首先体现在中国印度学的蓬勃发展上。20世纪50年代，中印之间文化来往频繁，学术交流增加，中华人民共和国成立前在印度及海外从事研究的学者大多数回国，中国的印度学研究得到了空前的发展。不仅大学里开设了印度语言文化的课程，中国社会科学院还设立专门从事印度历史文化研究的机构。20世纪60年代，根据国家战略发展的需要，大学中开设的印度语言课程增多，不少留学生被送往海外学习印度的语言。到20世纪70年代，中国的印度学研究进入辉煌时期，中国社会科学院南亚研究所成立，专门为从事南亚研究的学者创办的刊物《南亚研究》《南亚译丛》和《南亚东南亚资料》等成为中国南亚学研究成果的发表园地。多所大学相继成立南亚研究所或印度研究室，培养了一批研究人才。而关于南亚研究的成果，涉及宗教哲学、历史文化、语言及文学艺术、社会民俗等各个方面，译著、著述多不胜数。20世纪70年代出版的许多著作至今仍是研究南亚的重要资料。而20世纪80年代到现在，进入稳定发展时期的中印文化交流使得中国的印度学研究进一步向前发展。

中国印度学的发展，体现了中国文化对印度文化的接受。但是，在接受的过程中，学者们并非被动接受，而是在比较与溯源的视野下对比中印文化，这种对照模式下取得的研究成果涉及中国印度学学术研究的各个方面，形成了许多中印文学比较、中印文化比较方面的著作。对于印度学者来说，中国学者的这种对印度文化的吸收与研究，为他们了解中国文化创建了良好的学术基础。

中华人民共和国成立后，中国政府及学者对南亚的关注，不仅表现在对印度文化的研究上，还表现在许多文化交流活动中，特别是体现在将中国文化向南亚介绍的一些文化交流活动中。举例来说，外宣杂志《中国画报》就有印地文、乌尔都文等印度文种的版本，专向南亚国家发行。此外，外国文学出版社也曾将鲁迅的一部分作品翻译成印地语、乌尔都语、孟加拉语和泰米尔语等文字，使其在印度流传。中国的艺术表演团体自20世纪50年代初就开始派团出访印度并在印度表演；电影、电视节目也在印度播放。特别是中国电影，作为普及中国文化最为直接的方式，多次参加印度国际电影节，多部精彩影片受到印度人民的关注，成为印度人了解中国的最直观的渠道。

蒋伟明、薛克翘在《中印文化交流五十年——回顾与思考》一文中详细列举了中华人民共和国成立到20世纪90年代末期中印文化交流的事例。其中提到，在经历了20世纪50年代的高潮，到20世纪六七十年代进入低潮之后，自20世纪80年代开始，中印之间的文化交流逐渐频繁。文中指出：

> 到八十年代前期，两国间的文化交往频率已经高于历史上任何一个时期了。1988年5月，以印度人力资源开发部文化体育秘书瓦拉达坚为首的印度政府文化代表团到达北京，同中国文化部副部长刘德有共同签署了中印政府间第一个文化合作协定。这标志着中印文化交流经过十余年的恢复，开始步入一个崭新的阶段。①

20世纪90年代，除政府间按照文化合作协定进行的文化交流外，民间的交往也逐渐增加。1991年，李鹏同志访问印度期间与时任印度总理纳·拉奥（Narasimha Rao）共同商定了互办文化节事宜，这使得"中国文化节"成为近些年中国文化在印度交流与传播的重要形式。由中国政府主导并在印度主要城市举

---

① 蒋伟明、薛克翘:《中印文化交流五十年——回顾与思考》,《南亚研究》2000年第1期,第22页。

办的"中国文化节"活动,内容涵盖文艺演出、图片艺术品展览以及学术团体交流等各个方面,其中包括书法、绘画、京剧、杂技、木偶表演、电影等,这些为印度人民了解中国创造了更多的机会。进入 21 世纪,中印之间的文化交流活动尽管还没有详细的数据,但是从可以搜索到的网页资料来看,在印度几乎每年都有中国政府主导的有关"中国文化"的活动。可以说,由中国政府主导并以在南亚地区介绍中国文化为主要目的的一系列文化交流活动,是当代中国文化在南亚传播的重要组成部分,这些活动不仅展示了中国文化的面貌,更直接地拉近了中国文化与南亚地区人民的距离,向南亚人民展示了中国文化最直观的形象。

第四节 中国的历史境遇与中国文化向南亚传播的阶段特征

从对历史的回顾中,我们可以看到,近代中国对南亚的关注经历了认知、借鉴、学习、交流乃至有意识地自我介绍几个阶段。不同历史境遇下,中国对自身文化的态度不同,对南亚地区的认识态度不同,从而影响中国文化在南亚的传播,形成不同的阶段特征。

第一个阶段,即"向西方学习"的阶段。中国的半殖民地身份,使得救亡图存成为中国人民关注的重点。中国知识分子对待自身文化的态度是批判的,因此,在对外交流的过程中,他们"向外看",并未意识到自身的可取之处,反而一心希望学习其他文化的"伟大之处"。当时,印度同样处于殖民统治之下,中国知识分子对印度文化的态度,如同对中国文化的态度一样,是批判与反省的。在这种态度下,中国文化在南亚的传播从主体而言,是非常不自觉的。这一阶段,知识分子在互相交流中对中国文化的弘扬,大多是出于剖析与批判的需要,论证文化中的弱点以求振兴。因此,在这种不自觉的态度下,中国文化在南亚是一种被动的观照。但是,鉴于思想交流的愿望带来了文化交流的可能,因此,这一阶段的思想交流对中国文化在南亚的传播有开拓与首创意义,它使南亚人民看到与其有同样命运的中国文化的抗争与奋进,这也算是中国文化在南亚的一种形象。

第二个阶段,即中国历史的现代阶段。中国反帝反封建的革命取得胜利,中华民国成立。革命的胜利使文化的复兴成为时髦的论题,中西文化孰优孰劣的讨论愈加激烈。不同的文化复兴思潮,在民族振兴道路问题上的不同选择,使中国思想界出现多样化的特征。在各种不同的思潮中,一批知识分子对东方文明抱有信心,因此,发扬东方文明的精华并使之向外传播以求与西方文明相抗争,成为这一阶段中国文化与南亚文化交流的纽带。泰戈尔访华引起的风波表现了中国思想界的矛盾,也体现了中国文化此时面对东方文明与西方文明时的矛盾。随后的中国历史很快进入抗日战争时期,而印度也处在争取民族独立斗争的高潮阶段。这时期中印文化进行了友好的交流,一方面出于共同的利益与互相支持的需要,另一方面仍然受重建"东方文明"思想的鼓舞。此时的中国文化,在对自身有深入认知的同时也存在不自信的迷惑,出于革命斗争的需要,中国希望得到南亚的理解与支持。因此可以说,这一时期的中国文化在南亚的传播,从自身来讲,具有主动的自觉。但是,文化传播的内容与形式是与特定历史环境及政治目标相关联的,中国的革命形势与历史走向是南亚人民所希望了解的信息,中国人民抗日战争的勇气与决心,需要南亚人民的支持与鼓励。至于中国的传统文化与文明,则并未受到自觉的介绍与传播。

中华人民共和国成立后是近代以来中国关注南亚的第三个阶段。此时,印度已成为独立的国家。两个独立的民族国家为文化交流的重建与复兴创造了良好的条件。中国与南亚地区对物质文明与精神文明全面繁荣的期待,使中印之间的文化交流呈现繁荣景象。中国与南亚地区之间千年友好交流的传统,也鼓舞了双方重建友好文化关系的信心,与此同时中国文化自身也具有了积极主动向外展示的意识。除去中印关系陷入低潮的十几年,这一阶段中国文化向南亚的传播呈现出自主与主动的姿态。尽管如此,这一阶段,我们一直处在谋求经济发展的路途上,对中国文化的向外传播不够重视。中国文化强大的包容与学习精神,使我们对南亚文化的关注超过对自身文化在南亚形象的关注。真正有意识地向南亚传播中国文化的活动,直到21世纪才开始展开,这也得益于我们综合国力的提高与国际地位的提升。

第三章

中国学者与中国文化向南亚的传播

如前所述,19世纪末伊始的中国文化向外特别是向南亚的传播,从中国知识分子的文化传播形式来讲,是非主动的,中国文化在南亚的传播更多的是在中国知识分子向其他文化寻找养料的过程中实现的。知识分子无论是对自身文化还是对印度文化,都抱以批判接受的态度。在这种文化的交流与碰撞中,他们中的一些人,在了解印度文化的同时,也直接或间接地向南亚地区传播了中国文化。中国学者这种非主动的文化传播与交流,构成19世纪末以来特别是20世纪前半期中国文化经由学者在南亚传播的主要特点。而20世纪后半期,从文化传播的态度来看,尽管中国文化向外传播的意识随着交流的频繁而变得强烈,但受制于两国相互关系的影响,印度对中国文化,特别是中国古代传统文化的了解仍十分不足,这与印度知识分子的研究与接受态度有关。

伴随着中印重修友好交流的传统,20世纪伊始与南亚有关的中国知识分子在中国文化在南亚的传播过程中担当了主要的角色。近代以来与南亚相关的中国知识分子可以分作四类:一类是19世纪末20世纪初,向中国介绍印度的知识分子,他们或游历过印度,或与印度革命者有过接触,对印度的沦陷深有感触,对古老的印度文明深感痛惜,在介绍印度的同时,也反观自身的文化,其间,以康有为、梁启超、孙中山、章太炎等为代表;一类是新文化运动前后,旅居印度或在印度从事学术研究与交流的学者,他们在印度从事研究的过程中,译介了一些关于中国文化的经典或著作,是近代以来中国文化在南亚传播的先驱,在文化交流史上占有极其重要的地位,主要以谭云山等为代表;一类是抗日战争前后前往印度留学的学者,他们曾在印度游历学习,回国后成为中国印度学研究的著名学者,出版了一大批重要的学术著作,成为中国文化向南亚传播的重要纽带,其中以徐梵澄、季羡林为代表;一类是中华人民共和国成立后及当代,活跃在中印文化交流活动中的知识分子,他们为印度文化在中国的推介与研究,以及中国文化在印度的深入、广泛传播建立了学术基础。

这四类人中,第一类知识分子作为先驱,更多地表现了对南亚文化的关注,而未对中国文化在南亚的传播做过切实具体的工作,这已在第二章论及。这里,我们仅着重介绍后几类从事中印文化交流与研究的学者,对他们在中国文化传播过程中的直接的、重大的成果与事实进行梳理。

第一节　谭云山与中国文化在南亚

进入 20 世纪,与中印文化交流有关,特别是与中国文化在南亚的传播相关的诸多中国学者中,有一位被誉为是"功比玄奘,德配鉴真"①,印度总统纳拉亚南称他为"印度、中国文化之间深刻而持久的纽带的化身"②,季羡林誉他为"真正从事继续构建中印友谊的金桥的人"③,这位学者就是谭云山。

谭云山出生于 1898 年,祖籍湖南茶陵,祖父及父亲皆为有学识的农村知识分子。幼年因父母双亡,他被亲戚领养并送到学校接受教育。青少年时期他在长沙求学,在湖南第一师范学校上学时,不但加入毛泽东创办的新民学会和新文化书社,接触到新文化新思想,还组织新文学社,编辑《湖南日报》的星期日增刊《新文学》,传播先进思想。1924 年,谭云山到南洋谋职并寻求救国之道。在南洋他任教于南洋华侨学校,并致力于写作和学术研究,出任《华文日报》的主笔。1924 年

---

① 郁龙余等著:《梵典与华章——印度作家与中国文化》,银川:宁夏人民出版社,2004 年,第 460 页。
② 谭中:《谭云山与中印文化交流》,香港:香港中文大学出版社,1998 年,第 3 页。
③ 谭中:《谭云山与中印文化交流》,香港:香港中文大学出版社,1998 年,第 3 页。

泰戈尔访华，中国兴起一股"泰戈尔热"，谭云山虽身在南洋，却也深受影响，对"诗圣"泰戈尔心生仰慕。1927年，谭云山在友人的安排下，会见了时在南洋访问的泰戈尔。两人一见如故，结成忘年交，泰戈尔邀请谭云山前往印度参加印度国际大学的工作。1928年，谭云山应泰戈尔的邀请，告别新婚的妻子抵达印度圣蒂尼克坦的印度国际大学，并在那里开设了印度第一个中文班，从此开始了其研究佛学与印度文化、传播中国文化与促进中印文化交流的伟大事业。在印度国际大学任教期间，为构筑中印文化桥梁、传播中印文化，谭云山往返于中印之间，为中印文化交流穿针引线，奠定基础。在他的积极努力下，致力于文化交流的中印（印中）学会成立，印度国际大学于1937年建立中国学院。中国学院的建立使印度国际大学不仅成为中印文化交流的平台，也成为印度中国学研究的人才培养基地，对中国文化在南亚的传播意义重大。1968年，谭云山从印度国际大学中国学院退休，享有终身名誉教授殊荣。1979年又被该校授予最高荣誉——文学博士。1983年2月12日，谭云山在印度菩提伽耶住所病逝，终年85岁。印度学者、评论家、新闻界称他为"寂乡鸿儒"，给了他"现代玄奘"的美名。印度总理英迪拉·甘地夫人赞美他"是一位伟大的学者，一位真正有文化素养的人""为印中两国文明更好地交流做出了巨大贡献"。

　　谭云山的一生，贯穿中国和印度两大民族历史上最动荡的新旧社会交替时期。为追求民族的解放与独立，他投入时代的洪流之中，目睹亚洲两个大国在近一个世纪的抗争、合作与纷争。在印度，他和泰戈尔、甘地、尼赫鲁等名人建立了亲密的友谊，特殊的身份使得他成为中国文化在南亚传播最好的沟通者和践行者。谭云山在青少年时代精读了大量古典名著，有坚实的国学根底，留学、任教海外期间，又努力学习和吸收了外国文化特别是印度文化的养分。他对中国古典文学、佛教和印度哲学都有很深的造诣。对近代以来中国文化在南亚的传播，特别是在印度中国学的建设方面，谭云山可以说是一位奠基人物，正如印度学者H.P.拉伊所说：

　　　　他牺牲了有利可图的生计，参加了伟大诗人泰戈尔所致力的工作……加强喜马拉雅山的两个孪生子中国和印度之间的纽带。……所有汉学爱好者都将以感激的心情怀念他的贡献。①

谭云山于民族于国家于学术,均做出了杰出贡献,取得了许多成就,对此我们不一一列举。仅从中国文化在南亚的传播角度,将其成果与贡献归纳如下:

第一,建立中印(印中)学会,创办中国学院,培养了一批印度的汉学家,吸引了大批中国学者前往印度学习研究,促进了中国文化的传播。谭云山于1928年到印度国际大学工作,有感于泰戈尔在印度国际大学开展中印文化交流的理想,主动承担起这一重任。1931年,他从印度回国,一方面在报刊上发表文章介绍印度及印度国际大学,同时也为中印文化交流奔波。1935年,在谭云山的积极努力和倡议下,在时任北京大学校长蔡元培与国民政府中央考试院院长戴季陶的有力支持下,由文化界、佛教界等知名人士赞助并参与的中印学会在南京成立。中印学会"以研究中印学术,沟通中印文化,并融洽中印感情,联合中印人民,以创造人类太平,促进世界大同为宗旨"②,并且确立了实现这一宗旨的途径在于"沟通中印两国文化、研究中印两国学术"③。因此,中印学会呼吁教育界、学术界的学者到印度,在印度大学开设国学和佛学讲座,准备通过组织演讲、专题研究、文化考察、出版图书等方式实现学会的目标。同时,还计划向印度国际大学赠送图书,在那里建立中国图书馆,成立中国学院。

中印学会的这一系列目标在谭云山的努力下逐渐实现。1934年,谭云山又赴印度,与泰戈尔商量中国学院事宜,获得泰戈尔同意把圣蒂尼克坦的大学当作中印学会在印度的活动中心。同年11月,谭云山再次回到国内,继续为筹建中国学院募捐。1935年,印度国际大学收到了谭云山募集来的3万多卢比,用于中国学院的筹建。10万多册图书被陆续送到印度,这些赠送的图书包括《四部丛刊》《四库珍本》《二十五史》《大正大藏经》等,至今仍是印度学者研究中国学的基础资料,是印度国际大学的镇校之宝。1936年,谭云山带着后续筹集来的捐款、图书来到印度,着手中国学院的筹建。1937年4月14日,中国学院正式揭幕,印度社会各界名流参加开幕式,甘地与尼赫鲁都来信对中国学院的成立表示祝贺,谭云山被任命为中国学院的首任院长。在其后的近30年间,谭云山作为中国学院

---

① 郁龙余等著:《梵典与华章——印度作家与中国文化》,银川:宁夏人民出版社,2004年,第460页。
② 郁龙余等著:《梵典与华章——印度作家与中国文化》,银川:宁夏人民出版社,2004年,第462页。
③ 郁龙余等著:《梵典与华章——印度作家与中国文化》,银川:宁夏人民出版社,2004年,第462页。

的负责人、筹措资金、安排教学、组织接待中国的来访学者和客人，保证中国学院在财政完全自立的状态下正常运转，并使中国学院成为培养印度汉学家的基地，为印度现代中国学的发展创立了基础条件。

第二，作为印度国际大学中国学院的院长，他教书育人、言传身教，积极推进印度汉学的发展，是传播中国文化的践行者。谭云山到印度国际大学后，首先在那里开设了一个中文班，给当地的学者教授中文，这是印度正式开办的第一个中文教学课程。作为中国学院的院长，除授课外，他还经常受邀到印度各地学术机构或社会团体中演讲中国文化、哲学。在演讲中，谭云山常引用儒家、道家以及中国佛教的观点来解释中国文化，并例证中印文化的共通之处。在他的一篇演讲文章《什么是中国教》（1938）中，他将中国教解释为以"至善""至美"为宗旨，以正心、修身、齐家、治国以达到世界的太平和幸福为实践目标，并解释《礼记》中的"礼运大同"思想即是中国教的最高理想。中国教的最终目的是实现大同社会，达到天人合一，即人类和宇宙融合在一起。这相当于是用中国的儒家、道家的思想，结合佛家的宗教理论范式，以契合印度传统文化核心思想及形式的方式，向印度人解释了中国文化的基本内容，使印度人由此认识到中印文化之间的亲近关系。此外，为教学需要，谭云山还写了《中国语言文学史》一文，介绍了中国语言文学的起源、重要内容和新近发展。在这篇文章中，他首先对中国语言文字的起源和新近发展做了简单介绍；其次对中国文学所包括的主要文学作品，中国文学的广义概念和狭义概念做了解释；最后还介绍了20世纪初期开始的白话文运动、与新文化运动相关的新文学运动等。谭云山以对中国古代文化宝库《四库全书》的说明为基础，在对经、史、子、集四部做介绍的同时指出，狭义上的中国古代文学作品集中在"集部"，而广义上的中国文学包括所有文学作品。在这篇文章中，他对中国文学作品的散文、诗歌、戏剧和小说四大主要类别作品进行了解释，介绍了四大古典名著《水浒传》《三国演义》《西游记》和《红楼梦》。谭云山的这篇介绍，使印度学界第一次对中国文学的发生、发展形成了清晰的概念，对印度的中国学特别是中国文学研究者来说，是一篇启蒙之作。谭云山一生精力主要在构建中印交流的桥梁和中国学院的建立、运作上，就著作而言，多是述而不作，但尽管如此，在教授传播中国文化，为中印友好与文化交流不懈奔走之余，谭云山仍发表或出版了《当代中国佛教》（1937）、《中国现代史》（1938）、《中国与印度》（1938）等英

文著述 17 种,中文著作 13 种。① 正如《梵典与华章——印度作家与中国文化》中评价的那样:

  玄奘取经前后 19 年,在印度 15 年,他主要是"取";谭云山在印度前后五十多年,除了研究、学习之外,主要是传播中国文化,也就是"送"。②

  因此,从中国文化传播的角度讲,谭云山可算是先行者,也是践行者。

  第三,他极具影响力的个人魅力以及为中印交流所做的不懈努力,维护了中国文化的形象,在印度形成了中国文化流传的强劲力量。在印度国际大学期间,谭云山是当地印度人心目中的中国人代表,是一位"中国圣人",他从思想、言谈举止到服饰,都是中国的,在中国文化的传播上他真正做到了身体力行。甚至他的家,也成为中国文化展示的场所,谭先生把自己的家安置在中国学院中,夫人陈乃蔚很注重中国风俗、文化,遇有华侨送来过年、过节的食物,她都分送一些给邻居,与当地人分享中国的文化、风俗。在印度国际大学,中国学院俨然是一个中国村,一条中国街,谭云山不仅将有关中国的知识带到了印度,还将中国的生活方式带进了圣蒂尼克坦。不仅如此,谭云山与印度独立前后的主要政党、革命领袖等关系亲密,与许多中国学研究的学者亦师亦友,一些学者因谭云山而见识了中国文化的博大,并给予中国文化许多溢美之词。他以个人独特的影响力,影响了印度知识分子对中国的印象,为中国文化的传播做出了贡献。此外,谭云山为之终身奋斗的还有他所提出的"中印学"概念,即建立一个以不杀生为特征、以共识互补为目的的共同文化。将中国文化中的"大同"思想应用在中印关系的设想之中,谭云山的"中印学"概念与当前学者们提出的"中印大同"思想一脉相承,这种思想尊重文化发展交流的一般规律,使文化的自觉与传播符合文化规律的本来面貌,自然而然,水乳交融,这是谭云山为中国文化在南亚的传播所提出的具有举灯指路意义的重要思想。

---

① 谭中:《谭云山与中印文化交流》,香港:香港中文大学出版社,1998 年,第 301—302 页。
② 郁龙余等著:《梵典与华章——印度作家与中国文化》,银川:宁夏人民出版社,2004 年,第 464 页。

第二节　徐梵澄与中国文化在南亚

作为中印文化交流的重要基地,谭云山开辟的印度国际大学中国学院,自成立后接待了一批前往教学或研究的中国学者。这其中有一人,自20世纪40年代前往印度国际大学任教之后,就一直留在印度直至20世纪70年代末,在求教印度真经的同时也向印度传授中国文化知识,回国后,还以其深邃的中印学研究知识奉献于印度学学术事业,这个人就是徐梵澄。徐梵澄性格安静,不事张扬,因此,在国内,除哲学、宗教和鲁迅研究等极少数学术领域的人尊崇他外,其他领域从官方到民众,知道他的人均非常少。从中印文化交流角度来看,在近代以来的中国知识分子中徐梵澄的贡献值得一书。

徐梵澄原名徐琥,谱名诗荃,字季海。1909年出生于湖南长沙。徐家是当地有名的大族,族中多读书人,且多工书法。徐梵澄的父亲善于经营生意,在长沙经营丝绸业,开办塾学、诊所等。徐父对子女管教甚严,为防止儿辈"荒于嬉",专门聘请名师启蒙,教授中国传统文化知识。徐梵澄在富裕的家庭环境下成长,心无旁骛地学习。幼时他接受私塾教育学习汉魏六朝古文,少时被送进新式小学学习白话文及现代科学知识,后入长沙著名的教会学校雅礼中学,接受全面的现代教育,并得到良好的英语训练,之后遵循父亲要求考入湖南湘雅医学院学习医学。徐梵澄的大学求学阶段,正值中国的新文化运动高涨时期,年轻的徐梵澄热烈拥护新文化运动,并阅读所有的进步刊物,对鲁迅的文风及思想产生敬仰之情。长沙教会主办的湘雅医学院课程受到学潮攻击后,他决定效仿鲁迅弃医从文,考入武昌中山大学历史系,并开始在报纸上发表文章。因追随鲁迅,他又考入复旦大学求学,在上海期间得以游学于鲁迅门下。1929年,徐梵澄前往欧洲留学,求学于柏林大学及海德堡大学,在那里,徐梵澄修习艺术史,就读于哲学系,并自习木刻,学习希腊文、拉丁文和梵文。1932年,徐梵澄归国并在鲁迅的支持鼓励下翻译《尼采自传》,为报纸和杂志翻译、撰写文章,这期间他对佛学产生了兴趣,悄然树立了学习梵文和翻译梵典的志向。1938年,徐梵澄加入国立艺专教授西洋美术史,后离开艺专,就职于中央图书馆,编辑《图书月刊》。1945年,徐梵澄要求参加中印交流的申请获准,受国民政府教育部派遣前往印度国际大学中国学院任教,自此开始了一段与印度文化的对话之旅,也开始了一段中国学者在印度治学并传播中国文化的学术生涯。

徐梵澄到印度后,在印度国际大学中国学院教授中国哲学,他先讲欧阳竟无的唯识学,后讲中国因明学,讲佛教在中国以及中国的历史,其间,他还编写梵汉字典《天竺字原》(佚失)。1949年,随着中华人民共和国的成立,国民政府退幕,印度国际大学中国学者的经济支援中断,徐梵澄便前往印度教圣城贝拿勒斯修习梵文,这一时期他着手翻译印度教经典《薄伽梵歌》。1951年,徐梵澄前往南印度之琫地舍里的奥罗宾多学院,研习奥罗宾多的精神哲学。在奥罗宾多学院期间,徐梵澄受法国院母密那氏的重视与支持,在学院开设了华文部。他从佛教理论《肇论》,即佛教理论通过道家思想传入中土的轨迹开始,讲授中国哲学知识,将中国文化带入了学院研习精神哲学的学者们的视野。徐梵澄在奥罗宾多学院授课、译书、写作,直到1978年底取道香港回国。1979年初,徐梵澄定居北京,入中国社会科学院世界宗教研究所。归国后徐梵澄继续对中国哲学与印度哲学进行研究,整理旧稿,发表新著,笔耕不辍。2000年3月,徐先生因患肺炎病逝于协和医院。

徐梵澄一生孜孜不倦,著述颇丰。作为著名的精神哲学家、印度学专家、宗教学家、翻译家和诗人,他学贯中国、印度和西方国家,对中国、印度和西方国家的三大文化都有深入的研究。除去未曾出版或佚失的作品,徐先生主要著译作包括:《苏鲁支语录》(德译汉)、《尼采自传》(德译汉)、《朝霞》、《歌德论自著之浮士德》、《快乐的知识》等有关尼采的著述;有系统地翻译印度吠陀——吠檀多哲学古今经典,如《五十奥义书》《薄伽梵歌》《行云使者》及奥罗宾多之《神圣人生论》《薄伽梵歌论》《社会进化论》《瑜伽论》等,此外他还翻译了奥罗宾多学院法国院母密那氏有关瑜伽等问题的答问和释义,共6辑的《母亲的话》。他在印度期间以英文翻译出版了有关中国的文化经典如《孔学古微》等多部。归国后,徐先生还作《老子臆想》(1988)、《陆王学术》(1994)等,体现他对中国哲学的独到见解。徐先生还有一些文艺批评与诗歌存世,分别集为《异学杂著》《蓬屋诗存》等。

作为前往印度国际大学中国学院授课的中印文化交流人员之一,徐梵澄对中国文化在印度的传播做出了突出的贡献。他利用自身对中国传统文化的深刻了解与自如运用，使用外部世界看得懂的语言，宣传了中国文化知识，弘扬了中国文化的传统，在印度激起了人们了解中国文化的热情。徐梵澄旅印 30 多年，其传播中国文化的贡献，归纳起来为以下几项：

第一，授道，即以讲课或讲座的方式传播中国文化。徐梵澄在印度的授课经历前后分为两个阶段：一为在印度国际大学中国学院的 5 年，即 1945 年冬到 1950 年春；二为在南印度奥罗宾多学院的 27 年，即 1951 年春到 1978 年秋。在印度国际大学中国学院授课期间，徐梵澄的身份是国民政府派遣的教授。根据孙波在《徐梵澄传》中所记，徐梵澄在中国学院"尝讲欧阳竟无唯识学"，"讲唯识，讲因明，讲佛教在中国，并涉及中国的历史。那中国的历史课多了去了，梵澄信手拈来，如数家珍"①。徐梵澄讲授欧阳竟无大师所提倡的唯识思想，受章太炎、鲁迅等人的唯识思想观的影响，在讲授中强调人的尊严和独立不依的品格。他的课程受到普遍的欢迎，"他的幽默，他的风采，他渊博的学识，他流利的英语，受到师生们普遍的欢迎"②。印度国际大学当时为印度研究中国文化的重地，在那里聚集了许多对中国文化感兴趣的学者与求学者，通过孙波的描述，可以推测徐梵澄在印度国际大学这段时间，以他对中国哲学了解之深，一定有受其指教的印度学人，从他的讲授中体会到中国文化的精深，透过他博学、独立、风趣的人格，生发出对中国知识分子乃至中华民族的敬意。

徐梵澄在奥罗宾多学院的授课情形，孙波在其传记中也有描述。1949 年，鉴于中国国内政治格局的重大变化，印度国际大学中国学院的政府资助中断，学院工作也转入低潮，尽管在谭云山的维持下，学院保持了正常的运行，但情境颇为艰辛。这种情形下，徐梵澄前往贝拿勒斯学习梵文，后到奥罗宾多学院。1951 年徐梵澄初往奥罗宾多学院时，初衷并不在宣传中国文化，但在与当时学院的法国院母交谈过程中，院母为他个人的学识所折服，希望他留下来成立一个华文部，一方面介绍中国文化，另一方面将奥罗宾多学院的思想传播出去。在院母的支持下，徐梵澄在奥罗宾多学院成立华文部。奥罗宾多学院是印度以圣哲奥罗宾多为主

---

① 孙波：《徐梵澄传》，北京：社会科学文献出版社，2009 年，第 146 页。
② 孙波：《徐梵澄传》，北京：社会科学文献出版社，2009 年，第 148 页。

要精神领袖的精神哲学修道院,在印度乃至全球都有广泛影响。奥罗宾多学院华文部的成立,意味着继印度国际大学中国学院之后,在印度南部也有了传播与介绍中国文化的阵地。

徐梵澄在奥罗宾多学院的第一件工作就是开课教授佛教理论。他首先介绍的内容是《肇论》,即介绍佛教理论通过道家思想传入中土的轨迹。徐梵澄讲授佛教传入中国全因道教为佛教铺平了道路,他认为:

……从根本上来说,佛教与道教都有一种弃世和克己的精神,而且两者都追求超越于尘世至上的高尚境界……老子传授的"太虚"(不幸常被人误解),能够很好地相应于佛教中的 Shunyata(空)的思想范式。根据两者重合的大致线索,我们能够想象得出,在它们相会的第一阶段,这两大体系是怎样达成一个良好的相互理解的。……就像兄长对待兄弟一样,而且在他们发生争执和最后分道扬镳之前,他们手携手走了很长一段路程。①

从徐梵澄归国后出版的英文版《肇论》(汉译英)中,我们可以看出,在奥罗宾多学院,徐先生由佛教的理论开始着手介绍中国古代哲学理论。中国的道教理论在印度早有流传,以徐梵澄学贯中、印哲学的卓越学识,他一定在与印度哲学的对比中教授了中国哲学的精义,并引起了院友们的讨论。这可谓是中国传统哲学在印度传播的实例之一。

除教授佛教理论课外,徐梵澄还曾教授中国绘画史课程。教课之余,他自己也作画。徐梵澄所作的山水画,至今仍保存在奥罗宾多学院中,因此,可以说,徐梵澄对中国绘画艺术在印度的传播也有贡献。

徐梵澄以此类方式在印度传播中国文化的活动还有一件,即在奥罗宾多学院诞辰 81 周年之际,徐梵澄应院母要求,在奥罗宾多学院办了一个"中国历史文物图片展览",介绍自己的祖国和文化。徐梵澄用五个部分进行展览,分别是建筑与石窟艺术、礼器与宫廷文物、造纸与印刷技术、陶瓷与烧制工艺、文字与绘画书法。这五个部分概括了中华文化的精要,以文化的具象形式与抽象理论相结合的方式,向参观展览的人展示了中华文化的灿烂。徐梵澄的展览取得了学院院友的高度评价:"人们对这个高高瘦瘦的中年华人有了进一步的理解和尊重。因为他们

---

① 徐梵澄:《肇论·序》(英文),载《古典重温——徐梵澄随笔》。

知道他背后有一个古老的民族和灿烂的文化。"①为了让院友进一步深入了解中国文化,他还开设了"中国的传统文化""儒学的微言与大义"等讲座,介绍了中国人的文化心理以及中国的儒学、道学,中国古代的圣人孔子、孟子以及老子。

在徐梵澄带回国的旧稿中,有从鲁迅《唐宋传奇集》和《古小说钩沉》中选取的若干故事的英译稿件,但这部分稿件未在印度发表,徐梵澄可能在授课过程中,对中国小说有所涉及才会想到将这些作品译作英文。有关徐梵澄在印度教授中国文化的课程造成的更深入的影响与传播,囿于资料的限制,未能有更多信息。但在奥罗宾多学院听徐梵澄讲课的学生,不仅包括学院的院友,还有其他学校的学生以及短期访问的学者,从奥罗宾多学院当时在印度学术研究领域的地位与影响力来看,不难想象中国文化通过徐先生在印度南部得到的关注与影响。

第二,著书立说。将中国文化经典翻译成英文加以推广,是通过徐梵澄在印度实现的有据可考的文化传播事件。徐梵澄在学院的讲座使得希望进一步了解中国历史文化的院友多了起来。他也开始有步骤地向印度乃至西方介绍并传播中国学术精华,按照计划,他打算用英文写出或译出五部著作,依次为《小学菁华》《孔学古微》《周子通书》《肇论》和《唯识菁华》。虽经中印战争的波折徐梵澄的翻译计划受到影响,但在他孜孜不倦的努力下,他的翻译工作逐渐完成。1966年,他以英文写成《孔学古微》,介绍中国文化慧命的来源,一出版即在南亚、东南亚、欧美受到欢迎,一售而空;1976年,一度遭到中断的字典工作重新受到重视,英文版《小学菁华》得以出版。《小学菁华》引领外国人步入中华文字词源学的门径,一经出版,便销售一空;1978年,在徐梵澄归国之前,英译《周子通书》也得以在印度出版,这本书让读者了解中国新儒学的复兴及其对中国近代社会的影响。徐梵澄的另两部译作,因故未能在印度出版,1978年回国后,他整理旧稿完成心愿,于1987年出版英文版《肇论》、1990年出版《唯识菁华》,让更多人了解到佛教是如何与道家相结合并根植中土,中国僧人带回来的印度佛学理论是如何成为中华文化的组成部分并充实丰富的。

在人类历史骤急的进步中,传统有时候会被打断,于是,那些圣人(大学者)们,就把它重新接续起来,并使它"恒常"一贯,因为,这传统是一个民族

---

① 孙波:《徐梵澄传》,北京:社会科学文献出版社,2009年,第230页。

文化生命的源头活水。①

这是在英文《唯识菁华·序》里徐梵澄所传达的思想。正是这种对传统的珍视,对中华文化传统的维护,使徐梵澄为近代以来中国文化在南亚的传播做出了切实的贡献。作为精通中国传统文化的大贤大德,徐梵澄自身在印度的生活以及他与印度学者及普通大众的交流,也成为印度人了解中国人及中国传统文化的窗口。

第三节　陶行知与徐悲鸿等赴印学者与中国文化在南亚

中华人民共和国成立之前,经由国民政府派遣或自费前往,以谭云山的印度国际大学中国学院为落脚点访问印度并向印度介绍中国的访印学者,除以上所提到的徐梵澄外,还有一大批学识渊博之人。他们中有些人,在印度国际大学学习或停留之后,还继续留在印度授课,从事与中国文化传播相关的工作。这其中,以陶行知、徐悲鸿等为例,他们对中国文化在印度的传播也做出了特殊的贡献。

一、陶行知与中国教育向南亚的介绍

陶行知是我国著名的教育家和社会活动家,他提倡平民教育、乡村教育,主张教育面向人民大众,并身体力行,创办系列教学实验基地,因而受到民众欢迎与爱戴。20 世纪 30 年代,陶行知曾两度访问印度,一次为 1936 年,一次为 1938 年。陶行知是以国民外交使者的身份访问印度的,他访问印度的初衷,从他自己的记述中可知,一方面"我访问你们伟大的国家的目的是学习。我希望向你们的农民们、你们的工人们、你们的教师们以及你们伟大的领袖们学习一些新的事物"②。另一方面则是"向贵国人民介绍中国的情况"③。陶行知两次访问印度时间均不

---

① 张西平:《声尘寂寞系恒常》,《弘誓》2007 年 4 月第 86 期。
② 林承节:《中印人民友好关系史:1851—1949》,北京:北京大学出版社,1993 年,第 244 页。
③ 林承节:《中印人民友好关系史:1851—1949》,北京:北京大学出版社,1993 年,第 244 页。

长,但是他与甘地等人的交流、他对当时中国教育运动的介绍却引起了印度的关注。1938 年访问印度之后,他用英文写成的《中国的大众教育运动》的文章,发表在甘地创办的《哈里真》杂志上,这篇文章被林承节先生评价为:

> 印度民族主义报刊第一次发表来自中国民族主义活动家的介绍中国斗争经验的文章。他的"向印度介绍中国"的访印初衷得到进一步实现。①

在印度收集材料的过程中,笔者发现一些印度杂志翻译了不少有关中国教育方面的文章。印度对中国教育情况的关注,也许其研究传统就来自这一时期。

二、徐悲鸿等与中国绘画艺术在印度

中国文化在南亚的传播过程中,徐悲鸿介绍给印度的主要是中国的绘画艺术。早在泰戈尔 1924 年访华之前,徐悲鸿就是有名的画家,1939 年,徐悲鸿受泰戈尔邀请,于当年冬季到达印度,在印度国际大学讲学作画。他在印度国际大学期间,在圣蒂尼克坦与加尔各答两地举办中国近代画展,并创作了油画《印度牛》和素描《印度人像》等,还为泰戈尔、甘地等印度圣人画像,画作受到泰戈尔的赞赏。徐悲鸿在印度期间,除给印度国际大学美术学院的学生讲课外,还不断宣传抗日,为许多学生及民间艺人画速写。在印度期间,他所画的中国画、油画、素描等共约 50 幅,并与泰戈尔结下了深厚的友谊,至今在泰戈尔故居的墙上仍然挂着他为泰戈尔所画的一匹马。徐悲鸿在印度完成的代表作《群马》至今仍是印度绘画学生讨论的中国画典范。其巨幅画作《愚公移山》也是在印度期间完成的,这幅画是根据我国古代寓言创作的,不仅表达了他对中华民族抗战必胜的坚定信念,也将中国文化通过画作传达给了印度人。徐悲鸿在印度绘画界的影响至今仍为人称道,正如泰戈尔在给徐悲鸿的画展前言中所写的那样:"美的语言是人类共同的语言,而其音调毕竟是多种多样的。中国艺术大师徐悲鸿在有韵律的线条和色彩中,为我们提供一个在记忆中已消失的远古景象,而无损于他自己经验里所具有的地方色彩和独特风格。"徐悲鸿与印度画家、艺术家的深厚友谊,他们之间的交流,一定会让中国绘画的灵感与风格渗透到印度艺术家的创作中。

---

① 林承节:《中印人民友好关系史:1851—1949》,北京:北京大学出版社,1993 年,第 254 页。

与徐悲鸿一样，身为艺术家并访问印度，在印度讲学的还有常任侠与游云山等。常任侠是著名艺术考古学家、东方艺术史研究专家，1945 年曾应邀在印度国际大学讲授中国艺术考古、中国文化史等课程。他前往印度时，带去一些汉画拓片和照片作为授课资料，深受欢迎。常任侠在印度教授中国文化艺术课程期间，与许多印度学者交往颇深，印度友人为他作的线描，至今仍被珍藏在印度。1948 年，他离开印度国际大学到加尔各答为华胞办报、教学，直到回国。回国后仍从事中印艺术研究，他所发表的《中印艺术因缘》《海上丝绸之路与文化交流》等著作，其有关佛教与中国绘画的文章，探讨中国与印度的艺术文化关系，也是研究中国文化在南亚的重要资料。游云山是著名画家高剑父的弟子，她曾任教于印度国际大学，而后随徐梵澄前往奥罗宾多学院，在那里作画并教授一段时间的绘画史。游云山在印授课期间，向印度学者介绍中国画与西洋画的不同之处，通过举办画展，让岭南画派为印度人所知晓。

三、早期中文教学在印度

　　除印度国际大学中国学院外，印度早期中文教学也在赴印留学的中国学者的帮助下得以推广。20 世纪 40 年代末 50 年代初，曾留在印度从事文化宣传工作的中国学院第一位中国留学生巴宙，经谭云山推荐前往阿拉哈巴德大学开设中文课程。之后，还有中国留学生周祥光及其夫人也在谭先生的推荐下前往这所大学教授中文。周祥光还用英文写过一部《中国佛教史》（1953，阿拉哈巴德），在印度学术界很有影响。其他在印度教授中文的中国学者还有杨允云、薛雷等，他们均是 20 世纪 40 年代到印度留学，并先后留在印度教授中文的中国学者，他们对中国文化在印度的传播均做出了贡献。

第四节　以季羡林为代表的当代中国学者与中国文化在南亚

中华人民共和国成立之后,单纯由学者推动的文化交流已经不再是中印交流的主流。随着中印正式建立外交关系,自 20 世纪 50 年代起,中印之间掀起了文化交流的高潮,各种文化交流活动频繁举办。中国文化在印度传播的形式不再单纯依赖个别学者的力量,而是分散到政府或民间进行的政治、经济、科技、文学艺术等各领域的文化交流活动中。其中,以中印友好交流协会与印中友好交流协会分别成立为标志,各种形式的文化代表团不断进行互访,外宣部门也纷纷组织有关中国文化读本的翻译,创办让外部世界了解中国的杂志,面向南亚国家宣传新中国的实际状况,介绍中国的社会主义建设经验等。这些成为当代中国文化在印度传播的主要内容和途径。

中华人民共和国成立后,中国的印度学研究在当代学者的推动下达到高潮。伴随着中印两国关系自亲密无间到产生隔阂到再度恢复等一系列的发展变化,当代研究南亚的中国学者,其学术研究的注意力主要集中在对印度的文学、哲学、社会文化等作品的译介上,同时也兼顾对中印关系以及国际形势的分析。在中国印度学蓬勃发展之际,向南亚介绍中国在学者们的学术研究中并未占重要地位。

但是,当代中国学者对印度的研究,特别是关于中印文化关系的研究,对中国文化在南亚的传播具有重要意义。这其中,特别要提到的是季羡林。

季羡林是国学大师,同时更是一位真正的印度学专家。他 1930 年考入清华大学西洋文学系主修德文,1935 年留学德国在哥廷根大学主修印度学,学习梵文、巴利文等印度古代语言及吐火罗文,在国外发表多篇文章并获哲学博士学位。1946 年,季羡林回国,受聘于北京大学并新建东方语言文学系。季羡林的学术研究范围广泛,他在《学海泛槎》一书中将自己的学术研究范围总结为 14 项,其中包括中外文化交流与中印文化交流。季羡林非常重视中外文化交流,特别是中印文化交流史的研究,他的全部学术成果始终贯穿中外文化交流的主题。作为公认的学界领袖,季羡林一生著述丰富,对中国的学术研究贡献巨大。对季羡林的学术研究成就,许多学者进行了归纳整理与评价。在此,我们仅从中国文化在南亚的角度,回顾季羡林的影响与贡献。他对中国文化在南亚传播的意义,具体体现在:

其一,提出东西方文化差异以及文化变迁的重要理论。从历史宏观角度为东方文化之间的互相交流、中国文化向外传播的必然性寻找了理论依据,也指明了方向。既然研究中外文化交流为其重要学术志趣,那么季先生自然十分重视考察中国文化与其他文化的关系,研究中国文化在世界文明谱系中的地位。对此,他提出了著名的"河东河西"论。在长期研究中印文化交流的基础上,季羡林将人类文化分为四个体系:中国文化体系,印度文化体系,阿拉伯伊斯兰文化体系,自古希腊、古罗马至今的欧美文化体系。他认为:

> 再扩而大之,全人类文化又可以分为两大文化体系:前三者共同组成东方文化体系,后一者为西方文化体系。人类并没有创造出第三个大文化体系。①

在他看来,"上下五千年,纵横十万里,东西文化的变迁是'三十年河东,三十年河西'"②。在这种文化变迁的理论下,他认为东方文化应该"提倡'送去主义',而且应该定为重点"③。他认为我们应该送出东方文化的精华。为实现这一目标,必须首先自我认知,了解学习我们自己的文化。季羡林的这种东西方文化变迁的理论,既是为东方民族的振兴和东方文化的复兴呐喊,又是对长期以来统治世界的"欧洲中心主义"的积极反驳。他有关东方文化、中国文化的这种认知,正是当代中国文化所不自知的方面,对中国文化的向外传播而言,其意义不言自明。

其二,他以实际的研究著述,证明中国文化在南亚传播的事实,否认了"文化影响单向性"的观点。综观季羡林的论述,有许多研究是直接与中国文化的对外交流相关的,如《中印文化关系史论文集》《中印文化交流简论》《中印文化交流史》等有关中印文化交流的著作。季羡林对中印文化文明交流史的整理,特别是对中国古代中印物质、精神文明交流内容的整理,让我们得以窥见中国文化在印

---

① 薛克翘:《中国印度文化交流史》总序,北京:昆仑出版社,2008年,第5页。
② 薛克翘:《中国印度文化交流史》总序,北京:昆仑出版社,2008年,第7页。
③ 薛克翘:《中国印度文化交流史》总序,北京:昆仑出版社,2008年,第10页。

度传播的源头与脉络,而不至于简单地误信中印之间文化交流只存在单向交流的结论。他的《中国纸和造纸法输入印度的时间和地点问题》《中国蚕丝输入印度问题的初步研究》等文,以及他的著作《糖史》,为中国文化在印度的传播找到源头及证据,同时也说明中印文化"互相学习,各有创新,交光互影,相互渗透"的事实。季羡林的这些学术成就,一方面是中国文化在南亚的具体研究成果;另一方面,以季羡林在中印两国学术界的巨大影响,在学术研究与交流中,他的这些论述常为印度学者所引述,也进一步促进了南亚对中国文化以及中印文化关系的认知。

除季羡林外,当代印度学研究的一些其他学者,其同类作品同样对中国文化在南亚的传播卓有贡献。如金克木的《中印人民友谊史话》(1957)、《印度文化论集》中的"印度的绘画六支和中国的绘画六法"等。林承节的《中印人民友好关系史:1851—1949》中有关中国文化在南亚的内容。此外,一批关于丝绸之路、敦煌学等研究中印文化交流及文化关系的著作文章,虽然均属于中国的印度学范畴,但同时也是对中印文化交流史的整理与分析,其中,有许多涉及中国文化在南亚传播与流传的内容,也可以算是对中国传统文化的弘扬与肯定。

进入 21 世纪之后,随着中国综合国力的提高,国际上的"中国形象"、中国文化在域外的传播和影响等课题越来越受到重视,以汉语传播为主导的孔子学院式文化宣传方式,在当代学者们的推动下,逐步在南亚国家建立并发展起来。文化的交流与传播是自然而然产生的,对于中国文化的域外传播,近现代乃至当代的学者从未将其视为须"强力而为"的事业,但是,文化的碰撞与交流却一直在学者们的推动下不断上演。近代以来中国学者对中华文化传统的珍视,使他们在文化交流的过程中自然而然地传达了中国文化的某些因素。与此同时,他们本身也是中华文化的代表与缩影,在文化交流的过程中,他们自身也是中国文化在南亚传播的一部分。

第五节　中国的南亚研究对中国文化在南亚传播的意义

综观中国学者在中国文化向南亚输出过程中的贡献,可以发现,中国学者主导下中国文化在南亚的传播,大多是从对南亚文化的研究开始的。学术研究成为文化传播最直接的方式,中国的南亚研究对中国文化在南亚的传播可谓功不可没。

自民主革命时期的睁眼看世界,到20世纪20年代至40年代的印度学研究热潮,近代以来中国学者对南亚的关注,再到当代中印互派留学生及南亚研究的辉煌。薛克翘在《中国印度文化交流史》中对中国的印度学研究进行了非常详细的介绍,从中我们知道:中华人民共和国成立前,从梁启超、鲁迅等人开始,中国学者发表的有关印度学研究的著作及文章已达数百种,内容涉及佛学、文学等各个方面;1942年中国云南设立东方语文专科学校,中国的大学中设置第一个印度学的专业;随后,北京大学开设梵文、巴利文课程,建立东语系。中华人民共和国成立后,在北京大学、中国科学院的主导下,中国印度学的研究队伍不断发展壮大,并在20世纪70年代达到辉煌时期,在宗教哲学、历史文化、文学艺术、社会民俗、语言等各个方面,都有许多重要的著作或译作出版。中国的南亚研究在将南亚文化介绍给国人的同时,也使中国文化呈现在南亚人民的视野之中。在中国有关南亚的研究成果中,比较、文化关系等词汇频繁出现。可以说,中国学者在研究南亚文化的同时,抱着一种"文化比较与文化关系追寻"的心态,一直将自身的文化与其对比。他们在研究南亚文化的同时,也在向南亚介绍中国。这种研究视角与特点,一方面与中国学者自身渊博的传统文化知识有关,另一方面源于中国文化与南亚文化之间不可忽视的文化渊源关系。作为站在文化交流最前沿的人,中国的南亚研究者的学术素养、学术心态与学术视角,对中国文化在南亚的传播意义重大。

第四章

南亚对中国的关注与中国文化在南亚的接受

如前所述,中国文化在南亚的传播与影响,从文化主体中国方面来讲,是随着中国向外探索的脚步而开始的。20世纪以来我们对自己文化的认知与对外宣传的态度是促进中国文化在南亚传播的动力之一。一代中国学者在文化交流过程中对中国文化的弘扬是中国文化向南亚传播的主要渠道。但除文化本身主动地向外传播这一因素外,中国文化在海外为何被接受?如何被接受?其传播与影响的范围与深度如何?这些问题则需要对文化的接受对象进行考察之后方可回答。近代以来南亚对中国文化的关注、接受、研究与传播态度,是影响中国文化在南亚传播状态的另一个最重要因素。由于资料的限制以及广泛意义上印度与南亚在地域概念上的接近,对近代以来南亚对中国文化关注的考察,以考察印度共和国的情况为主。

第一节　近代以来不同历史阶段南亚对中国文化的关注

以1757年普拉西战役为起始,至1947年印度取得民族独立之前,南亚次大陆大部分地区一直处于英国殖民统治之下。殖民统治时期的印度与中国之间的联系,更多体现在英国殖民统治者的经济活动中。殖民统治者为了牟取暴利,将大量的印度鸦片输往中国,向中国倾销印度棉花、小麦和黄麻。与此同时,为满足殖民统治者在印度的生活需要,中国的生丝、瓷器、茶叶、冰糖、樟脑、纸、土布等货品也被运到印度。在茶叶种植技术方面,"1848—1851 年,1853—1856 年,东印度公司又连续派一个叫罗伯特·福琼①的人到中国来。此人先后到浙江、安徽、福建和江西的各个茶区搜罗茶树良种,并招聘精于制茶的巧匠,准备在印度种植我国的优良茶种"②。除却物质技术方面的交流,在英国殖民统治时期,印度人民与中国人民之间的文化交流几乎没有记录,两大民族之间的文化联系因外来的殖民统治而中断。

近代以来,完全以一个印度人的眼光来观察中国并关注中国社会与文化事件,是从一位名叫戈塔塔尔·辛格(Thakur Gadhadhar Singh)的印度士兵开始的。1900 年,义和团运动爆发,辛格作为一名普通下士被英国殖民当局派往中国参与镇压义和团运动,他将耳闻目睹的帝国主义侵华暴行和中国人的惨状,用印地语写成日记,回印度后以《在中国的十三个月》为名发表。辛格的日记在印度国内外引起了巨大的反响,他以一名普通印度人的视角如实反映了当时中国社会的现实,他在日记中写道:

> 我们的心总是安不下来,因为到底我们是来和这些中国人作战了。但是……一看到他们的肤色和我们差不多,心里就有一种情感油然而生。中国人民是信佛教的,和印度人信的是同一种宗教。我们同是亚洲大陆的居民,所以中国人也还是我们的邻人呢,他们的肤色、风俗、礼貌和我们的也没有很大差别,为什么神要降这样的灾难到他们身上呢?难道我们不是应该去帮助他们吗?③

辛格的追问,打破当时以英国殖民当局为首的西方人对中华文明的歪曲与丑化,表达了印度人民对中国人的同情,是近代以来中国文化首次以真实面貌受到印度人关注的例证。

---

① Robert Fortune,由英国皇家园艺协会派遣,在 1839—1860 年中曾四次来华调查及引种,运走数万茶树种子及树苗,同时带走 6 名中国制茶专家到印度的加尔各答。他将其在中国的经历写了四本书:《漫游华北三年》《在茶叶的故乡——中国的旅游》《居住在中国人之间》《益都和北京》。
② 郁龙余:《中印栽培植物交流略谈》,《南亚研究》1983 年第 2 期。
③ 林承节:《中印人民友好关系史:1851—1949》,北京:北京大学出版社,1993 年,第 52 页。

近代以来南亚对中国文化的关注,是伴随着印度民族独立运动的兴起而开始的。两个有着数千年交流史的文化,在寻求民族独立复兴的过程中互相吸引。19世纪末,随着印度资产阶级走上政治舞台,印度民族独立运动兴起。在争取民族独立的过程中,斗争的艰难使印度民族主义者中的有识之士产生了团结亚洲人民共同反对欧洲列强侵略压迫的想法。在这种情况下,印度民族主义者开始关注中国,关心中国的命运和前途。在关注中国的同时,一些有识之士对中国文化形成了初步的认识。印度独立前关注中国文化的有识之士,可以分为三类:第一类以政治家、活动家为代表,如尼赫鲁、甘地等人,他们虽未曾到过中国,但却从关注中国命运的角度出发,考察中国当时的革命运动与人民的精神面貌,并从亚洲文明的角度肯定中国文化;第二类以哲学家、社会改革家为代表,如辨喜等,他们曾到过中国,通过自身对中国社会的考察,真实记录中国文明的现实状况,并对中国文化的发展做出睿智的判断;第三类以中国学研究的学者为代表,如泰戈尔、师觉月等,他们从文化比较的角度,对中印文明间的相似性进行考察研究,从文化的亲缘性上来呼应并支持亚洲共同团结反对外辱的政治思潮。印度民族独立运动时期的名人志士们所发表的一些关于中国文化的认知和观点,是近代以来南亚对中国文化关注的早期记载。

印度民族独立运动时期,除政治与文化领域内的知名人士外,印度的一些外交官员对中国文化的关注与介绍,也为印度人民了解中国及中国文化做出了贡献。其中影响较大的属外交官在中国任职期间所写的游记,如拉塔克里希南(Sarvalli Radhakrishnan)和K.P.S.梅农(K.P.S.Menon),他们有关中国的记载均在印度独立后以回忆录形式出版,这些珍贵的资料成为印度人民了解中国的重要途径。

此外,印度独立前,在同情中国抗日战争的运动高潮下,由印度国大党组织编写并出版的小册子《印度论中国》,作为独立前印度对中国关注的重要文献,集中体现了这一时期印度对中国(不是中国文化)关注的主要内容与特点。这本《印度论中国》的小册子是国大党第一部关于中国问题的专著,其中分八章,分别是"国大党主席关于中国的谈话""在中国的轰炸""中日战争""华北危急""日本需要中国""中国在改变中""中国的团结"和"中国编年史"。该书集中体现了国大党对中国问题的看法,为印度人民了解中国提供了更为具体化的资料。

在抗日战争时期,由印度国大党组织派往中国的援华医疗队,体现出中印团结,这种行为在中印两国人民之间产生了较大影响。援华医疗队在中国的经历,通过他们与家人的通信、日记或回忆录形式介绍给印度人民,也为印度人民熟悉中国文化做出了贡献。不仅如此,援华医疗队作为中印友谊的纽带,在很长的时间里,在恢复中印友好关系、促进中国医学在南亚的传播等方面,仍发挥重要作用。印度援华医疗队事迹在印度深远的影响是近代以来印度人民关注中国文化的例证之一。

1947 年,南亚的民族独立运动取得胜利。在南亚人民艰苦不懈地斗争下,英国殖民主义者放弃了在英属印度的统治,同意印度人民的要求,将印度交由印度人自己统治。1947 年 6 月 3 日,最后一任印度总督路易斯·蒙巴顿(L. Louis Mountbatten)子爵宣布英属印度分割为印度和穆斯林的巴基斯坦。同年 8 月 15 日,印度独立。随后 1948 年 2 月 4 日,斯里兰卡也从英国殖民统治下宣布独立。1971 年 3 月,东巴基斯坦宣布独立,成立孟加拉国。至此,南亚主要国家相继获得独立地位。随着 1947 年印度独立与 1949 年中华人民共和国成立,1950 年中印两国建交并共同参与国际亚非事务,了解、研究中国文化成为印度发展中印两国友好关系的迫切需求。

这一时期,南亚对中国文化的关注除延续有识之士、学者为主导的传统外,政府间的交流与民间交流带来的中国文化传播也逐步发展起来。变化主要体现在两个方面:第一,学术研究中对中国文化研究的程度更为深入;第二,随着政府推动的官方文化交流与民间交流活动规模的不断扩大,南亚对中国文化的关注范围更为广泛。

近代以来特别是印度独立后,南亚对中国文化的关注,在学术研究方面主要体现在向中国派遣留学生学习中国文化、设立中国文化教学研究机构以及扩展对中国文化研究的领域等几个方面。如前面所提到的,1942 年尼赫鲁访问中国之后,中印之间就开始了互派留学生的文化交流活动。1943 年 3 月至 4 月,由国民政府教育部政务次长顾毓琇率领的中国教育文化访问团访问印度,此次访问受到印度教育界人士的热烈欢迎。双方商定互设留学生奖金,互相派遣留学生去对方国家留学。1943 年 11 月,首批来华印度留学生 9 人到达中国。印度独立后,南亚各国重视对中国文化的研究,特别是印度,继续保持向中国派遣留学生的传统,1947 年又以公费派遣 7 名硕士、3 名大学助教来中国学习艺术、史地、哲学。这些留学生分别就读于北京大学、燕京大学、清华大学、南开大学等,还有3名师从徐悲鸿学习中国国画。1948年,印度政府又派遣一批留学生来中国。印度独立后,中印之间互派留学生的协议得到很好的执行,学者之间的学习交流一直延续到20世纪50年代末60年代初中印交恶时止。20世纪60年代中印战争之后,印度向中国派遣留学生的活动暂时中止,但随着1976年中印两国恢复大使级外交关系和1978年教育领域的交往解冻,中印之间交换了关系正常化之后的首批留学生,印度学者又开始到中国学习。来中国留学的学者学成回国之后,大多数继续进行中印文化交流的工作,成为印度研究中国文化的主要力量,促进了中国文化在印度的传播。

印度设立中国文化教学机构,是与早期印度知名人士关注中国文化同步的。1918年,加尔各答大学开设了中国语言和文学课程。这是印度较早的中国文化教学与研究机构。随着1937年圣蒂尼克坦印度国际大学中国学院的建立,印度国际大学成为中国文化研究的主要基地。20世纪30年代,新德里设立了印度国际文化研究院,也开始研究中国文化和印中关系。此外,还有浦那的费尔古森学院的中国学研究中心。印度独立后,出于中印友好交流的需要,印度的中国文化基地从印度国际大学中国学院开始向更多的机构扩展。一些大学开始开设中文课程,如阿拉哈巴德大学、印度国防学院、瓦拉纳西印度大学等。1962年之后,由于中印关系急转直下,印度学者来中国学习中断,但是从战略需要的角度,中国文化研究机构的数目不减反增:1964年,在美国福特基金会提供的资助下,一些从美国、德国等地学习归来的中国学研究学者回到印度,在谭中及夫人的组织下,开始了中文的教学与中国文化的研究,德里大学成立中国研究中心,后发展成为现在的德里大学东亚系;1969年,由尼赫鲁大学、德里大学以及其他研究机构的中国学研究学者发起并组成的论坛成立,这便是现在中国研究所的前身。中国研究所是印度中国文化研究的又一重要基地。此外,尼赫鲁大学东亚研究中心、语言文学学院也开始了汉语教学与中国文化研究的工作。据薛克翘在《中国印度文化交流史》中的统计,截至2000年,印度开设汉语课程的大学就有15所之多[1]。近年来,印度更是掀起中文学习的热潮,不仅已有的教学研究机构中的中文教学与

---

[1] 薛克翘:《中国印度文化交流史》,北京:昆仑出版社,2008年,第562页。

中国文化研究的规模有所扩大,许多高中甚至小学均计划将中文以及中国文化学习列入到课程表中。有关印度的中国学研究机构及其具体活动及成果,将在下章中单独介绍。

  印度独立前,中印两国忙于各自的民族解放与独立斗争,官方或民间的文化交流活动真正意义上讲是在党派、知识分子之间进行的,规模有限。印度独立后,中国与南亚之间的交流迅速增多,特别是20世纪50年代,可谓盛况空前。印度领导人高度重视双方的文化交流活动。1953年,印中友好协会成立,成为印度政府组织对中国文化交流活动的主要平台。印度文化代表团、印度艺术代表团分别于1952年、1953年访问中国。中国文化代表团也应邀访问印度,受到总理或总统的高规格接待,体现了官方对文化交流活动的重视。1951年,印度举办中国文化艺术展览,受到印度人民的热烈欢迎,取得较好效果。1955年,新德里举办中国电影周。据学者统计,1950年到1958年间,中印之间在体育、教育、摄影、电影、法律、宗教等领域的文化交流活动达40多起①。20世纪60年代中印之间的官方文化交流活动因战争而中止。随着20世纪70年代末期中印关系的升温,民间交流成为消除中印误解的主要渠道,中印文化交流活动逐渐恢复。20世纪80年代,中印文化交流进入平稳发展时期。1988年,印度政府文化代表团访问中国,两国政府签订第一个文化合作协定,同年12月,印度总理拉吉夫·甘地访华,正式与中国政府签署了1988—1989—1990年文化交流与合作执行计划。据朱占府先生在《中印文化交流40年回顾——祝贺中印建交40周年》中统计,20世纪80年代官方和民间进行的重要文化交流活动,1980年有10起,1981年18起,1982年23起,1983年21起,1984年30起,1985年40起,1986年30起,到1988年底,各种文化交流项目和文化活动达到196起。中印文化交流在20世纪80年代迅速发展,为印度人民了解中国文化提供了丰富的形式与内容。20世纪90年代之后,中印两国间高层互访不断,文化交流继续发展,主要活动有1992年到1993年在印度举办的中国文化节。中国文化节期间,中国的绘画、书法、话剧、手工艺、杂技等文化艺术形式在印度受到欢迎。进入新世纪之后,中印文化交流的形式更加多样。印

---

① 朱占府:《中印文化交流40年回顾——祝贺中印建交40周年》,《南亚研究》1990年第2期,第81页。

度官方对中国文化的宣传也保持非常积极的态度,自 2001—2012 年,印度一些重要的邦、大学等机构主办的"中国文化周""中国文化年""中国文化月"等活动几乎每年都有。印中友好协会、印度对外文化关系委员会等文化交流机构与中国驻印使馆一起,通过举行"中印友好年""中印旅游年""中印文化年"等各类活动,以艺术品图片展览、艺术表演、电影等多种形式向印度人民展示了灿烂的中华文明。官方的交流同时促进了民间交流的发展,两国人民之间往来频繁,记者、商人、演员、往来学生等印度人以自己的方式,记录他们在中国的感受与体悟,并介绍给本国人民。在这个过程中,现代中国的经济发展,中国人的日常生活状态,中国的传统文化如扇子舞、书法、饮食、气功、武术、杂技等逐渐被越来越多的印度人民知晓。

第二节　南亚名人对中国文化的关注与传播

如前所述,在印度独立前,中印之间的互相了解从民族主义者或知名人士对中国文化的关注开始。尽管早期阶段,他们对中国文化的关注或仅仅停留在对中国革命运动的考察或评价上,或仅体现在对中华文明的悠久历史的颂扬以及对东方文明必将重新复兴的希冀中。但是,他们的言论中不可避免地论及中国文化。这些言论或只言片语,或长篇大论,从文化传播的角度来看,都为近代中国文化在南亚的传播提供了基础,具有考察的价值。

一、甘地对中国文化的关注

圣雄甘地(1869—1948)被称为印度的"国父",他以非暴力的方式领导了印度民族解放运动。作为印度杰出的政治领袖,甘地对中国及中国文化始终有浓厚的兴趣。早在 20 世纪初,甘地还在南非做律师时,就接触到了中国人,并对中国人留下了深刻印象。1942 年,他在给蒋介石的信中提到了这段经历并描述了自己对中国人的初步印象。他在信中说道:

很早以前,1905 年到 1913 年间,当我在南非时,我就和住在约翰内斯堡的不大的中国侨民群体有经常的接触。他们开始是我的主顾,以后成了南非印度人开展消极抵抗斗争的同志。我逐渐了解他们……羡慕他们的俭朴、勤勉、智慧和团结。①

在南非期间,甘地除关心中国侨民外,还十分关心南非华工的处境,利用律师的身份,为华工争取权利。

甘地回国后,也十分关注中国局势的变化,关心中国的进步。他在多个场合撰文介绍中国当时的革命现状,如 1905 年 5 月 26 日他写的《中国的变化》一文,同年 12 月 30 日写的《中国的觉醒》一文,在两篇文章中,他从清政府实行的"新政",到革命派与改良派的传播民主自由思想等活动,再到中国人民抵制美货的运动,列举了中国的一系列变化。尽管作为一个外国人,甘地对 20 世纪初中国社会所发生的变革以及其中的矛盾与斗争未形成非常细致的考察和认识,但是他将这些变化称为"中国的觉醒",肯定了中国人民追求进步的活动。

除关心中国进步外,甘地还同情中国反帝爱国运动,他十分赞赏中国人民在与帝国主义斗争中所表现出的团结精神。1905 年 9 月 30 日,他在《中国人和美国人》一文中说道:

一个明显的事实是,团结就是力量,团结就是胜利。……中国人的力量虽然软弱,由于团结已变得强大起来。②

在中国革命运动逐步走向高潮的时期,1925 年,他发表了题为《中国的命运》的文章,谴责英国统治者利用印度士兵屠杀中国人民的这种用亚洲人打亚洲人的伎俩。在抗日战争时期,甘地也旗帜鲜明地反对日本侵略中国。1931 年,日本侵占中国东北,他于 1932 年给友人的信中说:"说到日本和中国,我们的同情必然是在中国方面。"③1938 年,他支持印度援华医疗队来华,并称他们为"快乐天使",希望他们一直在中国工作到战争结束。④ 此外,甘地对中国的平民教育运动也极为关注,1938 年,著名教育家陶行知访问印度拜会甘地时,向他介绍了中国开展

---

① 林承节:《中印人民友好关系史:1851—1949》,北京:北京大学出版社,1993 年,第 304 页。
② 林承节:《中印人民友好关系史:1851—1949》,北京:北京大学出版社,1993 年,第 307 页。
③ 林承节:《中印人民友好关系史:1851—1949》,北京:北京大学出版社,1993 年,第 312 页。
④ 林承节:《中印人民友好关系史:1851—1949》,北京:北京大学出版社,1993 年,第 312 页。

大众教育的情况。甘地认真听取陶行知的介绍,并要求陶行知写一篇文章给他。随后,一篇名为《中国的大众教育运动》的英文文章即在甘地主编的《哈里真》刊物上发表。甘地认为中国的大众教育经验有助于指导印度推行教育改革,并亲自为这篇文章写按语,向印度人民推荐。

甘地对中国文化在印度传播的意义,更重要地体现在他对中印文化交流的关心与支持方面。自谭云山1928年前往印度教授中文始,直到1937年印度国际大学中国学院成立,谭云山在印度为中印文化交流以及中国文化在印度的研究、传播所做的努力,始终得到甘地的支持。甘地希望谭云山使中印"在文化方面多多交流,以求增进两民族间更多的了解"①。1937年,中国学院落成典礼之际,甘地给泰戈尔、谭云山分别发去了热情洋溢的贺信,他在给谭云山的信中说:"我们两国需要文化交流。你的努力是有价值的,祝它结出硕果。"②我国著名画家徐悲鸿在印度国际大学访问时,还在甘地的支持下于圣蒂尼克坦、加尔各答两地举行了画展。甘地曾经会见过很多中国人,其中有两位中国青年学生——魏风江和曾圣提,都曾跟随在甘地身边生活过一段时间。魏风江回忆说:"甘地对中国是那样关心,一见面就问了许多中国的事情。"③而曾圣提也在回忆时说道:"先生一有空闲,就同我谈起中国和印度的历史、社会和风俗。"④可见甘地对中国文化十分关切。

尽管未曾到过中国,但是甘地对中国人民的友好感情始终如一,他客观上推动了印度社会对中国的了解,促进了中国文化与印度文化的交流。

二、尼赫鲁对中国文化的认识

贾瓦哈拉尔·尼赫鲁(1889—1964)是印度独立运动的领袖,也是印度独立后的第一任总理。作为国家主要领导者,尼赫鲁对中国文化有深厚的了解。他曾先后写过有关中国革命的多篇文章,还在他的著作《印度的发现》一书中专门论述

---

① 林承节:《中印人民友好关系史:1851—1949》,北京:北京大学出版社,1993年,第320页。
② 林承节:《中印人民友好关系史:1851—1949》,北京:北京大学出版社,1993年,第320页。
③ 林承节:《中印人民友好关系史:1851—1949》,北京:北京大学出版社,1993年,第322页。
④ 林承节:《中印人民友好关系史:1851—1949》,北京:北京大学出版社,1993年,第321页。

了中国文化、中印文化关系发展的必要性、影响中印文化交流的因素等问题。近代印度的中国学研究,特别是关于外交政策和国家安全方面的研究,很大程度上是在尼赫鲁的推动下展开的。

尼赫鲁对中国文化有深刻的认识。第一次世界大战前后,亚洲团结的思想在印度产生并不断发展,同甘地一样,尼赫鲁也是这一思想的支持者,并且他对世界形势以及被压迫民族之间的团结认识更为深刻,他认为"各国人民的接触有助于彼此更好地了解和紧密合作,从而使他们的胜利更加临近"①。不仅如此,由于在欧洲有较多机会了解各国进步人士对中国的看法,尼赫鲁本人对中国的国情有较为深入的了解,对中国的革命意义以及革命形势有更为深刻的论断,他说道:

中国革命不是一个只有地区性利益和重要性的事件,它是一个具有最伟大的历史意义的世界事件。它影响欧洲和亚洲的未来,而受影响最强烈的国家是印度。②

中国正向印度伸出同志之手,我们应紧紧握住它,使我们两国古老的、光荣的联系得以复兴,以保证这两个在很多方面有共同点的伟大国家获得自由与进步。③

可以说,尼赫鲁是近代以来较早且较为深刻地理解中国文化,并认识到中印之间互为影响关系的印度政治家。他的这种认知,使国大党迅速与中国国民党建立合作关系,并在领导民族革命运动过程中接受中国的利用工会、抵制外货等革命经验。尼赫鲁对中国文化的认同深刻影响了中国文化在印度的传播与接受。

尼赫鲁在多篇文章中向印度人民介绍分析了中国革命的情况。蒋介石发动"四一二"政变之后,尼赫鲁凭借对中国国情的透彻了解,意识到中国革命并未取得胜利的事实。1930年到1935年,因领导印度的民族解放运动,尼赫鲁多次被捕。在狱中,尼赫鲁深刻反思印度革命及其与世界革命有关的问题。他在给女儿英迪拉写信的时候,将他对各种问题的思考与看法,以讲述世界历史的形式一一写了出来。这些书信于1938年汇集出版,书名为《世界历史一瞥》。在这本书中,尼赫鲁非常深刻地思考中国革命,并发表了他对中国问题的看法。书中,他不仅

---

① 林承节:《中印人民友好关系史:1851—1949》,北京:北京大学版出社,1993年,第200页。
② 林承节:《中印人民友好关系史:1851—1949》,北京:北京大学出版社,1993年,第200页。
③ 林承节:《中印人民友好关系史:1851—1949》,北京:北京大学出版社,1993年,第200页。

批判蒋介石的不抵抗政策,还论述了"四一二"政变是反革命政变的性质。书中他还怀着钦佩的心情向女儿英迪拉介绍了中国共产党的革命道路,对中国共产党顽强的革命斗争精神以及联合抗日的主张表示赞赏。1938年之后,为支持中国的抗日战争,尼赫鲁发表了一系列文章或讲话,进一步论述印度支持中国抗战的意义,发表的文章包括《印度为什么支持中国》《新中国》等,这些文章和讲话加深了印度人民对中国国情的认识与了解。

尼赫鲁对中国文化的关注不仅体现在其对中国革命运动的关注方面,更体现在其不断促进中印文化交流的努力上。1942年,尼赫鲁访问中国,在重庆会见了国共两党的重要领导和高级干部,同时会见了社会各界名流与代表,其间,他写了一篇《增进中印接触的备忘录》,将全面发展与中国人民的合作的设想具体化,其后,尼赫鲁的设想经过双方的努力落实为《中印合作措施纲要》。这一纲要的主要要点中包括:双方互换教授讲学,互换留学生,交换出版物并互译成中文或印度斯坦文,交换新闻,互派调查、访问团体以及专家调研等。这一纲要是在尼赫鲁《增进中印接触的备忘录》中所提出的设想基础上形成的,是尼赫鲁访问中国最重要的成果。应当说,这是近代以来中国和印度恢复文化交流最重要的指导措施之一。1942年之后,中印之间互派留学生,学者互通有无,印度人民对中国文化的了解与研究自这种文化交流始,逐渐得到恢复与发展。印度国际大学中国学院在建立过程中,也得到尼赫鲁的大力支持,他为中国学院的落成典礼发来贺信,称其为"一个伟大的庆典",其伟大在于"中国学院的建立唤起了对悠久的过去的回忆,伟大还在于,它带来对未来的同志关系的希望,并铸造新的纽带,把中国和印度更加紧密地联系起来",他认为"中印两国应彼此更加接近,加强了解,从过去和现在汲取力量。所有真正的了解必须以了解对方国家的文化和思想背景为基础"。①

因此,尼赫鲁非常支持中国学院发挥文化传播的作用,希望它成为中印两国精粹的会合场所。中华人民共和国成立后,中国学院财政安排遇变,运行一度陷入艰难,为保证中国学院教学工作的正常进行,尼赫鲁让印度国际大学的中国学院纳入大学机构本身的建制中,使得那里的教学研究工作得以继续。尼赫鲁对中

---

① 林承节:《中印人民友好关系史:1851—1949》,北京:北京大学出版社,1993年,第241页。

国学院的支持也为中国学院成为中国文化的宣传基地创造了条件。

尼赫鲁有关中国文化的论述,最著名的体现在他的著作《印度的发现》中。《印度的发现》是尼赫鲁1944年4月至9月期间在亚马那加堡垒监狱囚禁时写成的,是一本回顾印度过去的历史并分析印度正经历的现实的作品,书中设有专门的章节"印度与中国"。在考察印度文明并观照世界文明的同时,中国文明作为尼赫鲁的考察对象,在他的论述中占有重要的地位。在他看来,印度是世界上绝不能扮演二等角色的伟大文明,这种伟大只有中国能够与其相提并论。他说道:

> 印度的文化传统经过五千年的侵占及激变的历史,绵延不绝,广布在民众中间,并给予他们强大的影响,我觉得是一种稀有的现象。只有中国有这样的传统及文化生活的一脉相传。①

他对中国文化的活力及未来前景非常乐观,他说道:

> 我想不到有什么不幸的命运能够摧毁这个有古老历史而现在又很年轻的民族的精神。②

> 中国人的生活力使我感到惊奇。我不能想象这样一个赋有基本力量的民族还会没落下去的。③

他将中国人的前途置于如此高的地位,甚至认为现在世界上各民族之中拥有活泼的潜在力的民族主要有三个——美国人、俄国人和中国人。在《印度的发现》一书的"印度与中国"一章中,尼赫鲁从中印之间的文化交流历史开始,回忆了两千年以来中印之间借由佛教而展开的文化接触,包括到中国的印度学者与去印度的中国学者。文中还特别详细地叙述了中国学者玄奘、义净前往印度的情形,以及中印之间在文学、文字方面互相影响的事件,对中印之间的贸易交流也有提及。文章的最后,尼赫鲁表达了对中印文化交流继续发展的美好祝愿,他说:"新的香客正越过或飞过两国分界的高山,带着欢欣友好的使命,正在创造着新的持久友谊。"④

尼赫鲁作为印度的杰出领袖,不仅深刻地洞察了几千年来中印文化交流的本

---

① 尼赫鲁著,齐文译:《印度的发现》,北京:世界知识出版社,1956年,第51页。
② 尼赫鲁著,张宝芳译:《尼赫鲁自传》,北京:世界知识出版社,1956年,第698页。
③ 尼赫鲁著,齐文译:《印度的发现》,北京:世界知识出版社,1956年,第56页。
④ 尼赫鲁著,齐文译:《印度的发现》,北京:世界知识出版社,1956年,第247页。

质,更看到中国文化与印度文化互为亲缘的关系,看到了中国文化与印度文化友好交融的前景。正是他这种对中国文化的态度,促使中国文化与南亚文化能够在国际环境的变化中保持着互相学习的态度。

三、辨喜论中国文化

辨喜(1863—1902)是印度近代著名的哲学家、社会活动家。1893 年,他利用去美国芝加哥参加世界宗教会议的机会,顺道访问了中国的香港和广州等地,在他给朋友的信中记录了他初见中国香港和广州的情景,并在以后的演讲和文章中时常提到中国。他描述了香港港口的情景,看到一些船夫的小孩很小就开始学会生活,这引起了他对中国人与印度人共同命运的同情与悲悯。他在信中写道:

> 这些中国小孩仿佛就是哲人,在同龄印度小孩还不会走路时,他们就平静地开始劳动了。他们对生存哲学理解颇深。极端的贫困是中国与印度一直处于僵死文明状态的原因之一。对一个平常印度人或中国人而言,每日生活必需使他无暇他顾。①

辨喜对中国文化比较了解,对中国古代社会组织、科举制度以及科技水平给予了很高的评价,他曾说道:

> 中国今天虽然像一个无组织的团体,但是在她的伟大的盛年时期,她拥有任何国家所不知的、最可美的组织。我们称之为现代的很多技巧和创造,在百年甚至是几千年前的中国人那里就已实行了。竞争的科举制度是一个例子。②

辨喜对中国古代体制的这些评价如今看来也许不尽然,但是它体现了当时热爱中国的印度人对中国的普遍认识。他游历香港和广州期间,尽管看到了中国社会上的一些不良习俗,仍对中国人民的道德予以了肯定,他说道:

> 中国的男女从头到脚全身覆盖着,中国人是孔子的门徒、佛陀的弟子,他们的道德是非常严格和高尚的……中国人非常憎恨基督教徒,但在另一方

---

① 周宁编:《世界之中国——域外中国形象研究》,南京:南京大学出版社,2007 年,第 270 页。
② 薛克翘:《中国印度文化交流史》,北京:昆仑出版社,2008 年,第 427 页。

面,他们对待其他宗教是十分宽容的。①

对于中国文化的未来,辨喜持有一种特殊的东方情结,表达了他非常乐观的预测,他说道:

> 整个东方将要复兴,重新建立一个人道的世界。……中国未来的伟大,并且随着中国,所有亚洲其他国家也有未来的伟大。②

辨喜作为近代以来比较早来到中国的印度现代知识分子,他对中国的记录以及对中国文化的看法,在印度早期知识分子中有一定影响。

四、泰戈尔与中国文化在南亚的研究与传播

对中国文化在印度的传播与研究贡献最大的印度人,当属罗宾德罗纳特·泰戈尔。正如林承节在《中印人民友好关系史:1851—1949》中所总结的那样:

> 直到 1924 年,中印两国人民重建友谊的努力主要集注于政治方面;在文化方面,虽然中国知识界已开始翻译介绍印度文学作品,两国文化人士间仍无正常交往……1924 年,印度著名诗人泰戈尔访华是个转折点。这次访问打开了两国文化交往的通道。③

泰戈尔访华的意义不仅仅意味着两国文化交往的恢复,从中国文化的传播角度来讲,他还是近代以来力图在印度介绍中国文化的第一人。

泰戈尔是在中国享有盛誉的印度诗人和作家,他本人对中华文明与中国文化抱有极大的热情与好感。早在 1881 年,年仅 20 岁的泰戈尔就曾对英国殖民者在中国倾销鸦片的事件发表了一篇题为《在中国的死亡贸易》的文章,谴责英国人的罪恶行径。他在文章中以愤怒的心情描述英国殖民者利用鸦片掠夺中国财富、摧残中国人身心的罪恶勾当,揭露了鸦片贸易的丑恶本质。他写道:

> 中国含着眼泪说:"我不吸鸦片。""不行!"英国商人捆牢中国的双手,炮口对准她的胸膛,把鸦片塞进她的嘴里,说:"你吸了鸦片了,付钱吧!"……中国人不愿意要的东西,硬塞进她的口袋,同时从她的另一个口袋掏走白花

---

① 薛克翘:《中国印度文化交流史》,北京:昆仑出版社,2008 年,第 428 页。
② 薛克翘:《中国印度文化交流史》,北京:昆仑出版社,2008 年,第 428 页。
③ 林承节:《中印人民友好关系史:1851—1949》,北京:北京大学出版社,1993 年,第 150 页。

花的银子。这种赚钱的方法,若不称为抢劫,而称为贸易,那不过是披一件漂亮的外衣罢了。①

为此,他一直对当时孱弱的中国抱有同情之心。与之同时,对中国文化以及中华精神,他又一直予以褒赏。中国文化在他看来,是富于传奇色彩、蕴含强大精神力量并对人类文明做出过巨大贡献的文明。1916 年,他曾在赴日本的途中短暂停留香港,看到在码头上干活的中国劳工时,就认为中国劳工身上散发着中华民族的伟大力量,他写道:

> 看到劳作中巨大的力量、技巧和喜悦如是集中于一处,我认识到,这个伟大的民族的整个大地上蕴藏一种怎样的力量。②

1924 年,泰戈尔访问中国时,受到各界人士的热烈欢迎。他每到一处总要情不自禁地赞颂中印之间的友好关系,赞扬中华文明,认为中华文明历史悠久、充满智慧。他说道:

> 你们在以往的时代中确实取得过惊人的进步。你们有过数种伟大的发明,有过被其他民族人民借用、仿效的文明。③

> 你们是历史最为悠久的民族,因为你们拥有古老的智慧。是你们对善德的信仰,而不是单纯对力量的信仰,哺育了你们的智慧。这就使你们有了辉煌的历史④。

他在访华期间的著名演讲《文明与进步》中,还多次引证中国古代伟大的圣人老子的《道德经》中的句子,他说道:

> 你们古老的文明已经使心灵的土壤变得丰润。它那持续不断的人性,无论接触到任何属于它的东西,都有一种使之富于生命力的作用。如果中国文明不是充满了精神生命,它不可能延续如此长久。⑤

在为中国文化的辉煌历史骄傲的同时,泰戈尔对中国文化的前景也寄予了极

---

① [印]泰戈尔著,刘安武等主编,白开元等译:《泰戈尔全集》第 23 卷,石家庄:河北教育出版社,2000 年,第 1 页。
② Krishna Kripalani, *Rabindranath Tagore: A Biography*, Grove Press, 1962, p.266.
③ [印]泰戈尔著,刘安武等主编,白开元等译:《泰戈尔全集》第 20 卷,石家庄:河北教育出版社,2000 年,第 46 页。
④ 泰戈尔:《在中国的演讲录》,加尔各答,1925 年,第 73 页。
⑤ 泰戈尔:《在中国的演讲录》,加尔各答,1925 年,第 33—44 页。

高的期望,表达了非常乐观的期盼。他在演讲中说道:

  我有个信念,当你们的国家站立起来,能够表现自己的风貌时,你们,乃至整个亚洲都将会有一个远大的前景,一个会使我们共同欢欣鼓舞的前景。①

  泰戈尔本人还特别喜欢中国绘画、戏剧,对中国的哲学、佛教与中国文化的关系等也颇有研究。在访华期间,他接触了中国绘画界大师齐白石、著名京剧演员梅兰芳以及文化界知名人士,和他们进行了深入的交流。对我国的古典诗歌泰戈尔也十分赞赏,他读过不少用英语翻译的屈原、李白、杜甫和白居易的诗篇,时常在他的讲话中征引。泰戈尔在中国访问期间所发表的演讲,在他回国后都收录于《在中国的演讲录》(*Talks in China*,1925,加尔各答)一书中,有关泰戈尔在中国的活动的记录,以及他在演讲中对中国文明的褒扬,作为那个时代印度人所能接触到的为数不多的有关中国文化的资料,为当时的印度人民打开了一扇了解中国文化的窗户。

  在高度赞扬中国文化的同时,泰戈尔还身体力行,为中国文化在印度的传播、为中印文化的交流牵线搭桥。为了发扬东方文明,泰戈尔主张"中印文化重新沟通"②,他在访问中国时说道:"我并愿带点东西回印度去,这东西就是从印度佛化在中国结成的果子。"③为了实现他的这一设想,泰戈尔回国后,积极付诸行动,利用其在加尔各答西北部圣蒂尼克坦建立的印度国际大学展开中印文化交流活动,并到处寻找合适的中国学者前往印度国际大学讲授中国文化。1927 年,泰戈尔在南洋遇到谭云山,两人一见如故,对两国文化交流的设想一拍即合。泰戈尔诚邀谭云山前往印度国际大学工作。1931 年谭云山筹划在印度国际大学建立中国学院,这一想法得到泰戈尔的支持。1937 年,印度国际大学中国学院正式揭幕。在印度独立前后乃至当前,印度国际大学成为中国文化在南亚的传播基地,更成为印度中国学研究的主要阵地,为印度的中国学研究培养了许多人才,对促进中国文化在印度的研究与传播具有深远影响。

---

① 泰戈尔:《在中国的演讲录》,加尔各答,1925 年,第 33—44 页。
② 林承节:《中印人民友好关系史:1851—1949》,北京:北京大学出版社,1993 年,第 160 页。
③ 林承节:《中印人民友好关系史:1851—1949》,北京:北京大学出版社,1993 年,第 160 页。

第三节　印度援华医疗队

印度援华医疗队的成立体现了中印友好关系。在印度人民心中援华医疗队有广泛影响，它同时成为中国文化在南亚传播过程中的一段佳话，是近代以来印度关注中国文化的例证之一。

1937年年底，随着印度国内支援中国人民抗日战争的热情高涨，由一批侨居伦敦的印度进步人士组成的中印委员会开始着手筹备组织医疗队援华事宜，其倡导者为从支援西班牙医疗队完成工作返回伦敦的爱德尔大夫。爱德尔大夫的想法与时任国大党主席的尼赫鲁不谋而合，很快他们与中国方面取得联系，将这一想法付诸行动。1938年9月1日，由5名医疗队成员组成的印度援华医疗队带着救护车、救护卡车、药品器械等物资出发前往中国。11月21日，印度援华医疗队到达重庆，并在那里开始工作。当时为两国文化交流奔走于中印之间的谭云山在重庆接待他们，并为他们每个人取了一个中文名字，分别为"爱德华""巴苏华""柯棣华""卓尔华""木克华"。1939年2月12日，印度援华医疗队辗转到达延安，并在那里继续工作。印度援华医疗队在延安期间，不顾生活条件的艰苦，为延安的医疗和教学工作服务。在延安工作一段时间后，印度援华医疗队的5人中，卓尔华和木克华2人因身体原因分别于1939年5月和8月回国，其他3人不顾生命危险，越过敌人的封锁线，前往抗日前线继续工作。之后，爱德华医生不幸身染疾病，不得不回国。继续留在医疗队的柯棣华最后于1942年病逝在中国，而巴苏华大夫一直工作到1943年6月才回国。

印度援华医疗队在战争期间为中国人民的抗日战争做出了巨大贡献，这已为中国人民所熟知。但是，印度援华医疗队对中印友好交流的意义不仅体现在抗日战争时期，在其后相当长的时期内，都具有极为深远的影响。以这一事件为依托而成立于1943年的"全印柯棣华大夫纪念委员会"，在中印民间交流中扮演了重要角色，是增进中印了解，将中国文化带给更多印度人民的渠道之一。

在印度出版流传的与印度援华医疗队相关的资料有著作《还有一个没回来》

(*One Did Not Come Back*, 1944)、电影《柯棣尼斯大夫——不朽的英雄故事》(*Dr Kotnis ki Amar Kahani*, 1945)以及 2006 年翻译出版的《我与柯棣华》(英文版)等。早在抗日战争期间,印度援华医疗队的大夫们就通过与家人通信的方式,向印度媒体、家人介绍中国及中国文化。巴苏华医生回国后,利用各种机会广泛地向印度人民介绍中国抗日情况以及中国人民对印度人民的亲密感情,并成立"全印柯棣华大夫纪念委员会"。不仅如此,在巴苏华大夫的动员下,印度著名文学家 K. A. 阿巴斯根据巴苏华大夫的日记、口述及其他资料,以印度援华医疗队的故事为基础写成《还有一个没回来》一书,1944 年以英文出版,随后被译成多种语言,在印度广为流传,其影响甚至超过美国著名记者埃德加·斯诺所作的著名的《西行漫记》①。除出版书籍外,巴苏华大夫还去孟买,鼓励孟买的电影导演们拍摄有关印度援华医疗队的电影。在孟买导演桑塔拉姆的主导下,一部以柯棣华大夫在中国生活、工作、恋爱和病逝的故事为主题改编的电影《柯棣尼斯大夫——不朽的英雄故事》摄制完成,并于 1946 年公映,该电影受到印度人民的普遍欢迎,间接成为向印度人介绍中国的媒介。

柯棣华大夫不仅工作在中国,更与中国姑娘喜结连理,育有一个儿子。尽管他于 1942 年不幸病逝在工作岗位上,但中国人民对他的怀念却未因时光流逝而淡然。2005 年,由柯棣华大夫的妻子郭庆兰女士口述、作家徐宝钧先生整理共同创作的传记文学《异国情缘———我与柯棣华》一书由解放军出版社出版。该书详细介绍了郭庆兰女士与柯棣华大夫的相遇、相知、相爱并共同战斗的故事,真实地再现了柯棣华在中国生活和战斗的经历,体现了他与郭庆兰女士之间的真挚感情,"是一本记录中印两国患难与共、真诚合作的生动教材"。2006 年,该书由尼赫鲁大学中文系副教授狄伯杰先生翻译成英文,并在印度出版。书中对中国抗日战争的真实场景的记载,让印度人民了解了中国人民的英勇斗争精神,而柯棣华大夫对中国的伟大贡献,也体现了印度人民与中国人民的深厚友谊。

除以上几种资料外,巴苏华大夫在临终前,还在病榻上忍着巨大的痛苦,亲手整理了他在中国的生活记录,并在朋友的支持下结集成《巴苏日记》。全书约 30 万字,主要记载着 1938 年至 1943 年抗战期间巴苏华大夫在延安和敌后根据地的

---

① 该书又名《红星照耀中国》(*Red Star Over China*)。

亲身经历,包括巴苏华大夫在中国生活的日常情景以及与中国人民之间的友好交往。《巴苏日记》原以英文写成,后辗转经中国人民对外友好协会翻译成中文,并由商务印书馆于1988年出版。该书不仅是极为难得的有关中国抗战实况的史料宝库,更成为许多印度人了解中国的重要资料。

在印度独立后,巴苏华大夫除出版书籍外,还继续通过其他途径为宣传中国文化做贡献。1957年,他与其他医疗队员一起应邀来到中国参加国庆观礼活动,其间他对中国的传统医学针灸技术产生兴趣,并多次来华学习针麻技术、交流针灸经验。从有关巴苏华大夫的记载中我们得知,巴苏华大夫回到印度之后,曾于中印关系恶化时期极其困难的处境下,在加尔各答和其他城市开办了一些针灸诊所,并为劳苦人民免费治病,传播中国针灸知识。他负责的全印柯棣华大夫纪念委员会于1974年组团访华,是1962年以来第一个访问中国的印度代表团。在这之后,他也多次访问中国,为中印两国政府恢复关系做了大量工作。巴苏华大夫在印度继续发扬援华医疗队的友爱精神,有助于消除印度人民对中国人民的误解,促进中印文化交流的恢复与发展,对中国文化在印度的传播具有深远意义。

第四节　印度人游记中的中国

游记往往指比较详尽的个人经历,对文化传播而言有一定的片面性。但是正因为游记的这种片面性,更能折射出不同人眼中文化形象的多样性。中国文化在不同阶段、不同南亚人的游记中是如何被记述的?这也是考察中国文化在南亚传播的一个非常有价值的线索。尽管近些年来中印之间的旅游交流日益频繁,但在近代以来一百多年的历史中,中印之间的旅游活动更多地局限于人员间的较为短暂的停留,在中国居住时间较长且对中国文化比较了解的人并不多。加之印度人自古不好笔录书记的特点,也使得印度人所写的有关中国的游记类资料并不多见。现仅就收集过程中所得到的资料,选取不同时期、不同身份的印度人所写的有关中国的游记,一睹印度人眼中的中国文化印象。

《中国的黎明》是外交家视角下观察中国的游记。该书作者梅农(K.P.S.

Menon,1898—1982)是印度当局派往中国的第一任特使,也是较早有意识地观察与记录中国的印度人。1943 年到 1948 年,梅农作为外交人员在中国常驻 4 年。1972 年,他将自己在中国的书信编成《中国的黎明》(*Twilight in China*)一书。该书严格意义上说不完全是一本游记,而是一个在华生活过的外交官的记录与思考。全书共分为六部分:"掌权的国民党""印度到中国的陆上之旅""联合国的诞生""胜利与悲剧""国民党的溃败"与"中国、日本与朝鲜"[1]。这些看上去不像游记的章节中,涉及的内容非常广泛。书中,他对中国文化的观察体现在以下几个方面:(1)梅农深入细致地描述了中国一些城市的风光物产。他对被视为"天府之国"的四川充满赞美之词,说它可能是世界上最富裕的地区之一。他还描述了游历过的兰州、北京、杭州等地的名胜。(2)梅农对当时中国的国共两党都有观察,对国民党统治下的中国社会黑暗也有所揭露。他对延安的情况虽然不是很清楚,但在书中也有涉及,并认为中国的民族主义团结精神比印度的种姓制度要好。(3)他在书中介绍了中国文学的某些方面。比如他书中"林语堂与泰戈尔""中国文学中的爱"等章节,对林语堂与泰戈尔的关系、泰戈尔在中国被接受的情况进行了记录。通过对比,他认为中国文学中对爱的描写非常罕见。梅农的这些有关中国文学的观点尽管有失偏颇,但在当时的状况下,为印度人了解中国文学提供了参照。总体来说,作为外交人员,梅农的游记中对中国的介绍,更多的是从政治与外交角度的观察,鉴于他的外交官身份以及当时中国革命形势的复杂性,他小心谨慎地维持着一种在国共两党之间的平衡。他的这本游记,可以总结为描述了一个"革命中的中国"。它为印度人了解当时的中国提供了资料,具有史料价值。

《自天池出发:穿越新疆、西藏游记》[2]是学者视角下观察中国文化的游记。该书作者维克拉姆·赛特(Vikram Seth,1952—)出生于加尔各答,曾在英国牛津大学、美国斯坦福大学学习。1980 年到 1982 年,他曾以访问学者的身份在南京学习中国乡村经济统计,攻读经济学博士,并学习中文。赛特对中国古典文学尤其感兴趣,且有很深的中文造诣。除游记外,他还创作了中国题材的诗歌,翻译诗集《三位中国诗人》,被中国学者称为近代以来、迄今为止除泰戈尔外受中国文化

---

[1] 周宁编:《世界之中国——域外中国形象研究》,南京:南京大学出版社,2007 年,第 279 页。
[2] Vikram Seth, *From Heaven Lake:Travels Through Sinkiang and Tibet*, London:Chatto & Windus,1983.

影响最深的印度作家。① 赛特笔下的中国诗歌将下章再论,这里主要介绍他在游记中对中国文化的关注与书写。

《自天池出发:穿越新疆、西藏游记》出版于 1983 年,是赛特结束他 1982 年中国之旅后所写的游记。该书以英文出版,一经出版即获得西方的"托马斯·库克国际旅游图书奖",并于 1990 年再版,在南亚乃至西方世界影响较大。赛特的这本游记描写的是他穿越中国新疆、甘肃、青海和西藏四个地区途中的所见所闻与所思所想。书中配有大量作者自己拍摄的图片,记述了沿途中国民间风土人情、山川景观和少数民族宗教生活。② 在叙述的过程中,也加入许多作者对中国文化的体验以及对中国现实社会的评价等。有关这本游记的主要内容,尹锡南在其《印度的中国形象》一文中做了逐章介绍,并在其《印度作家维克拉姆·赛特笔下的中国题材》一文中对其中中国文化的书写做了非常详尽深入的分析。尹锡南认为,在赛特的游记中,中国文化呈现两面性,体现在:一方面,游记用详细的笔触刻画了一批栩栩如生的普通中国人形象,赞扬中国人的人性美,进而关注与思考中国民间习俗与文化差异并将其与中国文化的核心内涵相联系,表达了他对中国文化的尊重。游记中提到中国的孔子、老子思想,对孔子及其弟子探讨的治国修身为人之道非常感兴趣,并表达对老子思想的欣赏,还将中国社会与印度社会相对比,认为"中国人比印度人更有爱国心,中国的城市问题没有印度那样严重,计划生育政策有力,中国摆脱贫困有望"③,中国在某些方面优于印度,同时表达了对印度的忧思。他还用优美的笔触描述了中国的自然风光。整体而言,描述了一个美好而亲切的"文化的中国"。另一方面,赛特在游记中,以西方人的视野观察中国社会。认为当时中国的城市表现得单调、呆板,特别是游记中对西藏的描写,带有非常明显的政治意图。因此,如尹锡南所总结的那样,《自天池出发:穿越新疆、西藏游记》一书作者赛特"受 1962 年中印边界冲突后遗症、西方反华舆论的影响,加之后殖民结构思潮对他潜移默化的浸润",使他"看待中国戴上了意识形态的'有色眼镜'","作为一名典型的后殖民作家,赛特的中国书写既体现了他对中国

---

① 尹锡南:《印度作家维克拉姆·赛特笔下的中国题材》,《东方丛刊》2009 年第 2 期。
② 周宁:《世界之中国——域外中国形象研究》,南京:南京大学出版社,2007 年,第 296 页。
③ 尹锡南:《印度作家维克拉姆·赛特笔下的中国题材》,《东方丛刊》2009 年第 2 期。

文化的热爱,也反映出他以西方之眼观察与思考中国的一面"。①

《烟与镜:亲历中国》②是近年来印度人所写的影响较大的一本有关中国的游记。该书一经出版,便受到印度文化界欢迎,获得印度普莱姆·巴提亚最佳新闻成就奖。其作者是《印度教徒报》常驻北京的记者帕拉维·艾亚尔(Pallavi Aiyar)。艾亚尔于2002年来到北京,最初作为北京广播学院的英语新闻写作教师,随后作为《印度教徒报》以及《印度快报》常驻北京的记者,在北京生活了5年。在北京的5年中,艾亚尔经历了"非典"、备战奥运会、瓦杰帕伊访华等大的事件,还到浙江温州、义乌,云南香格里拉,西藏等地旅游考察。在《烟与镜:亲历中国》这本书中,艾亚尔以她在北京期间的生活以及在中国的游历经验为基础,记录了她对中国的日常生活场景、思想观念、宗教与社会、政治与经济等各个方面的所见所感。全书分为12章。③ 作为深受印度文化与西方文化双重影响的印度新女性,艾亚尔在书写的过程中,始终以比较的视角,将所看到的中国与自己生活的印度相比较,在记录自己的所思所想时试图有意识地向读者,特别是印度的读者,展现当代印度所不熟悉的现代中国,同时也不断修正自己对中国的认识与思考。在艾亚尔眼中,她看到的中国有许多令她赞叹不已并引起深思的方面,比如对普通劳动者的尊重、现代的基础设施与井然有序的社会秩序、女性的独立平等与自由、繁荣的经济发展等方面。她认为中国人拥抱进步的思维方式,在基础设施、弱势群体保护、改变贫困、协调社会公平等方面,相对印度都有较好的表现。她认为"今天的中国是一个非常务实的社会主义国家"。另一方面,在书中她对中国的新闻制度以及决策体制等持保留意见,对社会主义民主的实质并未有深入的观察与认识,特别是论及多样性方面,她始终认为中国是不允许多样性存在的。在她眼中,中国与印度,就像是两面相反的镜子,一个能提供完善的公路系统、学校与电力设施,但是扼杀多样性;而另一个,则是允许多样性,但是在改善人民生活与

---

① 尹锡南:《印度作家维克拉姆·赛特笔下的中国题材》,《东方丛刊》2009年第2期。
② Pallavi Aiyar, *Smoke and Mirrors—An Experience of China*, New Delhi: Fourth Estate, 2008.
③ 全书分为12章,轻松自然的散文风格贯穿全篇,各章英文标题分别为:(1) Better Fat than an Apple;(2) Olympian *Makeover*;(3) Coronavirus;(4) Hindi-Chini Buy Buy;(5) Mr Wu and Family;(6) *Hutong* Days;(7) Chicken Feet and Jain Diets;(8) Factory of the World;(9) Opiate of the Masses;(10) Shangrila;(11) Roof of the World;(12) Squaring a Circle and Coming Full Circle。

促进经济发展方面表现不佳①。这种将政治与经济发展完全分裂开来进行观察的方式,体现了艾亚尔作为印度人,对印度政治制度与多样性传统的优越心理,也与西方国家观察中国的一贯片面视角相一致。与其他游记一样,对中国传统文化艾亚尔也没有表现较大的兴趣,且没有对中国社会现象背后所体现的文化内容进行深入的考察,她更多关注普通大众的生活与社会经济、政治与宗教层面的现实情景,通过日常生活与宏观社会场景向她的读者介绍她所看到的中国。在这个过程中,经由中国人以及社会生活所体现的中国文化传统,并不在作者的重点关注之列。因此,正如艾亚尔在解释她书名时所说的那样:

> 中国是一个非常复杂的国家,没有人能真正地了解她,就像你走进一个摆满镜子和充满厌恶的房间,很快就会迷失……很多人对中国的了解仅仅流于表面,虽然他们以为自己很了解中国,但其实他们并未触及真相。

《烟与镜:亲历中国》也许并未触及中国以及导致现代中国发展的根本文化之真相,但对南亚人民来说,它为人们进一步深入了解他们所毗邻的中国提供了一扇窗户,它使对中国更加深入观察与了解的人逐渐增多。

总体来说,以上三本有关中国的游记体现了不同时代、不同领域的印度人对中国文化的观点与接受取向。从"革命的中国",到"文化的中国"与"政治的中国",再到"快速发展的中国",这其中,文化并不总是印度人的游记中观察中国的重点。但是,从社会到文化只是一步之遥,在观察与思考中国社会现实的过程中,游记作者们不自觉地会从各自的视角对中国文化进行分析,并将中国文化与印度文化对比。这种由社会到文化的互相观照,正是我们提倡文化交流、考察中国文化在南亚的流传概貌的要义。

第五节　南亚的历史境遇与中国文化在南亚的接受

纵观近代以来各个历史阶段,南亚关注中国的目的、方式与内容随着南亚区

---

① Pallavi Aiyar, *Smoke and Mirrors—An Experience of China*, New Delhi: Fourth Estate, 2008, p.234.

域的不同、历史境遇的变迁而发生变化,对中国文化的接受也做出有差别的选择。

在近代中印文化交流重启伊始,在中国与南亚之间两千多年辉煌灿烂的文化交流历史的鼓舞下,有感于中国文化与南亚文化之间的亲缘关系,迎合印度民族主义思潮的复兴,南亚对中国的关注,从目的上讲,是为了了解印度的过去,从内容上讲,更多的是关注过去的中国,关注中国古代记录中对印度的记载,如法显、玄奘、中国佛教等内容。这使得与佛有关的中国文化在印度被广为接受,在泰戈尔倡议下所建立的印度国际大学中国学院,就是这种文化交流诉求的最直接表现。

随着印度争取民族独立运动的发展,发现过去的印度、复兴民族精神这一历史任务,更多地转移在争取民族独立运动的胜利上,因此,关注民主革命与民族解放运动中的中国、寻找民族独立道路上的朋友、复兴东方文明以共同抵御西方殖民侵略,成为这一时期南亚关注中国文化的目的。这种诉求造成的历史事实是,这一历史时期中南亚对中国、对中国文化的关注内容,更多地集中在对中国社会现实、中国革命精神、中国的社会革命与改革等方面。甘地、尼赫鲁、辨喜等人对中国的介绍以及印度援华医疗队引起的中国文化在印度的传播,就是这种文化交流诉求的体现。印度对中国文化的接受,更多地选择现实内容而非传统文化。

到当代中国,以 1962 年为界,随着中印关系进入低潮,印度出于自身在国际舞台上的发展需要,对中国关注目的转变为了解与重新审视新中国,审视中印关系与印度对中国的外交策略上。因此,这一时期,印度对中国文化抱有十分复杂的态度:一方面对中国美好文化的印象仍在脑海中挥之不去,而另一方面,中国的现实又时时让他们颇不舒服。在这种情境下,南亚对中国文化的关注表现出分化的特征,一方面对中国古老文明的了解与接受仍在继续,但另一方面,对中国现实的研究也越来越成为印度关注中国文化的主要内容。

随着中国与印度关系的复苏,印度对中国文化的关注也进入一个新的阶段。在这一阶段,快速发展的中国让印度人感到威胁、惊讶与欣赏。如何与不断强大的中国相处?如何从中国的不断发展中获得有益的经验?如何使中印两大国家在亚洲地区维持和平共处?这些问题成为印度关注中国文化的主要动机。因此,这一时期,印度对中国文化的接受,表现出更加宽容的心态,涉及的内容包括社会的各个方面,从艺术到哲学,从经济、政治到社会文化,从贸易到文化交流,同时中国文化在印度的传播与接受,也表现出更多元的特征。

因此,我们可以说,近代以来随着历史不断向前发展,印度对中国文化的关注与接受表现出越来越宽容的心态,中国文化在印度的传播也表现出越来越多元的特征。但这一过程充满艰辛,在以后的交流道路上,中国与南亚之间还需要进一步增强文化上的互相了解。

第五章

南亚的中国学研究与中国文化的传播

学术研究与文化的交流和传播关系密切。在世界文化交流史上，除由商品贸易、人员往来、政府交流所带来的文化互通外，由知识精英主导的学术研究是引导不同文化间进行深入沟通与对话的最重要方式。考察近代以来中国文化在南亚的流传与接受，可以发现，中国文化的很多核心内容，是通过精英学者们经由中国学研究而介绍给南亚人的。因此，考察南亚的中国学研究，同时也是在考察中国文化在南亚的传播与流传。

第一节　印度的中国学研究：阶段、特征与机构

　　"印度的中国学研究"和中印两国间的文化交流历史紧密相连。中印两国之间的文化交流始自远古，到汉代活跃起来，直至两晋南北朝隋唐时期，随佛教的传播而达到鼎盛状态；伴随着印度佛教的衰微，到宋元时期中印文化交流进入萧条时期；明代之后中印文化交流逐渐复兴，虽难有盛唐时期的繁盛景象，但也进入涓涓细流之境；20世纪以来，随着国际政治环境的变化，中印两国的共同命运使中印友谊在20世纪前半叶得到极大发展。中华人民共和国成立后，经历过一段"蜜

月期"之后,中印关系终究没能抵过冷战思维所造成的意识形态分歧。1962 年,中印之间因领土争端爆发战争,中印之间的文化交流受政治氛围的影响转入低潮。但出于战略目的,两国之间互相研究的热情却得以升温。进入 20 世纪 90 年代之后,顺应两大文明古国发展的需要,中印友谊逐步深化,中印交流又进入了一个快速发展的阶段,文化交流的内容、范围进一步扩大,因此印度对中国文化的了解和研究也进入了更加多姿多彩的阶段。

关于近代以来印度的中国学发展概况,中印两国的相关学者均做了相应的总结性的研究,其中中国学者以林承节、薛克翘、尹锡南的研究最为翔实细致。林承节在其《中印人民友好关系史:1851—1949》一书中,对中印文化交流的恢复、印度国际大学中国学院的建立等印度中国学起步事件,做了非常详细的描述。此外,书中提及的 20 世纪 40 年代以来印度建立的有关中国学研究的教学与研究机构详情为了解近代以来印度早期中国学的发展提供了重要信息。薛克翘在其《中国印度文化交流史》一书中设置"印度中国学的现状"一节,详细总结了 20 世纪"50 年代"以及"60 年代以后"的印度中国学研究。尹锡南则发表一系列论文如《20 世纪印度的中国文学与历史研究》[1]《印度汉学界的中国文学研究》[2]《20 世纪印度与中国文化》[3]等,对 20 世纪印度的中国学研究做了非常有价值的整理与分析。此外,郁龙余也曾发表《中国学在印度》[4]一文,总结回顾了近代以来印度的中国学发展历程。

印度学者也十分重视分析与总结印度的中国学研究发展状况。在印度的中国学研究阵地中国研究所的杂志《中国述评》(*China Report*)历年的目录中,有数篇以《印度的中国学》("Chinese Studies in India")为题发表的论文。在印度学者对印度中国学研究状况的总结中,以 B.K.库马尔(B.K.Kumar)所做的整理工作最为翔实仔细。B.K.库马尔整理出版的《印度的中国学研究:印度人眼中的中国》(*Chinese Studies in India:China through Indian Eyes*,1978)[5]、《印度人作品中的亚

---

[1] 尹锡南:《20 世纪印度的中国文学与历史研究》,载于《东南亚南亚研究》2010 年第 1 期。
[2] 尹锡南:《印度汉学界的中国文学研究》,载于《南亚研究季刊》2008 年第 1 期。
[3] 尹锡南:《20 世纪印度与中国文化》,原载于《东方文学研究通讯》,转载于《面向南亚》2007 年第 1 期。
[4] 郁龙余:《中国学在印度》,载于《学术研究》2000 年第 1 期。
[5] By B.K.Kumar,Published by Nautang Rai,Concept Publishing Company,1978.

洲巨人——纲要索引》(Asian Giants in Indian Works—A Compendium of References, 2000)①,几乎搜集了 1911—1979 年间印度发表的所有有关中国研究的论文、著作书目并分类整理。进入 20 世纪 90 年代后,他又集中整理了 1990—1999 年间的印度中国学研究成果索引,勾勒了 20 世纪末印度的中国学研究概貌。B.K.库马尔的文献整理工作为宏观考察印度的中国学研究提供了非常有价值的依据,但遗憾的是 1979—1990 年间以及新世纪的印度中国学研究书目还无人整理,因此,这期间印度中国学研究发展面貌,只能从一些学者的论文、报告中得知一二。这类论文、报告包括 1988 年发表于《中国述评》第 4 期的《印度的中国学研究:视角及规划》("Chinese Studies in India:Perspective and Programmes")以及出版于 2007 年的《印度的中国学研究回顾:座谈会文集》(Review of China Studies in India:A Colloquium)②一书。这些资料也为了解当前印度的中国学研究状况提供了非常有价值的资料。

  在印度学者的观点中,印度的中国学研究发展可以归纳为几次运动,每次运动代表着中国学研究发展的一个阶段③。因此,印度的中国学研究迄今为止可分为四个发展阶段,分别为圣蒂尼克坦阶段(1918—1962)、德里大学与尼赫鲁大学阶段(1962—1969)、中国研究小组阶段(1969—1991)、中国研究所阶段(1991 年至今)。在印度学者的考察中,每次运动均意味着印度的中国学研究倾向与组织结构的变化。以圣蒂尼克坦的印度国际大学中国学院为代表的印度中国学研究阶段,是印度中国学研究的黄金时期。印度国际大学中国学院时期的中国学研究,关注对中国历史、文化的研究,特别是佛教经典的译介与研究等领域。频繁的中印学者互访、以原始中文材料为主的研究结构、单纯的学术研究目的,使许多印度中国学学者至今仍怀念印度国际大学中国学院时期中国学研究的学术传统(Pure Acadamic)。1962 年是中印关系的分水岭,也是印度中国学研究传统的分水岭。尽管印度国际大学历史文化研究的传统仍在,但以实用目的为主的区域研

---

① By B.K.Kumar,Published by B.R.Publishing Corporation,2000.
② M.Thampi(ed.),Review of China Studies in India:A Colloquium, New Delhi:Institute of Chinese Studies, 2007.
③ Dr.B.R.Deepak 在其 "Chinese Language and China Studies in India" 一文中写道:"Prof.Manoranjan Mohanty(2008) calls this and other initiatives in India to delve into or strengthen China studies as 'movements'."

究仍不可避免地成为印度中国学研究的主要趋势,这一时期,德里大学与尼赫鲁大学纷纷成立相应的研究中心与机构,特别是德里大学,在美国福特基金的支持下,秉承美国"区域研究"的理论,将中国学研究变成"观察中国"的学术活动,中国学研究关注的主要内容也从历史、文化、宗教、哲学转变为国家策略、中国的对外关系、中国社会等。1969 年中国研究学会(或称中国研究小组)的成立,标志着印度的中国学研究走向整合。1991 年中国研究所的成立,使印度的中国学研究继续迈出整合传统历史文化研究与区域研究的步伐。这四个阶段中,第一个阶段印度中国学研究在研究领域、研究传统与学术研究组织上与其他三个阶段有明显不同。因此,为表述方便,在介绍印度的中国学研究主要内容时,习惯将四个阶段划为两个阶段来介绍,即 1962 年之前的印度中国学研究与 1962 年之后的印度中国学研究。

如上所述,印度的中国学研究主要依托重要学者、带有学院性质的大学中心和政府研究机构得以展开,因此,在细述印度的中国学研究概况时,有必要对重点中国学研究机构进行介绍。在印度大学中,围绕中文教学展开的中国学研究主要集中在四所大学之中,分别为尼赫鲁大学、德里大学、泰戈尔创建的印度国际大学、位于圣城瓦拉纳西的印度大学。此外,由各个大学研究中国的学者们组成的各个科研院所、文化研究中心,也是印度中国学研究的重要阵地。现介绍如下:

一、国际大学中国学院

以圣蒂尼克坦国际大学中国学院的建立为标志,印度对中国的研究才真正开始。在这之前,为了更多地了解中国,中印革命者之间建立起互相学习了解的联系,但还未形成中国研究的趋势。1918 年,印度的第一个中文教学课程在加尔各答大学设立,但因为生源问题,这一课程很快夭折,未能继续。此后,对中国文化充满热情的泰戈尔,在人道主义与理性主义的东方文明复兴理想的激励下,在圣蒂尼克坦的国际大学中开始了中国学研究的尝试,法国学者列维·莱维(Sylvain Levi)是国际大学中国研究的最早指导者。1928 年泰戈尔访华回来后邀请中国学者谭云山前往印度教授中国文化,并开始着手中国学院的建立。谭云山的到来与印度国际大学中国学院的建立,使印度开始了长达 30 多年的中国学研究高潮时期。圣蒂尼克坦国际大学中国学院的中国学研究,重视语言教学与中国传统历史文化的研究,重视中印学者之间的互相交流。培养中国学研究学者、对佛教文本的译介与研究,是其对当时的中国学研究最卓著的贡献,圣蒂尼克坦国际大学中国学院所开创的中国学研究对之后印度的中国学研究产生了深远影响。

印度国际大学中国学院成立后,成为近代印度中国学研究的重要学术阵地。中国学院成立后开设多种语言课程,包括汉语、藏语,同时开展六个方面的研究工作,包括中印佛教对比研究、中印其他宗教研究、中国哲学研究、中国历史研究、中国文学研究及中印文化研究等,共出版中英文及其他语种著作 34 部,发表论文 100 多篇①。通过中国学院,许多印度青年被派到中国进修学习,这些人后来多成为著名的汉学家。可以说,印度国际大学中国学院代表了 1962 年以前特别是印度独立以前印度中国学研究的最高水平。

二、印度中国研究所

印度中国研究所是印度一所专门从事中国问题研究的权威学术机构,代表着印度中国学研究的一流水平。

印度中国研究所起源于中国研究学会。中国研究学会是印度德里大学、尼赫鲁大学、印度发展中国家研究中心、印度经济增长协会、印度防御研究与分析协会等设在德里的研究协会中的中国研究专家们共同组织发起的非正式学术论坛。该论坛成立于 1969 年,每隔两周召开一次会议,与会者就当代与中国相关的问题展开讨论,同时,该论坛还协助承办印度唯一的关于中国和东亚问题研究的杂志《中国述评》。1978 年,《中国述评》杂志编辑部迁至印度发展中国家研究中心,并成为论坛的主要杂志,由此,论坛的活动中心也集中在印度发展中国家研究中心。1990 年,随着论坛活动影响的进一步扩大,为适应国家发展战略需要,建立相应的学术研究体制,鼓励学术活动的开展,并进一步促进印度中国问题研究的发展,中国研究学会决定在其基础上建立中国研究所。

---

① 赵守辉:《印度国际大学中国学院的汉学研究与汉语教学》,《世界汉语教学》1996 年第 1 期,第 106 页。

印度中国研究所代表了印度对中国学研究的最高学术水平,来自印度德里大学、尼赫鲁大学、印度发展中国家研究中心及其他科研机构的顶级学者们,是其会员的主体组成人员,此外,印度外交部一些受人尊敬的前外交家们也参与其中,成为中心成员。印度中国研究所的研究领域涉及中国社会、历史、政治、经济、外交、文学、文化等各个领域。印度中国研究所最主要的常规活动是每周三召开一次研讨会,就涉及中国的不同研究课题展开讨论。作为印度中国学研究的主要科研机构,印度中国研究所通过科研活动,出版学术杂志以及在报纸上撰写关于中国现代发展现状的文章等各种方式,为印度人民持续地提供有关中国的主要知识。

印度中国研究所的主要目标是,为持续的学术交流提供平台。在印度中国研究所内外,通过支持、发起科研项目的方式促进印度对中国问题研究的系统化。作为对这一构想的支持,印度中国研究所提议,通过建立一个收藏有中英文资料的图书馆和涉及相关领域学术资料的数据库,来普及关于中国的知识,促进信息的交换,扩大学术成果的影响与分享。为实现这一目标,印度中国研究所展开了一系列的学术活动,包括召开学术研讨会、出版论文和书刊、组织科研培训以及积极展开国际合作等。目前,印度中国研究所的主要科研项目为东亚研究项目、中国经济研究项目、比较研究项目。

三、德里大学东亚系

德里大学东亚系对中国学的研究历史已久。早在 1958 年,德里大学佛教研究系就已开展对中国的研究。1962 年中印战争之后,印度政府决定加强学术机构对中国的研究,因此决定在德里大学设立中国研究系。最早在德里大学开展中国学研究的是谭中夫妇,他们作为唯一的教员,在所附属的佛教研究系开设中文班,设立一个中国研究中心(Centre for Chinese Studies)。当时,美国福特基金开展了一个意在促进中国研究发展的全球性计划,德里大学的一些学者们得到该基金的支持前往美国深造学习。1964 年,德里大学中国研究系(Department of Chinese Studies)建立,V.P.杜特(V.P.Dutt)教授担任主任工作。1968 年,该系增加了日本研究,改名为中国与日本研究系(Department of Chinese and Japanese Studies),2003年,该系进一步更名为东亚系。

德里大学东亚系见证了一批印度中国学研究学者的成长与发展。该系的中国学研究以美国模式为参照,注重区域研究的模式,着重研究中国政治、文化、经济与外交策略。教学方面,除在本系开设中国研究课程外,还在政治系、历史系开设有关中国政治、历史方面的课程,同时,德里大学东亚系还开设了多种层次的中国语言的课程,这为致力于中国研究的学者提供了语言培训。当前,德里大学东亚系在中国学研究特别是区域研究方面卓有成果,但由于语言短板,大多数学生并不能进一步从事深入的中国文化、语言与艺术等相关的学术研究工作。

四、尼赫鲁大学

尼赫鲁大学建立于 1969 年,其最早的中文课程始于 1973 年。与印度国际大学中国学院以及德里大学东亚系不同,尼赫鲁大学的中国学研究在建制上主要由一些相关的教学研究中心承担。其中最主要的有两个中心:一是设立在语言、文学与文化学院的中国与东南亚研究中心(The Centre of Chinese and Southeast Asian Studies,CCSEAS);二是设立在国际研究学院的东亚研究中心(The Centre of East Asian Studies,CEAS)。

尼赫鲁大学中国学研究的这两个中心,代表了印度中国学研究的不同方向。从侧重点上看,中国与东南亚研究中心更加重视语言的基本教学,以及对文学、文化、历史等中国文化的研究。目前,该中心可算是印度规模最大且最成功的中文教学中心,开设本科、硕士、副博士以及博士课程,其中副博士与博士课程始于1993 年。本科教学以语言训练为主,同时开设语言、文学、文化与文明等课程,研究生阶段的教学则偏重于文学批评、历史文化研究、翻译、当代中国研究等方面,副博士以及博士课程与研究课题则更为开放,涉及中印关系、政治、经济以及中国流行文化等更广的领域。到目前为止,该中心已经毕业几十位硕士、数位博士。目前印度活跃在中国文化研究领域的专家学者,多数正在或曾在这一中心工作。一些有关中国文化的论文,也经常发表在该中心所属语言、文学与文化学院的杂志《语言学院学报》上。

尼赫鲁大学东亚研究中心隶属印度国际研究学院,尼赫鲁大学国际研究学院起源于 1955 年成立的印度国际研究院(Indian School of International Studies,

ISIS),该研究院由尼赫鲁指示印度国际事务委员会创立,初衷是在国际事务研究中形成印度自己的观点,发出印度的声音。尼赫鲁大学成立后,印度国际研究院并入尼赫鲁大学,成为印度国际研究学院,下设多个中心。其中,东亚研究中心原为中国与日本研究中心,后更名为东亚研究中心,包括中国研究、日本研究与韩国研究三个方向。尼赫鲁大学东亚研究中心的中国研究顺应印度区域研究兴起的形势,对中国的研究重点集中在中国的政治、经济、安全防务等方面,开设的课程主要为中国外交政策与国际关系、中国政治体制、中国经济与发展、中国共产主义运动等。不过,值得注意的是,该中心在强调政治外交研究的同时,努力避开美国模式的影响,力求在东亚研究中发出印度学者自己的声音,这一点有别于德里大学的美国模式与传统,此外,除政治、经济与外交方面的课程外,该中心也强调语言的学习,副博士阶段的学生一般都会选择由中国与东南亚研究中心提供的为期两年的语言课程,以弥补其中国学研究中的语言不足。

尼赫鲁大学的两个研究中心互为补充,使得尼赫鲁大学成为印度中国学研究非常重要且最为活跃的阵地。尼赫鲁大学中国学研究方面的学者研究志趣涵盖中国文学与文化、中国历史与文明、中国政治与外交等各方面,在各个时期均出版了一系列有影响力的论文、著述,一些优秀的学者能够很好地结合其语言文化研究与区域研究的优势,影响印度中国学研究的发展方向。

五、贝拿勒斯印度大学艺术学院外语系

贝拿勒斯印度大学艺术学院外语系建立于1961年,下设多种语言专业,包括中文、日语、僧伽罗语、俄语、意大利语、西班牙语和波兰语等。贝拿勒斯印度大学的中文教学传统由来已久,但是直到20世纪80年代才得到重视,并开设面向本科、硕士与博士的中文学位课程。但是,由于长期以来师资缺乏,贝拿勒斯印度大学的中文教学与研究均处于缓步发展的状态。相较于德里大学与尼赫鲁大学中国学研究浓厚的政治气氛,贝拿勒斯印度大学的中文教学与中国学研究一直坚持以语言、文化教学为中心。目前,该专业开设的中文本科课程中,基础阶段注重语言基本技能的训练,自三年级开始,为学习语言的学生提供有关中国语言、文学、历史文化、哲学等内容的课程。研究生阶段的课程也偏重于对中国文学与诗歌等

的研究,在本科与研究生的课程体系中,还设置有古代汉语课程,这在印度中文教学机构中并不多见。在教学之外,该专业还出版名为《亚洲研究》(*Asian Studies*)的学术杂志。

在贝拿勒斯印度大学艺术学院中文专业重视中国文学、文化与历史研究的氛围下,这里的学者们获得不少非常有价值的中国学研究成果,其中包括翻译出版两部重要的汉译佛典①及有关现代中国的历史比较研究著作。其毕业的研究生的论文中,有"鲁迅文学中的女性角色""薄伽梵歌与儒家思想的比较""中国与日本文学中的幽默"等偏重文化与文学对比研究的选题。该系的系主任科马尔·希尔(Kamal Sheel)教授,是早期印度派往美国学习的中国学研究学者之一,他的主要研究课题为中国历史与中国的知识分子,出版著作《中国的农民社会与马克思主义知识分子:方志敏与信江区域的农民运动》(*Peasant Society and Marxist Intellectuals in China:Fang Zhimin and the Origin of Xinjiang Revolutionary Movement*,1989),发表了《中国历史编纂的本质》("An Introduction to the Nature of Chinese Historiography")、《方志敏的革命理论》("Fang Zhimin's Concept of Revolution")等论文,是印度中国学研究中不可多得的重要学术成果。

六、国防战略与分析研究所

主要研究领域包括中国政治、经济、外交政策以及军事等,研究人员主要有中国观察家 K.N.拉姆昌达仁(K.N.Ramachandran)、苏吉特·德多(Sujit Datta)、贾吉尔·杰诺拉(Jajor General)等人。研究成果通常发表在研究院出版的学报《防御研究》上。

七、印度文化国际研究院

该院藏有大量和佛教以及印度文学与文化相关的藏文、汉文、蒙古文资料。由著名学者拉古维拉(Raghuvira)博士创立,之后在其子罗凯什·钱德拉(Lokesh

---

① Mishrak-adhidharama-hrydaya-shastra 和 Abhidharama-sangitiprayapads-shastra。

Chandra)博士的领导下,成为一所重要的研究机构。虽然是私立的,但它仍吸引着中国古典研究领域中的印度及外国学者。

八、甘地夫人国家艺术中心东亚部

这是研究古代中印两国关系的重要研究机构。过去十年内,从尼赫鲁大学退休的谭中教授以荣誉教授及顾问的身份应聘至此,在他的带领下执行了许多研究计划,召开了多次研习会。

九、清奈中国研究中心

清奈中国研究中心是一家不以营利为目的的智囊机构。该机构的研究目标包括与印度发展相关的中国发展研究课题的深入研究、中印经济和贸易关系的研究、中印边境问题及中巴关系的研究、东盟问题的研究、中国政治发展的远景及其对印度及世界的影响研究等。主要目的在于为印度特别是南印度政府与中国之间的经济、政治、文化交流提供参考,为中印学者提供对话平台的同时,为印度的中国学研究学者提供便利和支持。

近年来,随着中印关系的逐渐升温,除上述印度中国学研究传统机构外,在印度,有不少教学科研机构也开始设置中文课程,开展中国学研究。如印度外语大学(School of Foreign Languages)、旁遮普大学、加尔各答大学等。但是,比起上述研究机构,这些大学更多的是顺应市场与科研的需要开设中文课程,并未形成成熟的中国学研究传统,其所涉及的中国学研究课题,较多分散在国际关系研究、政治学与经济学研究等专业中。

第二节 近代以来印度的中国学研究的主要内容

印度人真正意义上的中国学研究始于近代。印度最早有关中国的记录应该追溯到鸦片战争时期,随英国军队到中国镇压义和团运动的士兵戈塔塔尔·辛格,将自己的所见所闻用印地语写成日记,出版了《在中国的十三个月》一书。这本日记成为近代以来印度研究中国的宝贵资料。然而,随着反殖民主义斗争的胜利和中印两国的解放和独立,中印两国在发展道路上面临着巨大挑战,致使两国的文化交流出现不和谐的音符,受政治环境的影响,印度的中国学研究也呈现出阶段性的特征,不同阶段内印度中国学研究的主要内容也有所不同。以下将按照不同历史时期对印度中国学研究的主要内容与成果进行介绍。

一、1962 年以前印度的中国学研究

1840 年鸦片战争的失败,预示着中国半殖民地半封建社会的开始,而世界范围内的民族解放独立运动的开始、新中国的建立及印度的独立,又将两个具有相同命运的国家紧紧联系在一起:

> 中国学的研究,最初的动力来自一种探索印度及其邻国的文化联系的渴望,这种情形既提供了一种在殖民主义框架之外形成新的关系并批评西方殖民主义的机会,又为印度提供了一个后殖民秩序下的选择。①

1962 年以前印度的中国学研究是基于这种背景下展开的,主要以印度国际大学的中国学院研究传统为主,研究集中在中国佛教、中国古代文明与文化、中印文化关系等领域。

在中国学院的诸多学者中,最著名的就是师觉月。师觉月原名巴格齐(P.C. Bagchi),1926 年他在法国以《中国佛教圣典》为毕业论文获得博士学位,被中国学者称为"印度第一个专门研究中国学的学者"。师觉月关于中国研究的主要著作除以上所提到的博士论文外,还有《印度—中国丛书》、《印度与中国:千年文化关系》②、《菩提伽耶的宋代中文碑铭考》(合著)、《密教研究》,还有《〈百缘经〉及其中文译本校注》《帕坦时期中国与孟加拉之间的政治关系》等多篇论文。其中

---

① B.坦克哈,张燕晖译:《印度的中国学研究——正在改变的范式》,《国外社会科学》2007 年第 4 期,第 75 页。
② P.C.Bagdi, *India and China: A Thousand Years of Sina-India Cultural Contact*, Calcutta: China Press Limitied, 1944.

《印度与中国：千年文化关系》被当作印度中国学院学生的教科书，书中对中印文化交流历史、印度来华的佛教使者、中国访印的高僧、佛教在中国的传播概况、中印两国的文化差异等都做出了介绍。尤其重要的是，在这本书中师觉月特别强调了中国文化对印度的影响，并从古代贸易往来、中国对印度文学的影响以及老子道家哲学对印度的影响等方面阐释了他的观点。

中国学院另一位在中国学研究方面的重要学者就是谭云山。谭云山虽未入印度籍，但其在印度进行的中国文化、文明的研究和传播，是印度的中国学研究的重要组成部分。应泰戈尔邀请，谭云山1928年9月到印度国际大学任教，教学之余，出版发表大量关于中印文化关系的著作，其中包括《中印间的文化交流》(1937)、《当代中国佛教》(1937)、《中国现代史》(1938)、《中国与印度》(1938)、《什么是中国宗教》(1938)、《国际大学中国学院与中印文化学会》(1944)、《亚洲间文化合作与亚洲联合》(1949)、《中国文明与中印文化精神》(1950)、《中国语言文学史》(1952)等。谭云山被誉为"现代玄奘"，对印度中国学研究来说，他称得上奠基者。

这一时期，翻译中国古代经典也是独立后印度学者研究中国文化的重要组成部分。如师觉月翻译了道宣的《释迦方志》，L.拉希里翻译了义净的《大唐西域求法高僧传》，S.P.查特吉(S.P.Chatterjee)则从法文翻译法国汉学家列维·莱维的《王玄策在印度的使命》(Les Missions de Wang-Hiuen-Ts'e dans l'Inde)。这些典籍的翻译为印度的中国学研究提供了养分。印度国际大学其他一些学者的中国学研究同样集中在中印佛教研究方面，除上述的一些成果外，还有如萨蒂兰詹·森(Satiranjan Sen)的《两部汉译医学著作》(Two Medical Texts in Chinese Translation, 1945, Vishvabharati Annals1:70-95)，冉云华的《中国佛教编年史》和《中国佛教变迁》等。

除中国学院外，1962年以前印度研究中国文化的机构还有德里的印度国际文化研究院和浦那的费尔古森学院。印度国际文化研究院从20世纪30年代中期开始研究中国文化与中印关系史，并与中国进行学术交流，其创始人拉古维拉写成了《〈罗摩衍那〉在中国》(Ramayana in China, 1955)一书，还撰写了有关中国诗歌与绘画的专著。浦那的费尔古森学院设立有研究中国学的中心，那里的学者如巴帕特(P.V.Bapat)和戈克雷(V.V.Gokhale)精通汉语和藏语等，从事梵文、巴利文和汉语、藏语佛教典籍的比较研究工作,翻译出版了汉-梵或汉-英的佛教典籍。巴帕特编辑出版的《佛教2500年》(*2500 Years of Buddhism*,1956)中考察了中国佛教历史与佛教派别。

除以中国学院为中心的中国学研究外,1962年以前印度政治家、社会活动家、哲学家以及政府官员等对中国文化的关注及论述,也成为印度中国学研究的重要组成部分,其中涉及中国文化部分,特别值得珍视。这些内容,除前述知名人士有关中国文化的言论外,还有K.P.S.梅农对中国文学与文化的介绍、拉塔克里希南对中国哲学的比较研究与介绍等。

K.P.S.梅农(K.P.S.Menon,1898—1982)是印度著名外交官,印度独立后的第一任外秘,根据其在中国的经历,著有《德里—重庆》①一书。同时,他还在系列讲座的基础上整理出版了《中国的过去和现状》②一书,书中既有关于孔子、郑板桥等古代中国文人的介绍,也有关于毛泽东等现代思想家的介绍。他的另一部著作《中国的黎明》,发表于1972年,书中有关于"泰戈尔与林语堂""中国文学中的爱"等涉及中国文学的内容,在印度的中国学研究领域具有重要价值。

拉塔克里希南(Sarvalli Radhakrishnan,1888—1975),现代印度著名学者,于1962—1967年担任印度总统。1944年,他以学者身份访华讲学,以其讲学内容为基础,于1944年出版了《印度与中国》一书,设有"论孔子""中国的宗教——道教""中国的佛教"等章节,从中国的教育传统及哲学思想的角度介绍了孔子的大同思想、人格修养理论以及神学观,对道教的基本思想理论,其消极方面的缺陷,道教与巫术、佛教的关系等,以及佛教的中国化、中国佛教的主要派别等,均有较为详尽的论及。此外,他还将中国的儒家思想、道教思想与印度的宗教思想进行比较,讨论中印文化的异同。拉塔克里希南对中国文化的介绍对当时的印度中国学研究也非常有意义。

这一时期的印度中国学研究,还有其他一些印度学者的论著、论文等成果,这里不再一一列举(可参见附录2 B.K.Kumar有关印度中国学研究的整理)。在印度学者的论文中,1962年以前的印度中国学研究被称为圣蒂尼克坦

---

① K.P.S.Menon,*Delhi-Chungking*,Oxford Univ.Press,Bombay,1947.
② K.P.S.Menon,*China:Past and Present*,London:Asia Publishing House,1968.

(Shantiniketan)运动①。作为近代印度中国学研究发展的第一阶段,它被描述为带有理性主义和人道主义色彩,对邻国文化了解的渴望以及对相互之间文化关系的了解和研究是其主要目标,因此,此时的印度中国学研究,学者们的目光多聚集在中国古代灿烂的文化传统与中印数千年的文化交流关系上。值得注意的是,1962年之前,随着1947年印度独立和1949年中华人民共和国的成立,在尼赫鲁的推动下,印度以印度国际研究院、德里大学为中心,广泛展开了对现代中国的研究。这其中,对毛泽东思想及中国的革命道路的研究逐渐成为新的热点,表现出与这一阶段前期不同的特征。如印度社会活动家阿索卡·梅赫塔(Asoka Mehta)所作的《中国,寻路者?》(China, the path finder?, 1949),印度历史学家吉利拉尔·简(Girilal Jain)所著的《毛泽东的真实意图》(What Mao really means, 1958)、《中国与印度在尼泊尔的相遇》(India Meets China in Nepal, 1959)等著作。这些著述开创的学术传统在1962年以后的印度中国学研究中得到延续。

二、1962年后的印度中国学研究

1962年是中印关系的一个分水岭。在极其微妙的国际形势下,刚刚还处在"蜜月期"的中印两国,由边境问题产生的争论逐渐升级到兵戎相见。1962年中印战争的爆发是中印文化交流史上的一个不和谐音符,然而战争也并未完全阻断中印文化的交流与对话,反而促使中国学研究在印度进一步深入,这一时期的印度中国学研究在研究领域和发展方向上均发生了重大转变,概括起来呈现以下特点:

第一,表现在研究方向上。出于变化的中印关系及政府培养中国问题专家的考虑,印度的中国学研究由前一个阶段对中国文明和文化的关注,转向了对中国历史及历史运动、现代政治思想及意识形态、印中关系、印中现代化进程比较和政治经济发展理论比较的关注上。

第二,区域研究开始成为中国学研究的重要模式。20世纪60年代中期,因国

---

① *Report on The AAS One-day Workshop on "China studies in India"*, New Delhi: India Habitat Center, 6th. March, 2008.

际形势的变化,印度走向了亲美路线。美国福特基金会对印度中国学研究提供的帮助,在促进印度中国学研究发展的同时,也影响了印度中国学研究方向的选择。在福特基金会赞助下,印度中国学研究学者前往美国从事研究并返回印度的大学任教。因此,他们的学术研究特点具有很强的美国特征,即集中关注区域研究领域,主要研究中国的政治文化、经济发展及外交政策。这一批学者的研究模式与学术兴趣影响了几十年来印度中国学研究的发展方向。

第三,对马克思主义在中国的传播和运用、毛泽东思想以及中国知识分子的关注一度成为热点。受政治环境的影响,20世纪70年代中国"文化大革命"的爆发吸引了大学里许多学者的研究兴趣,关于中国知识分子的历史、毛泽东的政治思想等成为学者们研究的主题。

第四,1962年到1978年,中印之间的学术交流受到严格的限制。然而自1988年印度总理拉吉夫·甘地访华之后,中印关系得到改善,两国之间的文化交流逐渐增多,学者的研究兴趣也逐渐开始分散,印度的中国学研究也呈现出繁荣的景象,相关的研究著述涉及文学、宗教、艺术、政治、经济等各个领域。

这一时期印度中国学研究的成果丰富,具体可参见附录2。此处选取部分简介如下:

历史、政治与外交领域:由于受意识形态的影响,印度学术界于1962年前后出版的关于中国历史和现状的书籍及论文尤其多,如《毛泽东治下的中国十年:当今中国的生活思想扫描》(1960,孟买永恒出版社)、《今日的共产党中国》(1961,孟买亚洲出版社)等;中印战争爆发后,大量火药味极浓的政治书籍也相继出版,如《我们接受中国挑战》(1962,尼赫鲁)、《中国侵略及其含意》(1963,K.M.曼西)、《中印冲突的政治》(1973,M.拉姆)、《和平之路:中印边界争端研究》(1983,T.S.穆尔提)、《中印边界问题论战》(1985,D.K.巴纳吉)等不一而足①;20世纪70年代之后,关于毛泽东的政治思想和中国"文化大革命"的研究作品也大量出现,具有代表性的有 G.P.戴希潘迪(G.P.Deshpande)的《中国的"文化大革命":来自印度的观察》(1971)、德里大学 M.莫汉蒂教授的《毛泽东政治哲学》(1979)、贝拿勒斯大学科马尔·希尔教授(Kamal Sheel)的《中国的农民社会与马克思主义知

---

① 援引自尹锡南:《二十世纪印度与中国文化》,《东方文学研究通讯》2006年第3期。

识分子：方志敏与信江区域的农民运动》（1989）等；关于中国外交政策的著作也比较多，具有代表性的有 G.P.戴希潘迪和 H.K.古普塔合著的《反帝联合阵线：中国对非洲的外交政策》（1986）、任嘉德（C.V.Ranganathan）所著的《"潘查希拉"与未来：印中关系透视》（2004）等。

社会、经济发展领域：中华人民共和国成立后 20 年间的发展道路是印度学者关注的经济领域的重要课题，著名学者白蜜雅（Mira Sinha Bhattachariea）将毛泽东和甘地进行比较，将中国的农村公社与印度独立后废除土地私有制度进行比较，发表了一些很有意义的见解。中国实行改革开放以后，深入分析社会主义市场经济也是印度研究中国的重要方面。1999 年，德里大学的中国学研究核心机构印度中国研究所成立专门的经济研究小组，重点关注当代中国经济、印中经济发展之比较以及印中双边经济关系的重大课题。以成立于 2008 年的清奈中国研究中心为例，其下所属的印度学者发表的关于中国经济的论文有几十篇之多，由 B.拉曼（B.Raman）所发表的《中国经济观察》（"Chinese Economy Monitor"）系列论文就是其中的代表。

文学、哲学研究领域：这一时期印度对中国文学、文化领域的研究著作涉及中国古典、近现代和当代文学。近现代文学中，影响最大的是对鲁迅文学的研究。尼赫鲁大学中文系的马克尼先生是印度研究鲁迅的第一人，他曾以孟加拉语翻译了鲁迅小说《孔乙己》（1978）、以英语翻译了鲁迅杂文《文化偏至论》（2004），发表关于鲁迅的研究论文如《阿 Q 与国民性质疑》（1991）、《鲁迅的"人"的概念》（1995）、《一个作家的辉煌高度：我的鲁迅观》（1998）等。除鲁迅外，还有印度学者对中国现代作家如茅盾和巴金等人进行专题研究。伟大诗人泰戈尔的侄子 A.N.泰戈尔（A.N.Tagore）研究了五四运动以后中国文学的不同流派，并出版《现代中国文学论战：1918—1937》。关于中国当代文学研究，印度学者也高度重视。黄绮淑除研究中国古代俗文学中的骈文外，还研究中国新时期（1976 年以后）中国文学现象及当代中国诗人臧克家。尼赫鲁大学中文系主任邵葆丽从 1976 年入手，从文学思潮到具体作家，特别是对中国的女性文学进行了广泛论述，代表论著有《1976 年到 1989 年间中国文学"百花齐放"的再现》《中国女性作家和性别话语（1976—1996）》等。中国当代文学作品小说家谌容的《人到中年》、陈建功的《丹凤眼》、玛拉沁夫的《活佛》等被译成印地语出版，受到印度读者欢迎。对中国诗歌的翻译与研究也出现了一系列极其珍贵的作品与译著。自谭中在教学过程中出版英文译本《中国古典诗词》之后,有关中国诗歌的作品还有维克拉姆·赛特的《三位中国诗人》(Three Chinese Poets, 1992)、《东方视野下的诗歌艺术:中国当代三位诗人一瞥》(Purbadiganter Kabita: Samakaleen tin China kabir ek jhalak, 2002),狄伯杰(B.R.Deepaka)的印地语译本《中国诗歌》(Chini kavita, 2009),墨普德(Priyadarsi Mukherji)的孟加拉语译本《毛泽东诗词全集与文学赏析》(Complete Poems of Mao Tse-tung and the Literary Analysis, 2012),以及史达仁(Sridharan Madhusudhanana)的名为《谁适为容:诗经》(China's Sangam Literature: Introduction and Direct Translation, 2012)的泰米尔语《诗经》选译本,中国诗歌的译著在印度引起了读者极大的兴趣,在文学史学界产生较大反响。近年来,随着《大唐西域记》《论语》等主要文化经典相继被译为印地语,中国文学在印度的传播又向前推进了一大步。

宗教领域:德里大学教授 K.P.古普塔(Krishina Prakash Gupta)博士专门对康有为与印度宗教改革家辨喜进行比较研究,填补了印度学界在这方面的空白点。佛教以及有关佛教的研究一直是印度中国学研究的热点,汉译佛经、佛教艺术、中国佛教派别等是印度的中国学研究学者们偏爱的课题。除对道教以及《道德经》的研究外,有关西藏地区宗教以及喇嘛教的研究论文也时有出现。

此外,延续印度国际大学中国学院的学术传统,对中印文化关系的研究在20世纪60年代后仍为许多学者所坚持继承。以谭中为例,1978年他出版了《中国与美好的新世界:鸦片战争起源研究(1840—1842)》继续研究中国历史;1994年由他主编了一期具有特殊意义的《印度视界》,这期刊物邀请了当代中印两国著名专家学者撰稿,还刊登了泰戈尔、尼赫鲁、季羡林、袁水拍等人的文章或诗歌。该期杂志设《泰戈尔与中国》《尼赫鲁与中国》《谭云山与中国》《亚洲巨人们的未来》和《理解对方》等十多个专栏,继续通过文化、文明的传播促进中印双方的心灵对话;1998年他主编了《跨越喜马拉雅的鸿沟:印度寻求理解中国》一书,该书将视野延伸到历史文化、政治、经济、外交等多个领域,全部由印度著名中国问题研究专家撰稿,也刊登了一些政治家和外交官的文章或回忆录;2006年,谭中与耿引曾教授合作出版了中文版的《印度与中国:两大文明的交往和激荡》,该书同时以英文版在印度出版,为印度中国学研究再添硕果。狄伯杰的《印度与中国,

1904—2004：一个世纪的和平与冲突》（2005年）、《20世纪上半叶的印中关系》（2001年）等著作也是中印文化关系研究领域的重要作品。

第三节　印度知名汉学家与中国文化在南亚

在印度，丰富的中国学研究成果是大批从事中国学研究的学者们一代一代传承的结果。从以上的中国学研究成果中可以看出，印度的中国学研究学者从研究领域与研究兴趣上来讲，可分为两类：一类为中国问题专家，注重研究中国政治、经济、外交、中印关系与外交战略等；一类为汉学家或者说中国学家，注重研究中国文化、中印文化关系等内容。对中国文化在南亚的传播而言，印度的知名汉学家做出了特别的贡献。

从近代以来印度的中国学研究发展历程来看，迄今为止，印度的汉学家历经了三代传承。第一代学者以印度国际大学师觉月等为代表，是在印度传播中国文化、重新开启近代以来中印文化交流之路的先锋；第二代学者以谭中等为代表，是继承印度国际大学中国学研究传统，成为中国文化在印度传播、增进中印文化理解与交流的中坚力量；第三代学者以尼赫鲁大学、德里大学的精通中文与深谙中国文化的年青一代如狄伯杰等人为代表，他们在兼顾了解现实中国政治经济发展现状的同时，继续发扬关注文化、关注文化交流与传播的学术研究精神，倡导并推动中国文化在印度的研究与传播。以下将重点介绍对中国文化在印度的研究与传播做出重大贡献的汉学家及其研究与传播中国文化的成果、特点等。

一、师觉月等与中国古代文化在印度

第一代印度汉学家中，以师觉月为最杰出的代表，他对中国文化的研究与传播，被评价为"印度汉学，功推第一"[①]。师觉月所处的20世纪初，汉学研究在印

[①] 郁龙余等著：《梵典与华章——印度作家与中国文化》，银川：宁夏人民出版社，2004年，第481页。

度尚未形成气候,中国文明特别是传统文化在印度也并未引起很大关注,师觉月一方面致力于汉学理论的研究,用佛教研究、中印文化关系研究的丰硕成果证明印度汉学研究的价值,另一方面译介佛教、道教的汉文典籍,为有志于研究中国文化的印度学者提供了基础材料,引发更多学者对中国文明的关注,这是他作为印度第一代汉学研究者,对中国文化在南亚传播的最大贡献。师觉月的汉学研究成果,在上节中已有介绍,在此仅通过其代表性著作《中印千年文化关系》(India and China, a Thousand Years of Cultural Relations)一窥他的汉学研究所涉及的中国文化内容。

《中印千年文化关系》全面回顾了古代中印两国间的文化交往,并力图寻找中国文化在印度传播与产生影响的痕迹,对当时的印度人民了解中国以及中印文化之间的友好交流历史非常重要。全书共分八章:第一章为"通往中国的道路和最初的接触",回顾了传说和有史可稽的两国往来,包括交往的最早时间、路线(丝绸之路、滇缅道及海路)以及人员的传记;第二章为"印度来华的佛教使者",记载了近千年来来华传播佛教的印度或其他西域国家的僧人的简历和其在华的主要活动情况;第三章为"到印度礼佛的中国人",分时期介绍法显、玄奘、王玄策、义净等人到印度的情况,包括考察他们的访印路线及主要活动,甚至收录了部分中印僧人往来的信函;第四章为"佛教在中国",回顾了佛教在中国的发展概况,历朝历代的帝王及学派对佛教的影响;第五章评论佛教文学,涉及它们在印度的源头以及它们在中国的发展与变化情况;第六章讨论印度的艺术与科学在中国的传播和它们与中国文化的结合;第七章比较中印两国文化传统上的相似点与不同点,其中介绍了中国的儒家社会和政治理念,中国的天、天子与祖先祭拜等内容;第八章为"中国与印度",实际上是在印度史料缺乏的情况下努力发掘中国文化对印度的影响。① 《中印千年文化关系》不仅从宗教角度向印度人民梳理了中印文化交流的奥秘,更在这种比较与梳理中,向印度人民介绍中国古代文化的同时展示了中印古代文化遗产之间的亲密关系,有助于加深印度人民对中国文化的理解与好感。同时,《中印千年文化关系》也是对中国文化在印度传播与影响痕

---

① 郁龙余等著:《梵典与华章——印度作家与中国文化》,银川:宁夏人民出版社,2004年,第486~488页。

迹的发掘,是中国文化传播与研究领域非常难能可贵的成果。

除师觉月外,第一代印度汉学家还包括布拉赫拉·布拉坦教授(Prahlad Pradhan,1910—1982),布拉坦教授是印度国际大学梵语系教授,他精通古汉语,利用中文材料进行佛教研究,根据汉文及藏文资料,他重新整理恢复了无著大师的佛教著作,并通过在西藏获得的资料,编辑了无著的《阿毗达摩集论》与世亲的《阿毗达摩俱舍论》。作为中印文化交流的早期使者,1949年,布拉坦教授曾作为印地语与梵语教授,被印度政府派到南京的国立东方语文专科学校教授印地语,之后随着东方语文专科学校合并到北京大学,又任教于北京大学东语系,直至1952年回印度。布拉坦教授有关汉学研究方面的成果与他为中印交流所做的工作,对增进中印文化互相理解,加深中国文化在印度的影响具有重要意义。①

以师觉月为代表的第一代印度汉学家对中国文化的研究与传播,呈现出以下特点:(1)进入中国学研究领域的引导者为西方学者,其出发点在于对东方文明的向往与尊崇;(2)以对佛教的研究为出发点,成果多由汉译佛典、中印文化关系等延伸至对中国文化的认知与理解;(3)都较好地掌握了语言工具,特别是古代汉语、藏语等学术语言工具。这些特点从根本上说受中印文化关系特点(比如以佛教为纽带的中印文化交流为最盛)的影响,并非汉学家们的刻意选择,但客观上决定了早期汉学家对中国文化研究在内容上具有一定的偏向性。因此,这一时期,通过中国学研究促成的中国文化在印度的传播,主要集中在古代文化或者说佛教文化方面,其传播的内容在广度上比较狭窄。

二、谭中等与中国文化在印度

在经历印度国际大学中国学院的中国文化研究高潮之后,印度的中国学研究阵地转移到德里,学术研究的重点也有所转移。但是,仍有一批学者继承了印度国际大学中国文化研究的传统,注重从中国文化、历史、语言与文学等角度研究、了解中国,为中国文化在南亚的传播做出了重要贡献。谭中为其代表。

---

① H.P.Ray,"Pioneers of Chinese Studies in India," *China Report*, August, 2004. Vol.40, No.3, pp.305-310.

谭中是谭云山的长子,1929 年出生于马来西亚,1931 年到 1954 年在中国长大,1955 年到印度,先后就读于印度国际大学、德里大学,获德里大学历史学硕士(1962 年)、博士学位(1971 年)。谭中继承父志,致力于中印学的研究,为中印文化交流特别是中国文化在印度的介绍与传播做出了卓越贡献。他对中国文化在印度的传播所做出的贡献,可归纳如下:

其一,谭中去印度后,多年来在印度从事中文及中国历史的教学工作,为 20 世纪 50 年代之后印度中国学的学科建设做出了贡献。谭中 1955 年到印度,1959—1963 年任国防部外国语学校中文讲师;1964—1978 年先后任德里大学中文讲师、副教授兼任中日系主任;1978—1994 年任尼赫鲁大学中文教授,并先后担任亚非语言系及东亚语文系主任。20 世纪 60 年代,在德里大学中日系(今为东亚系)的创建过程中,谭中教授作为第一位教员,从开设中文班开始,逐渐培养中国研究人才。其后在担任系主任期间,他致力于培养印度的中国研究队伍,在教授中文的过程中开始中国文化的介绍,在他的领导下,当时的德里大学中国研究系采取了两项重要措施:首先,建立自己培养中国专家的机制,办起"速成中文班"(intensive course in Chinese Language),使已经得到硕士学位的印度学生学会中文这个研究工具,然后再让他们进修副博士与博士学位;其次,在历史系和政治系的硕士课程中增设中国课题。这些举措,对培养印度中国文化研究队伍、扩大中国文化在印度的传播范围意义重大。他到尼赫鲁大学任教之前,尼赫鲁大学的中文课程主要由来自中国香港和东南亚国家的华人讲授,谭中转至尼赫鲁大学之后,担任中日系主任,采取三条措施,即采用中国出版的汉语教材并补充报纸、杂志及文学作品阅读,增加教师名额,成立独立的中文系。在他的努力下,尼赫鲁大学培养出一批印度教员,他们于 20 世纪 80 年代至 90 年代崭露头角并登台教授汉语与中国文化,成为印度中文教育的中坚力量,确保了中国文化研究在中国学研究领域的延续性。如今,许多具有良好中文基础且活跃在印度中国学研究领域,特别是中国文化研究领域的青年学者,都曾是谭中的学生。可以说,在培养具有良好语言与文化基础的研究学者方面,谭中对整个印度中国研究学界有莫大功劳。

其二,谭中在教学与研究过程中,坚持利用中文资料,从文化的角度从事并指导印度学者开展中国学的研究,在研究过程中坚持中印文化友好而非文化冲突的理念,坚持中印合一的研究方法,提倡中印学,为印度中国学研究指明了方向。谭中所倡导的"Chindia"(中印大同)理想,为印度中国学研究的目的提供了终极理想,也修正了印度中国学研究所受到的一些西方影响。

其三,他在从事教学研究过程中所发表的论文及出版的著作,也是中国文化在印度传播的重要表现形式。谭中笔耕不辍,著述颇丰,涉及中国文化内容的主要有:中国与东亚历史研究著作如《中国与勇敢新世界:鸦片战争起源的研究(1840—1842)》(*China and the Brave New World: A Study of the Origins of the Opium War (1840-1842)*,1978,Delhi:Allied Publishers)、《海神与龙:19 世纪中国和帝国主义之研究》(*Triton and Dragon: Studies on Nineteenth-Century China and Imperialism*,1985,Delhi:Gian Publishing House),这两本书都是印度各大学东亚历史的教科书。有关中印文化交流与理解的丛书如《跨越喜马拉雅鸿沟:印度寻求理解中国》(*Across the Himalayan Gap: An India Quest for Understanding China*,1998)、《踏着玄奘的脚印:谭云山与印度》(*In the Footsteps of Xuanzang: Tan Yun-shan and India*,1998)等,这些著作不仅系统梳理了近代以来中印文化交流的历程,更总结了中国文化在印度被理解、接受以及传播的基本状况,对了解印度学者如何理解中国具有重要意义。此外,谭中在印度出版的《中国古典诗词》《中国文学中的印度形象的历史扫描》[1]《中国文学中的古代印度》[2]《中国历史与中国革命》[3]《全面理解中国历史》[4]等一系列文章,在尼赫鲁大学组织召开纪念鲁迅诞辰 100 周年学术研讨会等活动,均直接向印度读者介绍中国文学、历史与文化,为印度学者理解研究中国文化提供了直接的材料。

除谭中外,与他同时代的中国学研究者,也可以称为汉学家的还有一批印度学者,如毕业于耶鲁大学的戴辛格(Giri Deshingkar),毕业于哥伦比亚大学的白蜜雅,毕业于哈佛大学的 K.P.古普塔(Krishna Prakash Gupta)以及毕业于加州大学

---

[1] Tan Chung, "Indian Images in Chinese Literature: A Historical Survey," *China Report*, January-Febuary 1985, Delhi.
[2] Tan Chung, "Acient India in Chinese Literature," *Abhai, maurya, Ed. India and world literature*, Delhi: India Council for Cultural Relation, 1990.
[3] Tan Chung, "Chinese History and the Chinese Revolution: On the Dynamism of Marxism and Mao Zedong Thought," *China Report*, February 1990, Vol.26, 1, pp.3-22.
[4] Tan Chung, "Towards a Holistic Understanding of Chinese History," *China Report*, August 1996, Vol.32, 3, pp.233-249.

伯克利分校的莫汉蒂(Manoranjan Mohanty)、哈拉普拉萨德·拉伊(H.P.Ray)、科马尔·希尔(Kamal Sheel)等人。虽然由于特定历史时期的需要,这些学者并没有纯粹地研究中国文学、文化以及历史,而是更多地从事中国政治、外交、经济及社会现实方面的研究,但是他们均具有良好的中文基础,对中国文化比较了解,且在学术研究过程中,注重从文化的角度,深入探讨两大文化之间的共性与差异,为现实中国的发展现状寻找文化根源。这批学者普遍对中国文化抱有好感,他们的学术工作以及对中印文化友好交流的推崇,对中国文化在印度的传播与接受起到了积极的作用。

三、墨普德、邵葆丽、狄伯杰等与中国文学在印度

自20世纪90年代始,在谭中教授等中间一代中国学研究者的培养下,新一代中国学研究者得以成长并在中国学研究领域崭露头角。尼赫鲁大学中国与东南亚研究中心作为印度中国文化研究重地,出现了一些热衷于中国文学研究并取得重要成果的学者。他们依次为墨普德(Priyadarsi Mukherji)、邵葆丽(Sabaree Mitra)、狄伯杰(B.R.Deepak)等,这几位学者对中国文学的研究,是了解中国文化在南亚的传播情况时值得关注的重要成果。

墨普德在谭中教授退休后,继任了尼赫鲁大学中国与东南亚研究中心主任之职,是印度当代著名的中国学专家。墨普德的祖父是著名的泰戈尔传记作家、印度著名史学家普罗帕特库马尔·穆科巴泰(Prabhatkumar Mukherji,1892—1985,中文名字墨晓光)。墨普德受其熏陶在高中期间就开始接触汉语,之后在尼赫鲁大学完成本科到博士的学业。其间他分别于1986年到1987年、1987年到1988年在上海复旦大学与北京师范大学学习中国文学、中国文学史、民俗学与民间文学等课程。1996年,他以博士论文《神话与社团:汉语民间文学与西藏民间文学的比较分析》("Myths and Societies: A Comparative Analysis of Chinese and Tibetan Folk Literature")获得博士学位。墨普德教授以中文、英语以及孟加拉语发表论文,著书立说。其主要研究领域为中国文学、语言、文化以及中国民间文学、中国政治与历史、中国知识分子研究等,尤其对中国现当代诗歌感兴趣,在读研究生阶段即将鲁迅诗集翻译成孟加拉文,经他翻译出版的中国诗集有:《鲁迅诗集》

(*Poems of Lu Xun*,1991,孟加拉文译本)、《中国当代诗歌集》(*Contemnor Chinese Poems*,1998,印地语译本)、《艾青诗歌和寓言集》(*Poems and Fables of Ai Qing*,2003,孟加拉文版)、《跨文化印象：艾青、聂鲁达、纪廉. N》(*Cross-Cultural Impressions：Ai Qing，Pablo Neruda and Nicolás Guillén*,2004,英译本)等。除翻译中国诗歌外,墨普德还发表了一系列有关中国文学的论文,如《1978年以来中国诗歌的发展》《1978年以来中国当代女诗人的作品》《20世纪中国女作家及其作品鉴赏》等,通过翻译与评论,向印度读者介绍中国文学。除专注于文学领域外,墨普德还致力于对中国语言、宗教、民间文学与民俗学等的研究,发表了论文如《印度、中国的生殖器崇拜习俗》《〈西游记〉小说人物中的民俗学成分》《中国文字字源及其演变》等,这些论文对在印度介绍中国文化有重要意义。①

在发表论著之外,墨普德还积极推进印度中文教学的发展,担任多所大学的中文课程顾问,自2010年始,担任印度中学课程中央委员会中文课程设计与推广委员会(Committee for Designing and Introduction of Courses in Chinese for the Central Board of Secondary Education Curriculum)的主任,在促进印度的中文教育发展以及传播中国文化方面起到了非常重要的作用。

邵葆丽是印度尼赫鲁大学中国与东南亚研究中心教授,也是印度研究中国当代文学的著名学者。邵葆丽对中国文学的研究重点,集中在中国新时期文学研究即1976年以后的文学研究上。她从文学思潮到具体作家,对当代中国文学进行了广泛考察。曾在《中国述评》上发表文章《三中全会以来的文学政策：变化的十年》《1976到1989年间中国文学"百花齐放"的再现》等文章。在《三中全会以来的文学政策：变化的十年》一文中,邵葆丽聚焦于新时期文学的十年发展过程,重点探讨了中国文艺界、文坛和中国政治领导层围绕毛泽东延安文艺座谈会上的讲话精神展开的讨论和争论。在《1976到1989年间中国文学"百花齐放"的再现》一文中,她首先追溯了毛泽东"百花齐放""百家争鸣"的文艺政策的由来,然后分诗歌和散文(包括小说、报告文学和电视文学)两个门类,对1976年到1989年间中国文学的重新繁荣发展进行探讨。在邵葆丽看来,中国当代文学发展最引人注目的是1985年到1986年间中国文坛对于创作技法和文学创新的关注。从对文

---

① 一些论文为会议论文,并未公开发表,资料来自其个人简历,见尼赫鲁大学官方网站教授介绍。

学思潮的考察以及文本的解读中她得出结论:新时期中国文学的确发生了巨变,作家们不再从社会主义现实主义的政治信仰和意识形态出发进行创作,而是让"文学这面镜子真实地反映生活和判断社会体制的缺陷"。此后,她将研究的范围从1976年延伸到2000年左右。在她看来,中国作家创作旨趣已经从政治宣教转移到知识启蒙、普通大众的个人愉悦等方面。在对中国当代文学一系列的研究之后,集中反映邵葆丽对中国当代文学研究成果的是她2005年出版的专著《20世纪中国的文学与政治:问题和主旨》(*Literature and Politics in 20th-Century China: Issues and Themes*, Books Plus, New Delhi, 2005)。此外,她还出版了《东方视野下的诗歌艺术:中国当代三位诗人一瞥》(*Purbadiganter Kabita: Samakaleen tin China kabir ek jhalak*)对中国当代诗歌进行了介绍与赏析。

除对当代文学发展历程与特点的关注外,邵葆丽还十分热衷于研究中国女性文学与女性作家的创作,这方面的代表著作有《中国女性作家和性别话语(1976—1996)》(*Chinese Women Writers and Gender Discourse(1976 - 1996)*, Books Plus, New Delhi, 2008)。在这部著作中,她将中国当代女性作家分为以张洁、张欣欣和王安忆为代表的"30后""40后""50后"第一阶段,"60后"作家的第二阶段以及"70后"作家的第三阶段,认为第一阶段女性作家注重宏大叙事,把个体的女性境遇放入更为宏大的社会文化语境中考察;第二阶段女性作家从私人经验出发,关注私人化的主题、感情和经验,较少讨论国家政治之类的宏大主题;第三阶段女性作家一反严肃,以玩世不恭的态度书写都市青年无根的生活状态与消极颓废的生活方式。① 虽然邵葆丽对中国女性作家及女性文学的观察未必全面准确,但是在印度中国学研究领域,她是第一个如此细致关注中国女性文学的研究者,并且她对中国当代文学的介绍,深入细致到具体的作家作品,这在印度对中国文学的研究中也是不可多得的。除中国古代诗歌作品以及鲁迅作品外,中国文学,特别是中国当代文学在印度的传播,是中国文化在印度传播很少涉及的方面,邵葆丽的研究与作品填补了这一方面的空白,为印度了解中国文学发展的现状提供了可能。

狄伯杰是印度尼赫鲁大学中国与东南亚研究中心教授,也是《思考印度》

---

① 张晓红:《论印度汉学家邵葆丽的性别研究》,《澳门理工学报(简体版)》2011年第3期。

(*THINK INDIA*)季刊主编,他的主要研究方向为中印关系和中国文学。1991—1993年,狄伯杰在北京大学做了3年访问学者,专门学习了文言文、中国古代史和近现代史。1996年,他再度来到北京,在中国社会科学院进行中国文化与文明的高级研究。1998年,他以论文《20世纪上半叶之印度与中国》在尼赫鲁大学中国与东南亚研究中心获博士学位。取得博士学位后,狄伯杰在北京师范大学、英国爱丁堡大学和英国兰卡斯特大学继续深入学习与研究。狄伯杰就中印关系和中国文学发表了15篇较有影响的论文,并撰写了6部专著。这6部专著为《20世纪上半叶的印中关系》(2001年)、《中国文学史概要及其代表作赏析》(2001)、《印度与中国,1904—2004:一个世纪的和平与冲突》(2005)、《我与柯棣华》(2006)、《中国诗歌:从〈诗经〉到〈西厢记〉》(2009)、《中国:农业、农村与农民》(2010)。此外,他还编写了《汉印词典》(2003)、《联合国语言词典》(2003,与H.P.Ray等人合编)等。① 这里重点介绍他有关中国文学著作的价值及其对中国文学在印度传播的影响。

《中国文学史概要及其代表作赏析》出版于2001年,是印度尼赫鲁大学中文专业本科生、研究生的教材,该专著反映了当代印度学者对中国文学研究的最新成果和最高水平。在这之前,在印度系统介绍中国文学史的作品极少。谭云山、谭中夫妇等曾在教学过程中比较系统深入地介绍过中国文学,如谭中的夫人黄绮淑女士曾发表文章《中国文学的四个阶段》("Four Decades of Chinese Literature"),戴辛格曾写过文章《中国文学:一篇介绍》("Chinese Literature: An Introductory Essay"),除此之外,印度对中国文学的研究基本上为鲁迅文学研究以及上述墨普德、邵葆丽等对中国诗歌以及当代文学的某一特定时期或主题的研究。《中国文学史概要及其代表作赏析》可以说是印度学者所写的第一本从文学史以及作品研读赏析双重角度向印度介绍中国文学的作品,对中国文学在印度的传播意义重大。《中国诗歌》(印地语版本,2009)是狄伯杰的新作,也是印度学者所作的第一本中国古典诗歌的印地语译本。该书荣获"中国文学2011年杰出书籍奖",狄伯杰本人也因此获得"第五届中华图书特殊贡献奖"。《中国诗歌》选译了自《诗经》

---

① 褚国飞:《龙象共舞:中印建交60周年——访印度尼赫鲁大学中印问题研究专家狄伯杰》,《中国社会科学报》2010年10月21日第4版。

至元代的中国古代诗歌,并有适当的注释。在书中,作者简要介绍了中国先秦至清代的古代诗歌发展简史,之后,选择《诗经》6 首,屈原和南方诗歌 4 首,汉代诗歌 1 首,魏晋六朝诗歌 14 首,唐代诗歌 40 首,宋代诗歌 11 首,元代诗歌 3 首,并用简洁、流畅的现代诗歌语言,将这些不同时代的古代中国诗歌,翻译成同一种风格的印地语。学者们对其翻译水平给予了极高的评价,认为其译文清新晓畅,易于理解,对不同语言的把握极为精到。2016 年,由狄伯杰翻译的《论语》(印地语)在印度出版,这是孔子哲学思想经典第一次以印度本土语言在印翻译出版,这对中国文化在印度的传播意义产生了重大影响。

狄伯杰对中国文学的传播,重要意义在于其利用自身深厚的语言功底,深入细致地考察中国文学的宏观历史及具体作品,特别是对中国古代诗歌的关注与翻译,将中国古代文学之美真正用普通人读得懂且富有印度特色的语言介绍给印度人,这在中印文学交流史上具有填补空白的开创性意义。

第四节　印度的中国学研究与中国文化在南亚的传播

综上所述,一个多世纪以来,印度的中国学研究成果可谓非常丰富。借由印度的中国学研究,中国文化在印度的传播内容比较狭窄,主要集中在以下几个方面:其一,历史文化领域,主要以研究中国革命史、中国佛教历史以及中国当代历史为主,对中国古代历史特别是断代史的研究以及历史宏观的介绍不是非常多;其二,宗教、哲学领域,以介绍中国佛教思想、儒家思想、道家思想等古代哲学思想以及近现代毛泽东思想为主,对古代哲学思想的介绍以佛教思想最为突出,对儒家思想以及道教思想的研究并不深入,特别是缺乏对哲学经典原著的翻译与研究;其三,文学语言领域,以近现代中国文学的介绍为主,成果多为论文,对中国文学的介绍中,没有译介受大众欢迎且引起较多关注的中国文学作品,没有形成普遍的社会关注,中国文学在印度的传播范围较小。

因此,相比较而言,印度对中国古代文化,如中国哲学、宗教等传统文化的关注也不是非常充分。近代以来关于中国的研究多集中在政治学、外交和经济发展领域,印度中国学研究对近现代中国文学、文化的关注不足,这种特点在印度学者有关印度中国学研究的论文中也常被论及。

此外,印度的中国学研究还有几个特点值得关注。首先,在印度的中国学研究过程中,中国学者在其中发挥了巨大作用。谭云山和谭中父子两代可以说是印度中国学研究的奠基者和领军人物,而一些中国学研究实力比较雄厚的科研机构,也与国内科研机构及学者进行了比较好的互动。其次,印度的中国学研究中,除少数研究中国文学、文化、精通汉语的学者外,大多数学者特别是政治、外交学研究领域的学者,并非从汉语资料展开对中国的研究,他们更多的是从英语资料入手,获取研究中国所需的信息。精通汉语的学者对中国学的研究,往往更重视从传统文明、文化入手;而从英语获取资料的学者,往往更多集中在区域研究、政治外交战略研究等领域。最后,随着中印学者间的互动与交流逐渐频繁,印度年青一代学者的语言水平普遍较好,获取中文材料也较为便利,因此,在对中国的政治、经济、外交研究之外,出现了一批愿意研究传播中国文化,且在这些方面取得一定成就的学者。

印度的中国学研究在学术精英与知识分子中,直接造成了中国文化的印度形象,其以上特征是影响中国文化在南亚传播与接受的重要因素。因此,如何增强两国人民之间的互信,增强中国文化特别是传统文化对印度的吸引力,通过真正意义上心灵的交流实现两大文明古国之间的共同发展,将成为中国文化通过学者研究在印度传播需关注的重点。因此,继承印度中国学研究的传统,充分发挥中国学者的作用,进一步增强两国学者之间的学术文化交流,通过汉语的传播及中国典籍的翻译工作向印度知识界提供更多了解中国的可能,在未来的对外文化交流工作中将具有重要意义。

第五节　斯里兰卡的中国学研究与中国文化的传播

一、古代斯里兰卡对中国的认识

从世界范围的学术研究视角看斯里兰卡,很多时候这个南亚岛国是作为一个小乘佛教的传承中心而出现在人们的视野之中的。斯里兰卡对于世界文化最重要的贡献,就是保存和传承了小乘佛教的经典文献,并且将之发扬推广到其他国家。佛教对于斯里兰卡的意义如此重大,以至于它的历史、社会发展史和文学史等诸多领域无不贯穿着佛教的因素和内容。古代斯里兰卡对中国的认识在很大程度上也围绕佛教而展开。

斯里兰卡和中国的古代史书中都有两国往来的交往记录。两晋南北朝至隋唐时期,中国佛事鼎盛,与佛国斯里兰卡的联系也增多。其间,两国僧人互到对方国家游历,并留下文字记载。《梁书》记载,师子国(斯里兰卡古称)得悉东晋孝武帝崇奉佛教,即遣僧人渡海送来玉佛。东晋义熙六年(410),法显从印度抵达斯里兰卡并居住两年,带回大量佛经。南朝宋时期,斯里兰卡比丘尼戒传入中国。至隋唐,中国多有僧人赴斯里兰卡瞻礼佛牙。《大唐西域求法高僧传》中提及中国到过斯里兰卡的僧人就包括义朗、明远、窥冲、智行、慧琰、智弘、无行和僧哲等。这些往来联系,成为斯里兰卡佛教对外交流史上的一个重要组成部分,引发后世学者的反复讨论,并加深斯里兰卡学界和民众对古代中国的认识和了解。这种讨论到现代仍在继续。例如,阿摩罗西里·维拉拉特尼(Amarasiri Weeraratne)在论述中就表示,比丘尼戒本自斯里兰卡传入中国,之后又于20世纪在中国的帮助下在斯里兰卡重建。(《中国与斯里兰卡的比丘尼传承》,朱映华译,刊《法音》1996年第3期)

在斯里兰卡古代历史上留下浓墨重彩一笔的中国人就是东晋僧人法显。法显于399年以60余岁高龄,从长安出发徒步西行,历经千辛万苦,于409年抵达斯里兰卡。他在岛国居住了两年,其间游历四方,抄经不倦,回国时九死一生,最终带回了大量宝贵的佛教经典。他的著名游记《佛国记》中,留存了有关斯里兰卡的珍贵记录。《梁书》中关于师子国的记载,基本采自法显的《佛国记》:师子国,天竺旁国也。其地和适,无冬夏之异。五谷随人所种,不须时节。其国旧无人民,止有鬼神及龙居之。诸国商估来共市易,鬼神不见其形,但出珍宝,显其所堪价,商人依价取之。诸国人闻其土乐,因此竞至,或有停住者,遂成大国。在斯里兰卡,法显是家喻户晓的高僧。一个据说是当年法显曾经留宿的洞窟,被斯里兰卡人命名为"法显石洞",并且在附近修建"法显寺"。20 世纪 80 年代初,为了纪念这位中斯友谊的先行者,中国政府在法显寺附近援助建设了"中斯友谊村",并且立碑为记,用僧、中、英三种文字铭刻下两国友谊的见证。

15 世纪初,明朝伟大的航海家郑和七下西洋。在他七次充满艰辛奇遇的航程中,每一次均抵达斯里兰卡(史称锡兰山)。其中 1411 年的第三次航海过程中,郑和甚至与斯里兰卡军队打仗了。《明史》对这段历史这样记载:"六年九月,再往锡兰山。国王亚烈苦奈儿诱和至国中,索金币,发兵劫和舟。和觇贼大众既出,国内虚,率所统二千余人,出不意攻破其城,生擒亚烈苦奈儿及其妻子官属。劫和舟者闻之,还自救,官军复大破之。九年六月献俘于朝。帝赦不诛,释归国。"对于这段历史,在斯里兰卡有着不同的记载。历史充满了迷雾,史书能在更大程度上还原真实是历史学家追求的目标。明朝野史载,郑和在第二次或者第三次下西洋时,把斯里兰卡的镇国之宝——佛牙舍利,带回了南京。这是否为史实,也为史家所争论。《明史》在记载郑和下西洋目的的时候,说:"成祖疑惠帝亡海外,欲踪迹之,且欲耀兵异域,示中国富强。"这一点也一向争议很多。但是,比较明确的一点是,郑和确实在斯里兰卡历史上留下了自己的名字,他最初也是带着友好的讯息和意愿不辞万苦完成航海旅程的。在斯里兰卡至今仍保存完好的一块郑和当年留下的用中文、泰米尔语和阿拉伯语刻写的石碑,上有"仰惟慈尊,圆明广大,道臻玄妙,法济群伦,历劫沙河,悉归弘化,能仁慧力,妙应无方"等语,证明郑和最早是无意与之兵戈相见的。郑和下西洋的许多细节,在斯里兰卡古代史上都有案可查。而对中国历史上的相关记载,也长期引发斯里兰卡学者的关注和学术讨论。这样的研究加强了斯里兰卡对中国的认识和了解。

二、现代斯里兰卡的中国学研究

近代斯里兰卡经历了 400 多年的殖民统治。这期间,不但自身的传统文化发展和延续出现了割裂和断层,在对外交往和学术研究方面,尤其是对包括中国在内的其他东方国家研究活动也几近终止而鲜有记录。20 世纪中期斯里兰卡独立,随后中斯建交,两国各领域的往来开始日益密切,学术联系也活跃起来,这就有力地推动了斯里兰卡学者对中国的兴趣和研究。

1. 马丁·维克拉玛辛诃

马丁·维克拉玛辛诃(Martin Wickramasinghe, 1890—1976)是斯里兰卡最负盛名的小说家,在斯里兰卡近现代文学史上拥有至高无上的地位。他的主要学术成就为创作了在斯里兰卡文学史上具有划时代意义的"乡村三部曲",即《乡变》《黑暗年代》和《时代末》。这三部小说以及作者的其他作品对斯里兰卡的近现代小说创作产生了极其深刻的影响。

1959 年,马丁·维克拉玛辛诃在中华人民共和国成立 10 周年之际,应邀访问了中国。他回国之后创作了系列论文,发表在斯里兰卡的出版物上,其中记载了他对新中国文化成就和宗教传统等多方面的学术观察。这些论文后来在斯里兰卡结集出版,名为 NAVA CHEENA BIBIDEEMA,即《新中国印象》。在这本书中,马丁·维克拉玛辛诃结合自己的文化研究心得和中西方文化比较研究,深入介绍和分析了中国文化的表象和内涵。这其中既反映出他作为文化学者所具有的渊博而深厚的知识功底,又显露出他在文化研究方面的丰富经验和积累。2007 年,中国和斯里兰卡举行了系列活动,庆祝中斯建交 50 周年,并决定翻译出版这本著作作为献礼,送给来华访问的斯里兰卡总统。斯里兰卡国内对这本书的中文版非常关注。斯里兰卡驻华使馆官员表示要将其陈列在斯里兰卡国家图书馆,作为中斯友好的永久见证。

在《新中国印象》中,马丁·维克拉玛辛诃对中国的佛教文化传统、藏传佛教艺术、民间艺术和戏剧艺术等都提出了独特的见解。他从文化比较的视角深入透彻地分析了中国文化,并指出其与斯里兰卡传统文化的渊源。他甚至细致入微地观察了微雕、泥人和剪纸等民间艺术形式。马丁·维克拉玛辛诃在文章中表示,中国在 1949 年后的十年之间,社会发展取得了巨大的进步。这不仅仅反映在工业基础和城市建设等方面,文化艺术领域的繁荣更是让人印象深刻。维克拉玛辛诃先生还强调,中国有着古老的历史和悠久的文明传统,文化底蕴博大精深,非常值得包括斯里兰卡在内的其他国家借鉴学习和汲取养分。

中国拥有独特的文化传统,而且在历史上有着连续的发展和传承,从未中断。维克拉玛辛诃先生对此展开了深入讨论。他在《中国民间艺术》一文中,将中国文明和世界上其他古老文明进行了比较:"从远古时期发源,并且能够延续传承至今的世界文化传统中,毫无疑问首推的应该是中国文化。埃及的历史比中国历史要古老三四千年,但是古埃及文化在大约两千年前就衰落消亡了。印度文明和中国文明一样古老,但是印度的文化和艺术没有一个连续的传承历史。摩亨约达罗(Mohenjo Daro)的雕刻和建筑艺术根本没有得以流传。佛陀时代开始,印度则确实有一些艺术门类能够存续至今,但是这也仅仅有 2500 年左右的历史。"

马丁·维克拉玛辛诃是现代斯里兰卡历史上第一位对中国做出学术观察和思考并撰文留下记录的学者。由于他在斯里兰卡的独特而重要的地位,更由于他所做的工作受到官方推动的背景,使得马丁·维克拉玛辛诃的观点和看法在斯里兰卡社会广泛流传,产生较大反响和深远影响,也使得更多的学者开始将研究目光投向中国。

2. 埃底里维拉·萨拉钱德拉

埃底里维拉·萨拉钱德拉(Ediriweera Sarachchandra,1914—1996)是斯里兰卡著名的剧作家和小说家。他完成了题材和样式都非常广泛的文学创作,包括小说、诗歌和戏剧等。

萨拉钱德拉曾游历印度、中国和日本等戏剧传统悠久的东方国家,对中国京剧和地方戏以及日本的歌舞伎进行了深入研究。在萨拉钱德拉的重要学术著作《僧伽罗民间剧》(The Sinhalese Folk Play)中,他概述了东方戏剧,其中重点介绍了中国的戏剧传统、京剧以及内容丰富的中国地方戏曲的特点。他在作品中指出斯里兰卡戏剧界需要了解和借鉴成熟的东方戏剧门类的艺术经验。

1961 年,萨拉钱德拉推出了戏剧版《辛诃巴乎》。"辛诃巴乎"故事本身流传很广,不但在斯里兰卡家喻户晓,连《大唐西域记》之中也有相当篇幅的记载。该剧一经上演便在斯里兰卡引起轰动,此后多次排演,对普通观众和学术界都产生了巨大的影响力。萨拉钱德拉也凭借此剧奠定了他在斯里兰卡戏剧界无人可以比肩的地位,成为僧伽罗戏剧复兴发展的中流砥柱。

在《辛诃巴乎》中,男主人公的脸谱设计和舞台道具的应用都有着明显的借鉴痕迹。我们甚至可以说,是包括中国在内的很多东方国家相对成熟和历史更为久远的戏剧传统给了萨拉钱德拉灵感和启示,让他在较为简单的僧伽罗戏剧基础之上综合提炼升华,在20世纪中期相继创作出多个戏剧元素更为丰满的作品。在这个意义上,萨拉钱德拉对中国戏剧的研究使他得到了很多艺术营养。这一点在他创作的多部戏剧作品中都有明显的反映。例如,1956年,萨拉钱德拉创作了戏剧《麦拿梅》(*Maname*)。作品中男主人公的脸谱花白相间,宛如京剧中的大花脸。这样的艺术表现形式也得到了斯里兰卡民众的广泛认可,并且从一个侧面加强了他们对中国戏曲艺术的认知。

3. 钱德里希里·班里亚古鲁

钱德里希里·班里亚古鲁(Chandrasiri Palliyaguru)是斯里兰卡凯拉尼亚大学教授。1988年,班里亚古鲁作为访问学者到中国游学一年,其间浏览丛书笔耕不辍,回国后发表了大量有关中国的文章和著作。

《长城之内》(*Maha Prakaryen Eha*)于1991年在斯里兰卡出版了僧伽罗语版。这是班里亚古鲁教授以在中国访学经历为背景创作的一本日记体作品。除了日常生活的所见所闻,他更多地以一名学者的视角,对中国的社会、文化、文艺等诸多领域进行了深入观察和思考。其中既包括对颐和园、长城和故宫等文化古迹的描写以及历史反思,还包括对中国的第五代电影浪潮、20世纪80年代末中国的文化思潮等内容的描述。这样一部作品,构成了对20世纪80年代中国社会文化现象的全面介绍,其日记体的文风也非常适合普通读者的阅读习惯,因此在斯里兰卡影响广泛。

实际上,从20世纪五六十年代以来,到中国来访学的斯里兰卡学者都热衷于中国研究。这些学者大多在斯里兰卡国内拥有一定的学术地位和影响,对于研究创作得心应手,这使得他们的著作成为斯里兰卡民众了解中国、认识中国的一个重要窗口。有一些学者归国后,将研究重点放在中国文化之上,在学术研讨会等场合宣传和推广中国文化,在斯里兰卡的主流学术层面增加了中国研究的分量。

三、凯拉尼亚大学的中国研究

在斯里兰卡,研究中国的学者大都没有掌握中文。他们基本上通过亲身经历或者阅读英文书籍来形成自己对中国的认识和结论。因此,在相当长的时间内,斯里兰卡国内没有出现真正意义上的汉学家。这种局面随着斯里兰卡中文教育的建设和推广,开始有所改观。

斯里兰卡最早开设中文课程的是凯拉尼亚大学(University of Kelaniya)。20世纪后半叶,有多名中国教师曾经赴凯拉尼亚大学教授中文,对象主要是希望到中国留学以及一部分对中文感兴趣的学生。但是中文始终没有作为一个正式的课程进入大学的课程体系。20世纪末,随着中国国力的不断增强以及对外影响的不断扩大,世界上越来越多的国家出现了汉语热。凯拉尼亚大学也将汉语纳入了文学院现代语言文学系的课程体系之内,并且有几名专业的斯里兰卡汉语教师面向几十名学生系统教授中国的语言文化。我们有理由相信,斯里兰卡真正意义上的汉学家将在凯拉尼亚大学的现代语言文学系产生。

四、斯里兰卡中国学研究的未来发展

斯里兰卡的中国学研究方兴未艾,预计会不断升温。这样的局面以中国作为和平崛起大国的国际影响力不断提高为背景。斯里兰卡重视与中国的关系发展,这是一个国家行为,必然会得到强有力的政策指引和支持。这样的发展势头也符合中国致力于海外文化推广的宏观政策方向。2007年,斯里兰卡的第一所孔子学院在凯拉尼亚大学成立。作为推广中文教育和中国文化的窗口机构,孔子学院在斯里兰卡受到热烈欢迎。目前还有其他大学在积极申请再成立一所孔子学院。有了这样的汉语和中国文化推广机构,再加上斯里兰卡国内高等院校中文教育体系的建设和成长,斯里兰卡的中国学研究一定会结出更多的硕果。

结 语

近代以来中国文化在南亚：分析与展望

纵观近代以来中国文化在南亚的传播、研究与流传的历程与现状，我们发现，在文化交流过程中，中国文化在向南亚的传播过程中，因文化的传播方式与态度、接受的方式与态度，以及中国与南亚所处历史境遇的不同而呈现阶段性的不同特点。中国文化在南亚的现状表明，文化传播与接受的方式与态度等这些因素，既是近代以来促进中国文化向南亚传播的动力，也是决定中国文化在南亚流传现状特点的主要因素。中国与南亚文化的进一步友好交流，中国文化在南亚传播的深入发展，需在认真分析这些因素的基础上，依据现实的国内、国际政治环境，采取更加积极、全面的措施与方式，才能取得更好的效果。

一、中国文化向南亚传播的主要方式与态度

如前所述，中国文化在向南亚传播的过程中，从中国的文化传播方式来看，以学者的研究与民间的交流为主要方式，官方主导的文化交流活动，在促进与选择文化传播的内容方面并未起到主导作用。这些知识分子与学者，或凭借其个人理想，或凭借其个人机遇，或凭借其对中国文化的自豪感，在学术研究与个人游历过程中，不遗余力地在南亚宣传、传播中国文化，为南亚人民理解中国文化提供了较深入的途径。从文化对传播的态度来看，中国文化向外传播的诉求，在近代伊始，

显得非常被动。在民族复兴理想的鼓舞下,我们希望更多地吸收外来文化的长处,并将其与自身文化对照,以观照自身文化的不足。进入当代之后,随着中华人民共和国的成立,中国文化的发展经历了曲折的过程,在向外传播时抱有非常功利的态度,在向外解释一个崭新的中国及其所取得的文化成就时,不注重古代传统文化的传播,更多在于对现状的展示与解释,且较多面向西方世界,始终未能将增进南亚人民对中国文化的认知与了解放在文化对外传播的重要位置。当然,进入新世纪,随着中国综合国力的不断增强,出于塑造国家形象的需要,中国文化在向外传播方面表现出越来越主动的姿态,特别是针对周边国家,增进互信与理解的愿望也越来越强烈。

二、南亚接受中国文化的主要渠道方式与态度

纵观近代以来中国文化在南亚的接受,从接受的主要渠道方式来看,与中国文化的传播方式一样,以知识分子与学者的自发了解与接受为主导,知识分子研究与传播中国文化的活动,是中国文化在印度被传播与接受的主要方式。官方主导的对中国文化的关注,与中国及南亚的历史境遇紧密相连,更多的关注内容集中在现实问题层面,如政治、经济、外交等,对于历史、文化、文学、宗教的关注不是官方对中国文化的主要关注焦点。因此,从文化接受的态度方面讲,受官方态度的影响,南亚的学者与知识分子自发地对中国文化进行了选择性接受的态度,一方面他们认同中印文化友好交流的历史、中国文化的古老与丰富,另一方面在接受与传播时,选择对其时局有利的现实部分。如甘地等在民族解放运动时代对中国文化的赞扬与宣传,即是从对抗西方文明的侵略角度出发的,由此,也引起印度汉学家在西方研究传统的引导下,关注中国古代文明与文化的热潮。到了独立后,对共产党领导下的新中国的认识和了解成为主要任务,因此,对中国文化的接受就转为对现实的介绍。在中印关系的疏离时期,特别是在中国国内政治局势动荡的20世纪六七十年代,研究中国国内文化运动、考察中国的对内对外战略成为学者与官方关注中国的重点,对中国文化特别是传统文化的关注也始终不是南亚官方、知识分子关注中国的焦点。当然,造成这种现状的原因除政治与时局因素外,还有语言与知识分子学养方面的因素。一些具有良好语言基础,对中印文化

交流历史、对中国文化研究了解比较深入的知识分子，仍坚持在研究过程中，从文化的角度认知中国的现实，注重考察中国与南亚之间源远流长的文化联系，在了解中国的同时接受中国文化影响，认同在南亚传播中国文化。

三、展望与建议

综上所述，中国文化在南亚的传播与接受的历程，一方面是由许多富有理想的学者、知识分子推动，另一方面又不完全由某个人或某些人的主观愿望决定。它的发展与现状的形成，与具体的历史时期紧密相关，与中国与南亚各自的历史命运相关，受中国和南亚国家之间的外交关系影响。因此，深化中国文化在南亚的传播与影响，首先，要为文化的传播创造良好的环境与通畅的渠道，具体而言，一方面应在中国文化在南亚的传播方面抱有更加积极的态度，不要让相邻国家间的文化隔阂加深；另一方面要为文化的传播交流提供更多的渠道和可能，如增进学者之间的交流、加大中国典籍外译为南亚语言、协助南亚地区培养更多汉语人才、在官方与南亚的交流活动中以多种方式增加对中国文化的宣传等。其次，文化的向外传播固然是当前中国文化发展的需要，但是文化的交流从来都不是单向的，文化间的互相影响与融合是双向且互相作用的结果。因此，在重视文化向外传播与交流的同时，也应以更加包容、积极的心态，关注、了解、研究南亚文化。以比较的眼光进行的互相观照，更能引起双方的共鸣，从而达到文化传播的目的。总之，文化的融合与交流，既是自然而然的过程，又有其自身的规律与特点，只有以包容的心态、积极的态度、务实的方式去持续推进，才能取得理想的效果。增进中国文化与南亚文化的交流，应是未来深化中国文化在南亚传播与影响的重要措施。

附录 1

法显在斯里兰卡[①]

斯里兰卡是印度洋上的一个岛国,是海路交通的重要枢纽,自古以来就吸引了众多来自东西方的旅行者。这里的宝石和珍珠非常有名,其次还生产优质的香料。这样,斯里兰卡就成为繁忙的贸易活动中心。除此以外,当时被称为师子国的斯里兰卡还是上座部佛教的中心,这也让她名声远扬。佛祖释迦牟尼的教义于公元前3世纪传入了斯里兰卡。最初是通过一代代僧侣的口口相传而得以保存下来。200年之后,这些教义首次被用文字记录下来,从而确保了文本的正确和真实。斯里兰卡从此被视为保存了最纯净佛教经典的地方,以佛法之岛(Dhammadiipa)而闻名。斯里兰卡也因此成为很多求法旅行者,尤其是那些希望了解佛祖最原始的佛经的人心目中的圣地。当我们回顾这一类到访斯里兰卡的人员名单的时候,中国僧人法显排名非常靠前。原因就是法显对于佛教信仰孜孜不倦地追求,以及他给我们留下了当时关于斯里兰卡佛教社会的宝贵资料。

上座部大藏经在公元前3世纪传入斯里兰卡,此后由不同流派,擅长不同分支佛法经典的"说法师"(Bhanaka)通过口传心授传承下来。这些口传下来的经典在公元前1世纪被用文字记载下来。这是一个意义非常深远的事件。因为在

[①] 斯里兰卡佩拉德尼亚大学 K.N.O.Dharmadasa 2010 年撰写了《法显在斯里兰卡》,并委托我翻译成中文,编入附录。

印度,也就是佛经的发源地,佛祖的教义很快就要消失了。这样将佛教大藏经记录下来就被称为"僧伽罗人民对于人类知识遗产所做出的最重要的贡献"(Paranavitana,1959:268)。

斯里兰卡不但保存和传承了佛陀的原始教义,还保存了一批价值非常高的经论。这些经论于公元前3世纪和原始教义一起传入斯里兰卡。后来,僧伽罗僧侣定期将自己的经论以及其他历史资料添加到经论之中,从而扩大了经论的规模。这些佛经和经论成为一笔宝贵的宗教知识财富。到5世纪,有两个外国饱学僧侣受到感召,来到了斯里兰卡,他们就是来自中国的法显和来自印度的觉音(Buddhaghosa)。这两个人碰巧都于摩诃那摩国王(Mahanama,406—428)统治期间来到了斯里兰卡。斯里兰卡作为佛陀教义保存地的声名在亚洲影响深远。生于印度并且在印度剃度出家的觉音法师就被自己的老师派遣到斯里兰卡,原因是"印度没有保存经论,也没有不同佛教大师的教义传承。但是斯里兰卡有摩辛陀(Mahinda)法师最初从印度带来的经论,后来翻译成岛国的语言……到那里去研究这些教义和经论吧,这样可以惠及他人"(大史,第37章,第228—230颂)。佛教在斯里兰卡的繁荣还有一个事实佐证,即当中国希望建立比丘尼戒的时候,是斯里兰卡提供了支持。摩诃那摩国王亲自将中国需要的比丘尼送来,并帮助中国建立了比丘尼戒(Weerasinghe,1995:57)。

在那些访问过斯里兰卡的外国高僧大德中,法显和觉音是最著名的。尤其是法显,他来到斯里兰卡时年岁已高,却不畏种种艰难险阻,其求法的勇气让人敬佩。法显以65岁的高龄从中国出发,走上艰苦的旅程,收集那些希望带回国的佛教经典。他在斯里兰卡备受尊崇,这一点可以从他的著作多次被翻译成僧伽罗语而得到证明。在宝石城附近的圣足山上,有传说中佛陀留下的足印。在通往圣足山的途中有一个山洞。据说法显曾经在此山洞中留驻过一段时间。现在这个山洞以"法显洞"而闻名。这也可以说明法显在斯里兰卡是多么深入人心。

为了说明法显在僧伽罗人之中受到尊崇的程度,我想引用两位僧伽罗学者的文字。他们曾经把法显的著作翻译成僧伽罗文。

> 在旅途之中,一些曾经和法显一同出发的人过了一段时间以后退却了,返回了中国。一些人在半途不幸身亡。还有一些人留在了印度。法显就剩下了孤身一人。但是这位伟大的英雄下定了决心,绝不半途而废,终于抵达

了斯里兰卡,并且停驻了一段时间。随后,他得到了自己寻找的书籍,乘船返回中国,并回到建康。从出发至此,已经过了 14 年……法显于 86 岁离世。这位伟大的僧人,这位百折不挠的菩萨,将他的心灵奉献给了佛教,用他的光辉人格树立了楷模。①

上述文字来自已故的高僧 Balangoda Ananda Maitreya Maha Thero。他是现代斯里兰卡历史上最受尊重的僧侣之一。下面的引文来自贾亚瓦德纳大学名誉教授 Wimal G.Balagalle 所翻译的《佛国记》的介绍。

  法显是世界史上最重要的人物之一。他意志坚定、品格坚强,不达到目标就不放弃。在这个意义上,法显所取得的成就在古代旅行家之中只有少数几个人可以相媲美。所有看到法显传记的人都会认识到,他从行程开始一直到生命的最后时刻,都没有任何的私心杂念。他的自我牺牲精神让全世界都获益匪浅。他不但对中国也对全世界都做出了伟大的贡献。②

上述观点可以说明为什么学者们如此推崇这位中国古代的旅行家,以及为什么他们认为应该将法显介绍给那些可能还不太了解法显的成就和贡献的当代读者。阅读法显的游记,我们能够深刻地感觉到,法显在所经历的 30 多个王国中遇到虔诚僧人们的时候都饱含尊崇之情。同样,斯里兰卡的学者们也讨论法显对佛陀教义的虔诚、在面对艰难困苦的时候所拥有的勇气,以及法显在实现自己的目标过程中百折不挠的信心。

  法显历经千辛万苦回到中国之后,他并没有立即返回故乡去会见亲朋好友。他直接去了建康,并且在一个叫作佛陀跋陀罗(Buddhabhadra)的印度法师的帮助下开始将带回来的经文翻译成中文。(Balagalle:20)

此外,斯里兰卡的学者还很推崇法显在记录他所观察到的各种佛教社会时那种不带任何偏见的态度。法显尊重事实。那些和法显打过交道的人,不管他们是信仰大乘佛教还是上座部佛教,只要他们的品格高尚,法显就如实记录下来。"法显本人是大乘佛教僧侣。但是他对遇到的小乘僧侣的德行和品格都有很高评

---

① *Fa_Hsien*,*Sung-Yung Denamage Gaman Vitti Balangoda Ananda Maitreya Maha Thero*,Maharagama,Saman Press,1958,p.ii.
② *Fahienge Deshatana Vartava*, Prof. Wimal G. Balagalle, (1957) Second ed. 1999, Boralesgamuva, Visidunu,p.21.

价。"(Balagalle:21)

佛教传播的历史表明,佛教传入中国似乎早在 3 世纪就开始了。在一些零星的渗透之后,汉明帝(28—75)正式认可了佛教。新传入的佛教很快就备受欢迎,研究佛经的需求也就越来越大。据说汉明帝本人曾经向印度派遣过使团,以获取佛经并邀请僧侣访问中国。从此,中国和南亚的佛教社会开始了活跃的交流。而斯里兰卡作为上座部佛教经典的保存地,也将在这种交流中占有重要地位。佛教在中国稳步传播和发展,到 500 年,中国各地区都存在佛教信仰(Dutt,1956:163)。

但是这里存在一个问题。佛教在当时的中国是和一些其他信仰紧密掺杂在一起的。一些了解这个问题的人就开始考虑,他们必须前往佛教的故乡印度,去寻找真正的教义,去净化中国的佛教信仰。法显访问印度以及随后访问斯里兰卡正是出于这种考虑。他是众多"求法者"之一,目的是为了搜集纯正的佛经,了解真正的佛教教义和管理僧侣的佛教戒律(vinaya)。历史记载表明这一时期有不少于 162 位这样的"求法者"曾经出发前往印度。其中最著名的包括法显(400—414)、玄奘(629—646)和义净(672—695)。他们的游记也已经被翻译成其他国家的文字。

随着一种宗教的迅速流行,可以预见那些新出家的僧侣在遵守戒律方面会变得松懈。这会引起那些恪守戒律的年长僧侣的担忧。这种局面在法显生活的时代就存在。这样,法显就以 65 岁的高龄开始了求法之旅。他的目的就是在中国的佛教界建立真正的戒律规范。当时的中文佛经中,律藏(Vinaya Pitaka)并不完整,这是一个让法显非常担忧的问题。法显和其他 9 人一起组成求法团赴印度求取真经,以弥补中土律藏的缺憾。14 年之后,在求法团众人之中,法显孤身一人返回了中国。他完成了当初的目标,带回了化地部的《律藏》(Vinyapitaka)、《长阿含经》(Dirghagama)、《杂阿含经》(Samyuttagama)以及《杂藏》(Samyutta-sancaya)等(Legge,1965:111)。

作为一个旅行者深入陌生之地,法显在旅途中遇到诸多危险。他详细描述了途中的艰难险阻,以及在路过的一些地方佛教给人带来的心灵的温暖。比如,在徒步穿越戈壁的时候异常艰辛,以至于法显会觉得"沙河中多有恶鬼热风",以及"遇则皆死无一全者。上无飞鸟下无走兽。遍望极目欲求度处则莫知所拟。唯以死人枯骨为幖帜耳"(Nilakanta Sastri,1956:226)。穿越戈壁之后,法显抵达了于阗,在那里,法显看到"其国丰乐人民殷盛。尽皆奉法。以法乐相娱。众僧乃数万人",以及"家家门前皆起小塔。……作四方僧房供给客僧"。法显高度评价了瞿摩帝寺庙中僧人秩序井然的生活,"三千僧共揵搥食。入食堂时威仪齐肃次第而坐。一切寂然器钵无声"(Legge,1965:18)。法显这样的描述是引人入胜和独一无二的,因为没有任何其他人能够提供这样一幅古代佛教社会的日常生活图景。法显在游记中栩栩如生地描述了5世纪时的南亚社区。

斯里兰卡有比较丰富的编年史、铭文以及考古发掘等资料,对于法显留驻在当时的首都阿奴拉特布拉那两年的斯里兰卡历史有很好的记录。我们发现,法显对当时佛教社会的记载非常生动。尤其让我们感兴趣的是法显对于在斯里兰卡最受崇拜的佛牙及相关节日的描述。佛牙游行至今仍然是斯里兰卡最重要的节日庆典之一。如果不是有法显的记载,我们可能再无法那般详尽地了解相关细节。

如《佛国记》中所记,法显在411年抵达斯里兰卡。根据斯里兰卡编年史,这正是摩诃那摩国王(406—429CE)统治时期(UCHC,I,2:845 and K.M De Silva,1973:366)。据中国文献记载,在此之前几年一个名叫"昙摩"的斯里兰卡沙门曾经渡海送玉佛至中国。遣送使团的斯里兰卡国王被确认是优波底沙(Upatissa I,365-406),正是摩诃那摩国王的哥哥即前任国王。随着法显抵达斯里兰卡,以及摩诃那摩国王随后于428年(UCHC,I,1:291)派遣另一个使团前往中国,两国之间的宗教往来得到了巩固和加强。据中国文献记载,摩诃那摩国王送给中国皇帝的礼物包括两块平纹布,这在当时是斯里兰卡的特产。摩诃那摩国王送给中国的最重要的宗教礼物是佛牙寺的复制品,这个礼物表明佛牙在斯里兰卡和中国都有着崇高的地位。当时还有一件非常有意义的宗教活动,即两个比丘尼使团在摩诃那摩国王统治晚期被送到中国,并且在中国创建了比丘尼戒(UCHC,I,1:18)。

如上所述,法显的游记中记载了很多其他历史文献中看不到的生动细节。例如,无畏山寺塔是建在一个佛陀脚印之上的;有5000名比丘居住在无畏山寺(Abhayagiri Viharaya),而其对头大寺(Maha Viharaya)则只住了3000名比丘。法显提到在无畏山寺中有一座大佛像,"中有一青玉像。高一丈许。通身七宝焰光威相严显。非言所载。右掌中有一无价宝珠"。法显提到当时岛国上"有六万僧",这也许可以表明当时斯里兰卡确实是一个"佛法之岛"。法显提到当时斯里兰卡首都的四条主要街道的尽头都有讲法堂。"月八日、十四日、十五日,铺施高座。道俗四众皆集听法。"他还提到位于山顶上的另一个足印,很明显这指的是圣足山。圣足山作为朝拜圣地的重要性在之后的历史中又进一步加强了。

法显当时住在无畏山寺。较之于更忠实于传统教义的大寺,这座寺庙比较开放,可以接纳持不同部派思想的僧侣。法显还提到"山中有精舍名支提"。很明显,这里所指的是塔山(Cetiyagiri),后来被改称为弥新德勒(Mihintale)。法显提到的名字有一个很有意思的来历。我们从《大史》中得知,把佛教传到斯里兰卡的摩辛陀(Mahinda)的王母在印度修建了一座寺庙。该寺庙以所在地的名称而被称为 Cetiyagiri 寺。从法显的记载中我们知道,斯里兰卡的塔山先是以王母所建寺庙而命名,而后又为了纪念摩辛陀而以他的名字来命名。

法显的记载中还有其他描述也可以从斯里兰卡的编年史中得到佐证,并且还提供了更为详细的内容。法显提到,斯里兰卡有将近六万名僧人,"悉有众食。王别于城内供养五六千人众食。须者则持本钵往取。随器所容,皆满而还"(Legge:105)。很明显这里所指的是《大史》(Ch. XX, verse 23)中所记载的由天爱帝须(Devanampiyatissa)在修建大寺之初之时修建的摩诃巴利斋堂(Mahapali)。该斋堂的位置已经为考古学家确认。在该地还发现了10世纪刻在一个巨大的盛米石槽之上的铭文。铭文内容可以确认,这个地方确实是摩诃巴利斋堂,而且所有运到该城市的大米中的一部分都要被作为税收运到斋堂(Rahula,1956:74)。

法显还提到一件很有意思的事情。即摩诃那摩国王在准备修建一座寺庙的时候,他用金犁在地上划出四方边界,然后在其上修建。这正是《大史》所记载的天爱帝须国王在修建岛上第一所寺庙的时候所采用的方法。法显描述了摩诃那摩国王的做法:"先设大会饭食供养已。……作好金犁王。自耕顷垦规郭四边"(Legge,1965:109)。《大史》中的记载是这样的:"(国王)先召集僧人,向他们致敬,然后用犁在地上犁出一个圆形……"(Ch. XV, verse 191)。

同样,法显还记录了一段他听到的关于佛钵的经文。在当时的斯里兰卡,佛钵已经成为国王最为宝贵的法器,我们在《大史》中可以看到好几次提到佛钵的地方。首先,《大史》告诉我们,佛钵是在天爱帝须统治时期由随同摩辛陀使团来访的苏马纳法师(Sumana Thero)带到斯里兰卡的。佛钵被带来的时候"装满了舍利"(Ch. XX, verse 10)。佛钵被作为珍宝藏在皇宫,并且"不断得到供奉"(verse 13)。后来随着时间流逝,它逐渐被视为一件国宝,"一个王子如果希望继承王位,就必须得到佛牙舍利和佛钵"(Rahula,1956:74)。此外,佛钵还被认为拥有法力。根据《大史》记载,优波底沙一世国王(Upatissa Ⅰ),也就是法显访问斯里兰卡时期的大名国王的前任,曾经利用佛钵的法力来消除饥荒和瘟疫。优波底沙一世国王后来还颁布了命令,凡有饥荒和瘟疫出现则用佛钵举行仪式来消除(Ch. XXXVⅡ,verses 189-198)。这里我们应该提及,优波底沙国王正是效仿了佛陀本人的做法。在遭遇"三惧"(tun biya)的时候,也就是饥荒、瘟疫和魔鬼骚扰,佛陀向由阿难达尊者和其他法师传授《三宝经》(Ratana Sutta),并且将佛钵交给法师们,让他们将之盛满水,一边唱经一边将佛钵里面的水在城中沿街淋洒,这样就结束了"三惧"。

法显的《佛国记》在两个非常重要的问题上提供了异常宝贵的详细材料。这些材料的宝贵之处在于在任何其他文献中都不曾提到,可以帮助我们更深入地了解5世纪时斯里兰卡的佛教文化状况。《佛国记》中记载了每年举行一次的佛牙庆典,这个庆典在今天仍然继续举行。历史发展至今,佛牙舍利仍然是斯里兰卡佛教徒心目中最为宝贵的文物,有关佛牙的文献记录也非常多。佛牙的历史和相关的庆典仪式在13世纪到14世纪的著作《佛牙舍利传》(Dalada Sirita)中有详细记载。但是没有任何斯里兰卡文献能像法显在《佛国记》中那般详细地描述佛牙在一年一度的庆典中被从神龛中取出并在皇城中游行展示的情景。

根据法显的描述,庆典开始前十天王室会正式宣布庆典时间:"未出十日,王庄校大象,使一辩说人,著王衣服,骑象上,击鼓喝言:'菩萨从三阿僧祇劫,苦行不惜身命,以国、妻、子及挑眼与人,割肉贸鸽,截头布施,投身饿虎,不吝髓脑,如是种种苦行,为众生故。成佛在世四十九年,说法教化,令不安者安,不对贿度,众生缘尽,乃般泥洹。泥洹已来一千四百九十七年,世间眼灭,众生长悲。'"

如前所述,佛牙在一个特定的日期被取出,并且游行展示:"却后十日,佛齿当出至无畏山精舍。国内道俗欲植福者,各各平治道路,严饰巷陌,办众华香、俱养之具!如是唱已,王便夹道两边,作菩萨五百身已来种种变现,或作须大拏,或作儿变,或作象王,或作鹿、马。如是形像,皆彩画庄校,状若生人。然后佛齿乃出,中道而行,随路供养,到无畏精舍佛堂上。道俗云集,烧香、然灯、种种法事,昼夜不息。满九十日乃还城内精舍。城内精舍至齐日则开门户,礼敬如法。"

有意思的是,法显记载的一些仪式至今仍然举行,只不过有的时候有一些变动。从 18 世纪开始,在僧伽罗国王统治末期,佛牙庆典仪式于七八月份之间(佛历 Aesala 月)在僧伽罗末代王城康提的四大保护神神龛举行。如今,庆典是在保护神神庙举行,从一个叫作"kap situveema"的仪式开始,持续两个星期。到最后一天,也就是这个月份的月圆日,佛牙舍利被带到郊区的一个佛龛中保留一整夜,并直到第二天午前。在这期间,祭拜活动一直持续,到下午则由游行队伍护送佛牙回到佛牙殿(Legge,1965:105-106)。

法显在《佛国记》中还记载了僧侣的殡葬仪式,这一点也很值得注意。他描述了一个和尚的葬礼:"有一高德沙门,戒行清洁,国人或疑是罗汉。临终之时,王来省视,依法集僧而问:'比丘得道耶?'其便以实答,言:'是罗汉。'(巧合的是,这里描述的是一位大寺派的高僧,而不是他所停驻的无畏山寺。这里可以看出法显的记载是没有偏见的事实)既终,王即案经律,以罗汉法葬之。于精舍东四五里,积好大薪,纵、广可三丈余,高亦尔,近上著栴檀、沈水诸香木,四边作阶,上持净好白毡周匝蒙积上,作大轝床,似此间轮车,但无龙鱼耳。当阇维时,王及国人、四众咸集,以华香供养。从轝至墓所,王自华香供养。供养讫,轝著阁上,酥油遍灌,然后烧之。火然之时,人人敬心,各脱上服,及羽仪、伞盖,遥掷火中,以助阇维。阇维已,即检取骨,即以起塔。"(Legge,1965:107-108)

法显将斯里兰卡描述为"其国和通,无冬夏之异,草木常茂"。这样的气候有利于斯里兰卡发展繁荣的农业文明。法显指出:"田种随人,无有时节。"(Legge,1965:102)很明显,法显在这里是在和中国的时序分明只能春种秋收的情况做比较。但是我们知道,斯里兰卡其实也是有播种和收获季节的,只不过是基于季风期而不是四季轮回。

在本文开始时我们提到,斯里兰卡自古就是国际贸易的中心枢纽。法显在文中提到阿奴拉特布拉有很多吠舍种姓的人(Legge,1965:104),似乎认为那些经商的人在城市人口中所占比重很大。法显还提到他们之中有比较特别的"赛巴商人"。《佛国记》英译者认为这里所指的是阿拉伯商人。实际上阿拉伯商人在南亚地区的国际贸易中一直发挥着比较重要的作用。(Legge,1965:104,fn.2)

法显在《佛国记》中还记载了一个在斯里兰卡经历的非常有人情味的场景。一天,他正在无畏山寺的一尊玉佛前朝拜,看见"商人以晋地一白绢扇供养"。《佛国记》英译者认为这样的扇子是"法显在中国见过用过的扇子"(Legge,1965:103,fn.1)。看见这样的扇子勾起了法显长期萦绕在心中的思乡病。他写道:"去汉地积年,所与交接悉异域人,山川草木,举目无旧,又同行分析,或留或亡,顾影唯己,心常怀悲……不觉凄然,泪下满目。"(Legge,1965:102-103)

　　我们可以想象,法显以 78 岁高龄旅行异国,内心充满了伤感和自怜。法显知道自己的旅程终于要结束了,需要踏上回乡的征途。实际上他已经完成了自己的使命,应该带着满足的心情返回故乡。有了这样的心情,他才有机会回顾一下自己走过的路程和种种历险。这在千辛万苦的旅途中真是一种奢侈的享受。虽然作为佛教僧侣,他也许希望能让自己生命中最后的时光在佛国度过。但是,他还有更重要的使命,就是将自己收藏抄写的经书带回故国。我们在前文中也提到过,法显一回国马上就开始将带回的经书翻译成中文。很明显,法显希望更好地完成自己的使命。

附录2

南亚有关中国文化题材的论文及著述选录

Art　艺术

1. Kaul, T.N., "Caves of Yun Kang," *United Asian*, 1953(5):313-314.

2. Kanwar, R., etal. *Chini Chitrakala*, Kanpur, sahitya Niketan, 1965, p.116, Tr. title: *Chinese Painting*.

3. Desai, Santosh, "Taoism: Its Essential Principles and Reflection in Poetry and Painting," *Chinese Culture*, 1996, 7(4):54-64.

4. Kumar, B.K., "The Maoist theme of Chinese art today," *Mainstream*, 1967, 5(34):33-34.

5. Rao, M.Basava, "A Buddhist image from China," *Journal of Oriental Institute*, University of Baroda, 1967(16):249-250.

6. Gupta, Krishna Prakash, "Culture and politics in in China," *China Report* 6(4) (*July-August, 1970*):41-45. Analyses the process of produing "model operas" during the "Cultural Revolution" period. Also discusses how "culture" is politicized and a "new world of recreation" is created in China.

7. Lokesh Chandra, *Buddha in Chinese woodcuts*. New Delhi, International Academy of Indian Culture, 1973, p.200.

8. Drowa, Sangmo, *Tibetan Folk Opera* (trs. Cynthia Bridgman Josayama with Lonang Norbu Tsonawa) (Dharamsala: Library of Tibetan Works and Archives, 1990).

9. Mackerasas, Colin, "The Rise of Chinese Regional Theatre during the Ming Dynasty (1364–1644)," in Arvind Sharma (Ed.), *Perspectives on History and Culture: Essays in Honour of Professor Dl. Singhal* (1925–1986), A Memorial Vol. (Delhi: Sri Satguru Publications, 1992), pp.91–105.

10. Chen Zao Fu, "Discovery of Rock Art in China," in Michel Lorblanchet (Ed.), *Rock Art in the Old World: Papers Presented in a Symposium of the AURA Congress*, Darwin, Australia, 1988 (New Delhi: Indira Gandhi National Centre for the Arts, 1992), pp.371–381.

11. Chen Zao Fu, "Praying Figures in the Zuojiang River Valley," in Michel Lorblanchet (Ed.), *Rock Art in the Old World: Papers Presented in a Symposium of the AURA Congress*, Darcuin, Australia, 1988 (New Delhi: Indira Gandhi National Centre for the Arts, 1992), pp.361–371.

12. Sakakibara, Kiitsu, "Dances of China," in Kiitsu Sakakibara, *Dances of Asia* (Chandigarh: Abhishek Publications, 1992), pp.139–187.

13. Sakakibara, Kiitsu, "Dances of Tibet," in Kiitsu Sakakibara, *Dances of Asia* (Chandigarh: Abhishek Publications, 1992), pp.117–121.

14. Fisher, Robert, "Early Chinese Jades," in Stephen Markel (Ed.), *The World of Jade* (Bombay: Marg Publications, 1992), pp.9–20.

15. Krishna Murthy, K., "The Buddhist Art-Tradition of China," in G. Kup. puram (Ed.), *Buddhist Heritage in India and Abroad* (Delhi: Sundeep Prakashan, 1992), pp.75–77.

16. Watt, James C.Y., "The Working of Jade in the Ming and Qing Dynasties," in Stephen Markel (Ed.), *The World of Jade* (Bombay: Marg Publications, 1992), pp.21–34.

17. Pian Rulen Chao, "Text Setting and the Use of Tune Types in Chinese Dramatic and Narrative Music," in Bonnier C. Wade (Ed.), *Text, Tone, and Tune: Parameter of Music in Multicultural Perspective* (New Delhi: American Institute of Indian Studies & Oxford IBH, 1993), pp.201–233.

18. Tan Chung, "Introducing Dunhuang Cave Art," in Kewal Krishan Mittal and Ashvini Agrawal (Eds.), *Buddhist Art and Thought* (New Delhi: Harman Publishing House, 1993), pp.81-87.

19. Duan Wenjie, "Dunhuang Art: Through the Eyes of Duan Wenjie," (edited and introduced by Tan Chung) (New Delhi: Indira Gandhi National Centre for the Arts/Abhinav Publications, 1994), pp.361-371.

20. Haesner, Chhaya, "Banners from Dunhuang and Turfan—A Comparative Study and Their Indian Counterparts," in Raymond Allchin and Bridget Allchin, *South Asian Archaeology*, 1995, Vol.2 (New Delhi: Oxford and IBH Publishing Company, 1997), pp.715-730.

21. Jera-Bezard, Robert and Monique Maillard, "Centaur in Dunhuang—A Survival of Classic Art," in Raymond Allchin and Bridget Allchin, *South Asian Archaeology*, 1995, Vol.2 (New Delhi: Oxford and IBH Publishing Company, 1997), pp.703-714.

22. Berger, G.A., "Conservation of Tibetan Thangka," in G.A.Berger, *Recent Trends in Conservation of Art Heritage: Dr O.P.Agrawal Felicitation Volume* (Delhi: Agam Kala Prakashan, 1996), pp.215-222.

23. Krishna Murthy, K., "The Buddhist Art Tradition of China," in K.Krishna Murthy, *Studies in Buddhism* (Delhi: Sundeep Prakashan, 1996), pp.213-216.

24. Lokesh Chandra, *Transcendental Art of Tibet* (New Delhi: International Academy of Indian Culture. Aditya Prakashan, 1996).

25. Krishna Murthy, K., "The Tibetan Astral Iconography," in K.Krishna Murthy, *Studies in Buddhism* (Delhi: Sundeep Prakashan, 1996), pp.199-204.

26. Liu, Xinru, *Silk and Religion: An Exploration of Material Life and the Thought of People, AD 600-1200* (Delhi: Oxford University Press, 1996).

27. Hari, A.R., "Use of Pendulum in Feng Shu (Chinese Vaastu)," in A.R.Hari, *The Mysterious Powers of Pendulum* (Bangalore: Vasan Book Depot, 1997), pp.67-90.

28. Chenivesse, Sandrine, "A Journey to the Depths of a Labyrinth-Landscape: The Mount Fengdu, Taoist Holy Sita and Internal Abyss," in A. W. Macdonald (Ed.), *Mandala and Landscape* (New Delhi: D.K.Printworld, 1997), pp.41-74.

29. Ehrhard, Fraz-Karl, "A Hidden Land in the Tibetan-Nepalese Borderline," in A.W.Macdonald(Ed.), *Mandala and Landscape*(New Delhi: D.K.Printworld, 1997), pp.335-364.

30. Huber, Toni, "A Guide to the La-Phyi Mandala: History, Landscape and Ritual in Southwestern Tibet," in A. W. Macdonald (Ed.), *Mandala and Landscape* (New Delhi: D.K.Printworld, 1997), pp.233-286.

31. Khosla, Romi, "The Persistence of Pre-Modernism: The Search for Authenticity in Central Asia, Tibet, India, and Nepal," in Farooq Ameen(Ed.), *Contemporary Architecture and City Form: The South Asian Paradigm*(Mumbai: Marg Publications, 1997), pp.64-74.

32. Kohn, R., "The Ritual Preparation of a Tibetan Sand Mandala," in A.W.Macdonald(Ed.), *Mandala and Landscape*(New Delhi: D.K.Printworld, 1997), pp.365-406.

33. Thakur, Upendra, "Contributions of Indian Buddhist Monks to Chinese Painting," in Jagat Pati Joshi et al.(Eds), *Facets of Indian Civilization: Recent Perspectives-Essays in Honour of Pro f. B B Lal*(New Delhi:. Aryan Books International, 1997), pp.586-596.

34. Vedavyas, "Chinese Astrology," in Vedavyas, *Science of Time* (Hyderabad: University of Vedic Sciences, 1997), pp.401-419.

35. Choubey, Amal, *Feng Shui: The Chinese Art of Living to Health, Wealth and Happiness*(Raipur: Central Book House, 1997).

36. Chakraverty, Anjan, "Tibetan Buddhist Iconography: Classification of Thangkas," in Anjan Chakraverty, *Sacred Buddhist Painting*(New Delhi: Lustre Press, 1998), pp.21-62.

37. Joshi, MC and Radha Banerjee, "Some Aspects of Jataka Paintings in Indian and Chinese (Central Asian) Art," in Tan Chung, *Across the Himalayan Gap* (New Delhi: Gyan Publishing House and Indira Gandhi National Centre for the Arts, 1998), pp.173-180.

38. Howard, Angela F., "The Development of Buddhist Sculpture in Sichuan: The Making of an Indigenous Art," in Janet Baker(Ed.), *The Flowering of a Foreign Faith:*

New Studies in Chinese Buddhist Arts(Mumbai：Marg Publications,1998),pp.118-133.

39. Howard, Angela F., "The Development of Buddhist Sculpture in Yunnan：Syncretic Art of a Frontier Kingdom,"in Janet Baker(Ed.), *The Flowering of a Foreign Faith：New Studies in Chinese Buddhist Arts*(Mumbai：Marg Publications,1998),pp.134-135.

40. Banerjee, Priyatosh, "New Relation of Xinjiang Art,"in Tan Chung, *Across the Himalayan Gap*(New Delhi：Gyan Publishing House and Indira Gandhi National Centre for the Arts,1998),pp.213-216.

41. Deshpande, MN, "My Tryst With Chinese Art,"in Tan Chung, *Across the Himalayan Gap*(New Delhi：Gyan Publishing House and Indira Gandhi National Centre for the Arts,1998),pp.193-196.

42. Hsiao Naishen et al., "Comparative Study on the Visual Environments of Town Streets Between Qita and Taichung Using Computer Graphics,"in PK Sikdar et al. (Eds), *Computers in Urban Planning and Urban Management*(New Delhi：Narosa Publishing House,1998),Vol.1,pp.468-492.

43. Steinhardt, Nancy Shatzman, "Early Chinese Buddhist Architecture and Its Indian Origins,"in Janet Baker(Ed.), *The Flowering of a Foreign Faith：New Studies in Chinese Buddhist Arts*(Mumbai：Marg Publications,1998),pp.38-53.

44. Yeh, Anthony Gar-On and Xun Shi, "The Integration of Case-Based Reasoning and GIS for Handling Planning Applications in Hong Kong,"in PK Sikdar et al.(Eds), *Computers in Urban Planning and Urban Management*(New Delhi：Narosa Publishing House,1998),Vol.2,pp.608-619.

45. Baker, Janet, "Foreigners in Early Chinese Buddhist Art：Disciples, Lohans, and Barbarian Rulers,"in Janet Baker(Ed.), *The Flowering of a Foreign Faith：New Studies in Chinese Buddhist Arts*(Mumbai：Marg Publications,1998),pp.68-87.

46. Baker, Janet(Ed.), *The Flowering of a Foreign Faith：New Studies in Chinese Buddhist Arts*(Mumbai：Marg Publications,1998).

47. Leidy, Denise Patry, "Avalokiteshvara in Sixth-Century China,"in Janet Baker (Ed.), *The Flowering of a Foreign Faith：New Studies in Chinese Buddhist Arts*(Mum-

bai: Marg Publications, 1998), pp.88-103.

48. Rhie, Marylin Martin, "Buddhist Sites of Gansu," in Janet Baker (Ed.), *The Flowering of a Foreign Faith: New Studies in Chinese Buddhist Arts* (Mumbai: Marg Publications, 1998), pp.194-217.

49. Sengupta, Arputharani, "Cultural Synthesis in the Buddhist Art of China," in Tan Chung, *Across the Himalayan Gap* (New Delhi: Gyan Publishing House and Indira Gandhi National Centre for the Arts, 1998), pp.203-212.

50. Koichi Shinohara, "Gao Li's Discovery of a Miraculous Image: The Evolution of Ashoka Image Stories in Medieval China," in Janet Baker (Ed.), *The Flowering of a Foreign Faith: New Studies in Chinese Buddhist Arts* (Mumbai: Marg Publications, 1998), pp.20-27.

51. Wu Hung and Ning Qiang, "Paradise Images in Early Chinese Art," in Janet Baker (Ed.), *The Flowering of a Foreign Faith: New Studies in Chinese Buddhist Arts* (Mumbai: Marg Publications, 1998), pp.54-67.

52. Vishwakarma, RK, "A Brief Introduction to Chinese Painting," in RK Vishwakarma, *Paintings in Ancient India* (Allahabad: Horizon Publishers, 1999), pp.116-122.

53. Tan Chung, "Chinese Concept of Sound," in SC Malik (Ed.), *Dhavani: Nature and Culture of Sound* (New Delhi: IGNCA and DK Printworld, 1999), pp.103-119.

54. Cox, Hiram, "On The Burmha Game of Chess: Compared with the Indian, Chinese, and Persian Game of the Same Denomination," in Nirbed Ray and Amitabha Ghosh (Eds.), *Sedentary Games of India* (Calcutta: The Asiatic Society, 1999), pp.28-45.

55. Neville, Tove E., "Background for the Eleven-Headed Kuan-Yin in China," in Tove E. Neville, *Eleven-Headed Avalokitesvara, Chenresigs, Kuan-yin or Kannon Bodhisattva: Its Origin and Iconography* (New Delhi: Munshiram Manoharlal, 1999), pp.42-63.

56. Neville, Tove E., "Eleven-Headed Avalokitesvara of Tibet," in Tove E. Neville, *Eleven-Headed Avalokitesvara, Chenresigs, Kuan-yin or Kannon Bodhisattva: Its Origin and Iconography* (New Delhi: Munshiram Manoharlal, 1999), pp.34-41.

57. Neville, Tove E., "Iconography of Eleven-Headed Avalokitesvara as Kuan-Yin

in China, Kuan Eum in Korea and Kannon in Japan," in Tove E.Neville, *Eleven-Headed Avalokitesvara*, *Chenresigs*, *Kuan-yin or Kannon Bodhisattva: Its Origin and Iconography* (New Delhi: Munshiram Manoharlal, 1999), pp.64-101.

History 历史

1. Roy, Manavendra Nath, "Lessons of the Chinese revolution," *Labour Monthly*, 1927(9):660-669.

2. Roy, Manavendra Nath, "Imperialism and counter-revolution in China," *Chinese Students Monthly* 1928, 23(4):5-7.

3. Roy, Manavendra Nath, "Struggle of the Chinese workers and peasants," *Labour Monthly*, 1928(10):168-170.

4. Vaidya, Keshav Balkrishna, *Reflections on the recent Canton revolt and after*, Canton: National Publishing Co., 1936, pp.34, 36.

5. Seth, H.C., "Kingdom of Khotan (Chinese Turkestan) under the Mauryas," *Bulletin of the International Committee of Historical Sciences*, 1938(10):387-400.

6. Vaidya, Keshav Balkrishna, *Secret of China's resistance*. Karachi, Educational Publishing Co., 1943, pp.2, 164.

7. Bagchi, P.C., "Chinese coins from Tanjore," *Sino-Indian Studies*, 1944(1):60-63.

8. Roy, Manavendra Nath, *Revolution and counter-revolution in China*. Calcutta, Renaisance. 1946, pp.ix, 689.

8. Dutt, Sukumar, "China's new constitution," *United Asia*, 1948(1):178-191.

9. Madhok, R.N, "Chinese culture," *United Asia*, 1948(1):468-470.

10. Dutt, Sukumar, "Culture—a stake in the Chinese war," *United Asia*, 1949(2):15-216.

11. Mookerjee, S.B., "Communist-Kuomintang conflict-the first phase," *United Asia*, 1949(2):234-239.

12. Lahiri, Amar, "Communist new deal in Sinkiang," *United Asia*, 1950(3):

141-144.

13.Panikkar,Kavlam Madhava,"Yenan-Cradle of the revolution,"*People's China* 1951,7(4):16-18.

14.Agarwala, Ratna Chandra, "Two historical notes. I . Some early Brahmi and Kharosthi inscription on silks from Chinese Turkestan. III .Some Iranian coin terms in the Kharostb documents from Chinese Turkestan,"*Journal of the Ganganatha Jha Research Institute* 1952-1953(10):131-139.

15.Bagchi,P.C.,"Report on a new hoard of Chinese coins,"*Sino-Indian Studies* 1953(4):194-196.

16.Goel,Sita Ram,*Mind-murder in Mao-land*.Ed.2.Calcutta,*Society for Defence or Freedom in Asia*,1953,p.67(Inside Communist Slave-empire series,2).

17.Agarwala,Ratna Chandra,"Position of slaves and serfs as depicted in the Kharosthi documents from Chinese Turkestan,"*Indian Historical Quarterly*,1953(29):97-110.

18.Goel,Sita Ram,*Red brother of yellow slave*,Calcutta,*Society for Defence of Freedom in Asia*,1953:p.82(Inside Communist Slave-empire series,4).

19.Goel,Sita Ram,*The China debate,Whom shall we believe?* Calcutta,*Society for Defence of Freedom in Asia*,1953 :p.48.(Inside Communist series,1)Slave-einpire.

20.Goel,Sita Ram,"Communtst Conquest of China by Mao Tse-tung,"Calcutta, *Society for Defence of Freedom in Asia*,1954:p.276,(World Communism series,2).

21.Sarkar,Subhash Chandra,"Some aspects of the Chinese Constitution,"*Modern Review* December,1956,100(6):463-467.

22.Sarkar,Subhash Chandra,"Some aspects of the Chinese Constitution,"*Modern Review* January,1957,101(1):59-60.

23.Chattopadhyay,Krishan Lal,*National movement in modern China*.Calcutta,K.L. Mukhopadhyay,1958:pp.x,157.

24.Desai,Ashok N,"Thought Reform of the Chinese intellectuals,"Quest(30)(July-September,1961):99-101.

25.Kamal,K.L.,"Government of China rev.by M.L.Sharma,"Jaipur,-.Students'

Book Co., 1961: pp.x, 176.

26. Majumdar, R.C., "China has always beenanaggressor," *Organiser* October 24, 1965, 19(11): 19-20.

27. Bandhopadhyaya, Diptendramohan, *Early modern Chinese history: Books and problems*, Burdwan, the University. 1965: pp.xii, 206.

28. "Revolution and the intellectuals," *China Report* April, 1965, 1(3): 1-4.

29. "Purge of the intellectuals," Link 8(50)(July 24, 1966): 33-34.

30. Bhardwaj, K.K., *Constitution of China*. New Delhi: Sudha Publications, 1967: p.112.

31. Grewal, Nirmal Singh, *Communist rule in China*. Allahabad, Kitab Mahal, 1967: pp.xii, 188.

32. Sharma, C.L., "Administration in prehistoric China, 2356-1766 B.C," *Eastern World*(21 and 22)(March-April; May-June, 1968): 12-14, 12-14.

33. Sawhny, Rathy, *China's policy, intentions and capabilities*. N.D., Institute for Defence Studies and Analyses, 1968.

34. Dutt, Vidya Prakash, "First week of Revolution: The Wuchang uprising," Wright, Mary C., Ed., *China in Revolution: The First Phase, 1900-1913*, New Haven and London: Yale University Press, 1968: 383-416.

35. Chatterjee, Birjan Rai, *Modern China: Short History*, Meerut, Meenakshi, 1969: p.188.

36. Analyst, *Chinese situation X-rayed*(Delhi: Punjati Publisher, 1969).

37. "Humiliation of China's intellectuals," Thought 20(47)(November 23, 1969) :1.

38. Chakraborti, Amiya Bhushan, *Lal Chin*. Calcutta, Nababharati 1970. Tr. title: *Red China*.

39. Pillai, K.S.C., "Chinese in South-East Asia," *Commerce*, 127(Annual No. 3270) 1973: 55-58.

40. Vohra, Ranbir, *The Chinese revolution, 1900-1950*, Houghton, 1974: p. 165. (New perspectives in history series).

41. Gupte, R.S., *History of modern China*(New Delhi: Sterling, 1974).

42. Ram, Rahul, *Modern Tibet* (New Delhi: Munshiram Manoharlal, 1992).

43. Saksena, *Shalini, India, China, and the Revolution* (New Delhi: Anmol Publications, 1992).

44. Yamaguchi, Ichiro, "The Meiji Restoration and the Chinese Revolution," in Manoranjan Mohanty (Ed.), *Chinese Revolution* (Delhi: Ajanta Publications, 1992), pp. 187–199.

45. Norbu, Dawa, "Imperialism and Inner Asia 1755–1907: How British India and Imperial China Redefined the Status of Tibet," in K. Warikoo and Dawa Norbu (Eds.), *Ethnicity and Politics in Central Asia* (New Delhi: South Asian Publishers, 1992), pp. 21–54.

46. Misra, Satya Swarup, "Evidence of Indo-Aryan Contact with Chinese and Koreans in 2nd–3rd Millennium BC," in Satya Swarup Misra, *The Aryan Problem: A Linguistic Approach* (New Delhi: Munshiram Manoharlal Publishers, 1992), pp. 53–55.

47. Mukherjee, B. N., "Earliest Datable Routes for North-Eastern India's Communication with China and South-East Asia in the Historical Period," in B. N. Mukherjee, *External Trade of Early Northeastern India* (New Delhi: Har-Anand Publications, 1992), pp. 17–29.

48. Chandra, Lokesh, "Emperor Hsuan-tsung, Vajrayana and Quarter of Vajras," in Lokesh Chandra, *Cultural Heritage of India* (New Delhi: International Academy of Indian Culture/Aditya Prakashan, 1992), Vol. 2, pp. 267–276.

49. Warikoo, A., "China and Central Asia: Review of Ching Policy in Xinjiang, 1755–1884," in K. Warikoo and Dawa Norbu (Eds.), *Ethnicity and Politics in Central Asia* (New Delhi: South Asian Publishers, 1992), pp. 2–20.

50. Bajracharya, Bhadra Ratna, "Confrontation with Tibet and China," in Bhadra Ratna Bajracharya, *Bahadur Shah: The Regent of Nepal, 1785–1794, A. D.* (New Delhi: Anmol Publications, 1992), pp. 281–351.

51. Ray, Haraprasad (Ed.), *Trade and Diplomacy in India-China Relations: A Study of Bengal during the Fifteenth Century* (New Delhi: Radiant Publishers, 1993).

52. David, M. D., *The Making of Modern China* (Bombay: Himalaya Publishing

House,1993).

53. Gupta, Murari Lal, *A Short History of China since Ancient Time till 1992* (New Delhi: Reliance Pub. House, 1994).

54. Nehru, Jawaharlal, "China and Tibet in S. Gopal (Ed.)," *Selected Works of Jawaharlal Nehru: Second Series*, Vol. 16, Part I, 1 March 1951 – 30 June 1951 (New Delhi: Jawaharlal Nehru emorial Fund, 1994), pp.443–446.

55. Saksena, Shalini, "Communist China in Transition," in Proceedings of the Indian History Congress, 54th Session (1993), Mysore (Delhi: Indian History Congress, 1994), pp.764–765.

56. Ray, Haraprasad, "Nature of Trade and Diplomacy between India and China During Ancient and Medieval Periods," in Proceedings of the Indian History Congress, 54th Session (1993), Mysore (Delhi: Indian History Congress, 1994), pp.754–756.

57. Pandian, M.S., "Bohar (1550–1625): Record of His Visits to China," in Proceedings of the Indian History Congress, 54th Session (1993), Mysore (Delhi: Indian History Congress, 1994), pp.757–758.

58. Choudhury, Paramesh, *Northeast, the Cradle of the Chinese Nation* (Calcutta: P. Choudhury, 1995).

59. Dong, Dingnan, "Indian Revolutionaries and the Neutrality of China, 1915–1917," in Sarva Daman Singh (Ed.), *Culture through the Ages: Prof B. N. Puri Felicitation Volume* (Delhi: Agam Kala Prakashan, 1996), pp.241–256.

60. Rahul, Ram, "Xinjiang: Dunes and Oases," in Ram Rahul, *Central Asia: An Outline History* (New Delhi: Concept Publishing Company, 1997), pp.62–96.

61. Medhankar, Bhadant Sawangi, "Emperor Tsrong Tsang Gampo," in Bhadant Sawangi Medhankar, *The Great Buddhist Emperors of Asia* (Nagpur: Buddha Bhoomi Prakashan, 1997), pp.100–109.

62. Medhankar, Bhadant Sawangi, "Liang Emperor Yu Tee," in Bhadant Sawangi Medhankar, *The Great Buddhist Emperors of Asia* (Nagpur: Buddha Bhoomi .Prakashan, 1997), pp.110–127.

63. Shakya, Min Bahadur, *The Life and Contribution of the Nepalese Princess*

Bhrikuti Devi to Tibetan History: From Tibetan Sources(Delhi: Book Faith India,1997).

64. Verghese, C. G. and R. L. Thansawa, "China in the Ist Century," in C. G. Verghese and R. L. Thansawa, *A History of the Mizos* (New Delhi: Vikas Publishing House,1997),pp.52–68.

65. Dashbadrakh, D., "The XVII Century Mongol-Tibetan Relations: Some Issues," in R.C. Sharma (Ed.) , *Mongolia: Tryst with Change and Development* (Patiala: Vision and Venture,1997),pp.155–164.

66. Choudhary, Sukhbir, "Chinese Support to Indian Cause," in Sukhbir Choudhury, *Rights and Constitutional Nationalism*(1939–1942), Vol.3(New Delhi: Anmol Publications,1997),pp.109–123.

67. Choudhary, Sukhbir, "Developments in East Asia," in Sukhbir Choudhury, *Rights and Constitutional Nationalism*(1939–1942), Vol.1(New Delhi: Anmol Publications,1997),pp.152–161.

68. Choudhary, Sukhbir, "Generalissimo and Madame Chiang Kai-shek Visit to India and Marshall Chiang's Farewell Message to Indian People," in Sukhbir Choudhury, *Rights and Constitutional Nationalism*(*1939–1942*), Vol.1(New Delhi: Anmol Publications,1997),pp.398–402.

69. Choudhary, Sukhbir, "Indian Support to Chinese Nationalism and Chinese Interest in Indian Independence," in Sukhbir Choudhury, *Rights and Constitutional Nationalism*(1939–1942), Vol.1(New Delhi: Anmol Publications,1997),pp.374–391.

70. Khanduri, Chandra B, "The Dragon Engulfs Nepal," in Chandra B. Khanduri, *A Re-Discovered History of Gorkhas*(Delhi: Gyan Sagar Publications,1997),pp.41–47.

71. Sharan, Shankar, "Tibet," in Shankar Sharan, *Fifty Years: After the Asian Relations Conference*(New Delhi: Tibetan Parliamentary and Policy Research Centre,1997), pp.17–21.

72. Sharma, R.K., "Foreign Travellers and Writers: Hieun Tsang's Si-Yu-Ki," in R.K. Sharma, *Encyclopaedia of Art, Archaeology and Literature in Central India*(New Delhi: Aryan Books International,1998),pp.600–602.

73. Jina, Prem Singh, *Tibetan Manuscripts and Inscriptions of Ladakh Himalaya*

(Delhi: Sri Satguru Publications, 1998).

74. Shirodkar, P.P., "China's Ties with Portugal since 16th Century," in P.P. Shirodkar, *Researches in Indo-Portuguese History*, Vol. 1 (Jaipur: Publication Scheme, 1998), pp.44-72.

75. Nanda, B.R. (Ed.), "End of Civil War in China," in Govind Ballabh Pant, *Selected Works of Govind Ballabh Pant*, Vol.10 (Delhi: Oxford University Press, 1998), pp. 435-436 (Interview to the Press, Lucknow, 12 January 1946, The Leader, 14 January 1946).

76. Nanda, Siba Prasad, "Nationalism in China," in Siba Prasad Nanda, *History of the Modern World (1919-1980)* (New Delhi: Anmol Publication, 1998), pp.73-79.

77. Deshingkar, Giri, "Strategic Thinking in Ancient India and China: Kautilya and Sunzi," in Tan Chung, *Across the Himalayan Gap* (New Delhi: Gyan Publishing House and Indira Gandhi National Centre for the Arts, 1998), pp.357-364.

78. Khan, Aftab Ahmed, *Central Asia: Imperialistic Motivations and Sinkiang* (New Delhi: Dilpreet Publishing House, 1998).

79. Mukherjee, Tapan K., "Hounded by the British in Far East (1916-1917): Work in China," in Tapan K. Mukherjee, *Taraknath Dass: Life and Letters of a Revolutionary in Exile* (Calcutta: National Council of Education, Jadavpur University, 1998), pp.93-98.

80. Nair, Jeevan, "Hiuen Tsang," in Jeevan Nair, *Rich Heritage of Ancient India* (Qaipur: Pointer Publishers, 1999), pp.68-72.

81. Arpi, Claude, "Relations between Tibet and China during the Ming and Early Qing Dynasties," in Claude Arpi, *The Fate of Tibet: When Big Insects Eat Small Insects* (New Delhi: Har-Anand Publications, 1999), pp.103-118.

82. Ray, Haraprasad, "Orissa in Chinese Historical Records," in K. S. Behera (Ed.), *Maritime Heritage of India* (New Delhi: Aryan Books International, 1999), pp. 225-235.

83. Mohanty, Manoranjan, "Colonialism and the Discourse in India and China," in Tan Chung (Ed.), *In the Footsteps of Xuanzang: Tan Yunshan and India* (New Delhi:

Gyan Publishing House,1999),pp.147-152.

Linguistics and Literature 语言学与文学

1.Banerji,R.D.,"The Kharosthi alphabet,"*Journal of the Royal Asiatic Society* (1920):193-219.

2.Tagore,Amitendranath,"War-time literature of China—its trends and tendencies," Visi,a-bharti Quarterly(16)(1950-1951):120-129.

3.Pannikar,Kavlam Madhava,Conrp,*Modern Chinese stories translated by Huang Kim*,Delhi:Ranjit,1953:p.429.

4.Raghu Vira,*Chinese poems and pictures on Ahimsa*.Nagpur,International cademy of Indian Culture,1954:p.101(Saraswati-vihara series,34).

5. Chaudhuri, Nagendranarayan, *Sino-English reader*, Calcutta University, 1958: p.193.

6. Tagore, Amitendranath, "Early decades of modern Chinese literature (1918-1937),"Yisva-bharti Quarterly 29(1)(1963-1964):28-50.

7.Kelkar, Ashok R., "Note on standard Chinese numerals," Indian Linguistics (26)(1965):196-202.

8.Tagore, Amitendranath, *Literary debates in modern China*, *1918-1937*, Tokyo, Centre for East Asian ultural Studies,1967:pp.xiv,280(East Asian cultural studies series,11).Based on a Ph.D.dissertation(Visva-Bharati University Santiniketan,1962) titled "Left-wing literary debates in modern China(1918-1937)",this treatise gives an objective interpretation of the Chinese and Western attitudes towards the substance of Chinese literature produced during the period.

9.Vohra,Ranbir,*Lao She and the Chinese Revolution*,Harvard University Press, 1973(Harvard East Asian monographs,No.55).

10.Zograph,I.T.,"Grammar and Lexicon in Chinese:A Dynamic Approach," in Ashin Dasgupta etal.(Eds.),M. M. Vzdh-usekhar Sastri Commemoratz on Vol.1(Santiniketan: Research Publications, Visva-Bharati, 1990), pp. 8-91. (Vishva-Bharati

Annals, New Series, 2-3.)

11. Pattanayak, D. P., "Languages for the Masses and Chinese Language in India," in D. P. Pattanayak, *Languages, Education and Culture* (Mysore: Central Institute of Indian Languages, 1991), pp.61-69.

12. Saran, Vimla, "Women in Luxunian Literature," in. H. S. Gill (Ed.), *Structures of Signtficunce*, Vol.2 (New Delhi: JJiiey Eastern, 1991), pp.344-356.

13. Classical Chinese Poetry: Translated from Chinese (introduced by Tan Chung) (Calcutta: M. P. Birla Foundation, 1991).

14. Mukherji Prayadarsi, *Poems of Lu Xun: An anthology of forty-five poems by Lu Xun from original Chinese into Bengali with exhaustive annotations and chronological index of the poems*, Calcutta: Baulmon Publications, May 1991.

15. Ray, H. P., "Problems of Translation from Chinese into Hindi," in Gopinathan and S. Kandaswamy (Eds.), *Problems of Translation: An Internaliona Symposium through Correspondence on the Linguistic Probletns of Translation between Hindi and Other Major Languages of the World* (Allahabad: Lokbharti Prakashan, 1993), pp.143-149.

16. "China," in Krishna Srinivas (Ed.), *World Poetry*, 1993: Best Poems, by 280 Eminent Poets in 63 Countries (Madras: World Poetry, 1993), pp.226-230.

17. Nagarajan, Hemalatha, "Xiamen tone Sandhi," in Hemalatha Nagarajan, *A Theory of Post-Syntactic Phonology* (Madras: T.R.Publications, 1994), pp.128-133.

18. Rawat, D.S., "Notes on Chinese Language Teaching," in Y.C.Bhatnagar (Ed.), *Foreign Language Teaching (FLT) in India: RecentAdvances* (Delhi: Ajanta Publications, 1994), pp.179-184.

19. Tan Chung, "Binary Transmission in Second Language Teaching," in Y.C.Bhatnagar (Ed.), *Foreign Language Teaching (FLT) in India: Recent Advances* (Delhi: Ajanta Publications, 1994), pp.172-178.

20. *Three Chinese Poets: Translations of Poems by Wang Wei, Li Bai and Du fu* (Trs. Vikram Seth) (New Delhi: Viking, 1995).

21. Saikia, Nagen, "Mao's Literary Views and His Poems," in Girin Phukon and

Diren Bhagawati(Eds), *Mao Zedong and Social Reconstruction*(New Delhi: South Asian Publishers,1996),pp.175-179.

22.Wang,Chi-Lung,"China and Hongkong,"in Krishna Srinivas(Ed.),*World Poetry,1996:Best Poems by 272 Eminent Poets in 51 Countries*(Madras: World Poetry,1996),pp.161-173.

23.Hao,Su-min,"Between Dunhuang Chinese-Tibetan Written Story of Confuctus and Xiang Tuo and a Mongolian Folk Story:A Child on the Back of a Black Ox,"in R.C. Sharma(Ed.),*Mongolia: Tryst with Change and Development*(Patiala: Vision and Venture,1997),pp.87-92.

24.Mahapatra,Sitakant,"Intimacy with the World:The Tradition of Poetry during the Tang Dynasty,"in Sitakant Mahapatra,*The Role of Tradition in Literature*(New Delhi: Vikas Publishing House,1997),pp.53-60.

25. Mahapatra, Sitakant, " Gladness and Gratitude: The Tradition of Classical Chinese Poetry,"in Sitakant Mahapatra,*The Role of Tradition in Literature*(New Delhi: Vikas Publishing House,1997),pp.60-64.

26.Srinivas,Krishna et al.,"China,Japan,Hong Kong,"in Krishna Srinivas et al. (Eds),*World Poetry:1997*(Madras:Krishna Srinivas,1997),pp.137-162.

27.Borel,Henri,*Wu Wei:Based on the Philosophy of Lao Tse*(translated by Shyam Sunder Jhunjhunwale)(Pondicherry:Sri Aurobindo's Action,1997).

28.Lal,Chaman,"Relevance of Lu Xun to Indian Society,"in Chaman Lal,*The Punjabi and Dalit Images in Indian Literature: Occasional Essays and Papers*(New Delhi: Anmol Publications,1998),pp.103-120.

29.Mukherji Pradaryasi,*Contemporary Chinese Poems*(An anthology of 54 poems by 27 contemporary Chinese poets and poetesses,translated from original Chinese into Hindi,with brief biographies of poets and poetesses,and a comprehensive introduction to Chinese literature in general and Chinese poetry in particular),New Delhi: National Book Organization,March 1998.

30. Bhattacharya, Manik, " The Lofty Height of a Writer: My Evaluation of Lu Xun,"in Tan Chung,*Across the Himalayan Gap*(New Delhi: Gyan Publishing House

and Indira Gandhi National Centre for the Arts,1998),pp.367-378.

31. Mitra, Sabaree, "Comeback of Hundred Flowers in Chinese Literature: 1976–1989," in Tan Chung, *Across the Himalayan Gap* (New Delhi: Gyan Publishing House and Indira Gandhi National Centre for the Arts,1998),pp.379-394.

32. Tan Chung, "Tagore's Inspiration in Chinese New Poetry," in Tan Chung, *Across the Himalayan Gap* (New Delhi: Gyan Publishing House and Indira Gandhi National Centre for the Arts,1998),pp.335-358.

33. Tan Chung, "The True Meaning of Peace from the Chinese Literary Perspective," in Baidyanath Saraswati (Ed.), *Culture and Peace: Experience and Experiment* (New Delhi: Indira Gandhi National Centre for the Arts and DK Printworld, 1999), pp.23-42.

34. Mukherji, Kalpana, "Dandin's Kavya-darsa as Represented in Tibet," in Sanghasen Singh (Ed.), *Buddhism in Comparative Light* (New Delhi: Indo-Asian Publishing House,1999),pp.311-318.

35. Mukherji Prayadarsi, *Chinese and Tibetan Societies through Folk Literature*, New Delhi: Lancers Books, September 1999, p.415.

36. Mukherji Prayadarsi, *Poems and Fables of Ai Qing* (An anthology of 86 poems and 4 fables by Ai Qing (1910–1996), the most renowned writer in modern China—translated from original Chinese into Bengali with exhaustive annotations and chronological index of the poems and fables), Calcutta: Baulmon Publications, March 2000.

37. Mukherji Prayadarsi, *Cross-Cultural Impressions: Ai Ch'ing, Pablo Neruda and Nicolás Guillén* (In collaboration with Cristina Beatriz del Río Aguirre) (An anthology of verses and reminiscences—translated from original Chinese and Spanish into English with annotations; biographic chronologies of the poets and a bibliography for reference) New Delhi: Authorspress, March 2004.

Philosophy and Religion 哲学与宗教

1. Sarkar, Benoy Kumar, *Chinese religion through Hindu eyes*, Shanghai, Ommercial

Press,1916:p.331.

2.Bagchi,P.C.,"Chinese mysticism,"*Calcutta Review*,1933(49):66-69.

3. Venkatasubbiah, A. "On the grammatical work Si-tan-chang," *Journal of Oriental Research*,1936(10):11-26.

4.Bagchi,P.C.,"A fragment of the Kasyapasamhita in Chinese,"*Indian culture*,1942(9):53-64.

5.Abbas,Khwaja Ahmad."A moment with Lin Yutang,"*Aryan Path*,1944(15):385-390.

6.Bagchi,P.C.,"Beginnings of Buddhism in China,"*Sino-Indian Studies*,1944(1):1-17.

7.Bagchi,P.C.and Chou,Ta-fu,"New light on the Chinese inscriptions of Bodhgana,"*Sino-Indian Studies*,1944(1):111-114.

8.Bagchi,P.C.,"Chang so Che Lu(Jneya-Prakhasasastra),"*Sino-Indian Studies*,1945(2):136-156.

9.Bagchi,P.C."A note on the Avadahasataka and its Chinese translations,"*Visva-bharati Annals*,1945(1):56-61.

10.Aiyaswami Sastri, N."Chang-chen Lun, Karatalaratna of Bhavariveka tr. Into Sanskrit,"*Visva-bharati Annals*,1949(2):I-vxi,1-124.

11.Banerjee, A.C.,"Vinaya tests in Chinese,"*Indian Historical Quarterly*,1949(25):87-94.

12.Dutt,Sukumar,"The ten schools of Chinese Buddhism,"*History of Philosophy, Eastern and Western*,1952(1):590-595.

13.Dhingra,Baldoon,"Lin Yutang,"*Visva-bharti Quarterly*,1953(19):153-157.

14.Dhingra,Baldoon,"Lin Yutang,"*Aryan Path*,1954(25):51-56.

15.Sarkar, Kalyan,"Mahayana Buddhism in Fu-Nan,"*Sino-Indian Studies*,1955(5):69-75.

16. Sastri, K. A. Nilakanta,"Chinese travellers, Fa-hien, Yuan Chwang, and I-tsing,"in Bapat,P. V,*2500 years of Buddhism*:Ch.10:225-243.

17.Khan,Muhammad Rafiq,*Islam in China*,Delhi:National Academy,1963:pp.

viii,144.

18. Varma, S. C., "Religion under communism—a case study of Red China," *Indian Journal of Sociological Research*, April, 1966, 7(1) : 37-40.

19. Rao, M. Basava, "A Buddhist image from China," *Journal of Oriental Institute, University of Baroda*, March, 1967(16) : 249-250.

20. Tolani, M. N., "Not planning to be first," *Theosophist*, May, 1968, 89 (8) : 101-106.

21. Bapat, P. V., "Buddhist studies in recent times in China in Bapat," *2500 years of Buddhism*, New Delhi: Publications Division, Ministry of Information and Broadcasting, Reprint ed.1971: Ch.14: 346-347, 381-383.

22. Elkman, Stuart, "Zen Buddhism," in *The Religions of the World*, Vol.2 (Patna: Ramakrishna Mission Ashrama, 1990-1991), pp.48-53.

23. Lee, Cyrus, "Taoism," in *The Religions of the World*, Vol. 2 (Patna: Ramakrishna Mission Ashrama, 1990-1991), pp.29-37.

24. Lee, Cyrus, "Confucianism," in Cyrus Lee, *The Religions of the World*, Vol.2 (Patna: Ramakrishna Mission Ashrama, 1990-1991), pp.19-28.

25. Muling, Terahan C-yurmed Dorjee, The Jewel Ladder. A Preliminary Nvingma Lamrim; Translated and Edited by Teepak Rli, zin (Dharamsala: Library of Tibetan works and Archives, 1990).

26. Ganguli, Swati, "Vijnanavada View on the Ten Paramitas in the Cheng Wei-shih-lun of Hsuan Tsang," in Mahesh Tiwary (Ed.), *Perspectives on Buddhist Ethics* (Delhi: Department of Buddhist Studies, University of Delhi, 1991), pp.108-116.

27. Ganguli, Swati, "Development of the 'Vijnaptimatrate' System in India and China," in Swati Ganguli, *Treatise in Thirty Verses on Mere Consciousness, a Cratacal English Translation of Hsuan-tsang's Chinese Version of the Viinapttnatratrlmsika, with Notes from Dharmapala's Commentary in Chinese*(Delhi: Motilal Banarsidass Publishers, 1992), pp.5-17.

28. Ganguli, Swati, "Life of Hsuan-tsang," in Swati Ganguli, *Treatise in Thirty Verses on Mere Consciousness, a Critical English, Translation of Hsuantsang's Chinese*

version of the Vijraaptinatratrimsika, with Notes from Dharmapala's Commentary in Chinese(Delhi: Motilal Banarsidass Publishers, 1992), pp.17-20.

29. Kapstain, Matthew, *The Dzam-thang Edition of the Collected Works of Kunmkhyen Dol-po-pa Shesrah Rgyal-mtshan: Introduction and Catalogue* (Delhi: Shedrup Books, 1992).

30. Sain, G. R., "Buddhism in Modern World: China," in G. R. Sain, *Buddhist Literature—Yesterday and Today* (Delhi: Concorde Press, 1992), pp.177-185.

31. Thakur, Upendra, "Chinese Monks in India in the Gupta Age," in B.C. Chhabra (Ed.), *Reappraising Gupta History* (New Delhi: Aditya Prakashan, 1992), pp.348-357.

32. Limaye, Surekha V., *Zen (Buddhism) and Mysticism* (Delhi: Sri Satguru Publications, 1992).

33. Das, Santwana, "In Chinese Mainland: Confucianism," in Santwana Das, *The eosophy in the Service of World Peace: A Philosophical Study* (Patna: Janaki Prakashan, 1992), pp.60-76.

34. Ming, Ng Lee, "The Failure of Christianity in China," in T. Dayanandan Francis and F. J. Balasundaram (Eds.), *Asian Expressions of Christian Commitment: A Reader in Asian Theology* (Madras: Christian Literature Society, 1992), pp.314-318.

35. Tin, John Jyigiokk, "The Religious Identity in Taiwan," in T. Dayanandan Francis and F. J. Balasundaram (Eds.), *Asian Expressions of Christian Commitment: A Reader in Asian Theology* (Madras: Christian Literature Society, 1992), pp.319-324.

36. Limaye, Surekha V., "Taoism of Lao-Tzu and Chuang-Tze," in Surekha V. Limaye, *Zen (Buddhism) and Mysticism* (Delhi: Sri Satguru Publications, 1992), pp.27-32.

37. Ganguli, Swati, "Development of Madhyamika Thought in China: A Philosophical Perspective," in Kewal Krishan Mittal (Ed.), *Sunyavada: The Madhyamika Thought* (Delhi: Department of Buddhist Studies, University of Delhi, 1993), pp.150-156.

38. Matsuoka, Yukako, "Zen Buddhism and Fundamentalism," in John S. Augustine (Ed.), *Religious Frandamorrtaltsm: An Asian Perspective* (Bangalore: South Asia Theological Research Institute, 1993), pp.45-52.

39. Lahiri, Latika, "Lung-Man Cave Inscriptions and the Popularity of Maitreya Bodhisattva," in Kewal Krishan Mittal and Ashvini Agrawal (Eds.), *Buddhist Art and Thought* (New Delhi: Harman Puh. House, 1993), pp.89-99.

40. Zoo, Puchu, "Chinese Buddhism—Past and Present," in Hemenda Bikash Chowdhuty (Ed.), *Hundred Years of the Bauddha Dharmankur sabha (the Bengal Buddhist Association)*, 1892-1992 (Calcutta: Bauddha Dharmankur Sabha, 1993), pp.135-139.

41. Sarkar, Anil Kumar, *The Mysteries of Vajrayana Buddhism: From Atisha to Dalai Lama* (New Delhi: South Asian Publishers, 1993).

42. Fung, Hu-hsiang, "Confucianism," in Henry O. Thompson (Ed.), *Voices from World Religions, Peace in Our Time* (Delhi: Indian Society for Promoting Christian Knowledge, 1993), pp.153-162.

43. Bansal, B. L., Bon, *Its Encounter with Buddhism in Tibet* (Delhi: Eastern Book Linkers, 1994).

44. Krishna Murthy, K., "China and Japan", in K. Krishna murphy, *A Dictionary of Buddhist Literature and Literacy Personalities* (Delhi: Sundeep Prakashan, 1994), pp.69-97, 170-183.

45. Dutt, Nalinaksha, "Expansion of Buddhist Culture in North-East Asia," in D.C. Ahir (Ed.), *A Panorama of Indian Buddhism: Selections from the Maha Bodhi Journal, 1899-1992* (Delhi: Sri Satguru Publications, 1995), pp.611-623.

46. Franke, Herbert, "On Chinese Traditions Concerning the Dates of the Buddha," in *When did the Buddha Live?: The Controversy on the Dating of the Historical Buddha, Selected Papers based on a Symposium held under the Auspices of the Academy of Sciences in Gottingen* (Delhi: Sri Satguru Publications, 1995), pp.343-350.

47. Mehrotra, Madhu, "Zen and J.D. Salinger," in *American Literature: New Insights* (New Delhi: Prestige Books, 1995), pp.21-30.

48. Ganhar, J. N., "Kashmir and Central Asia: The Buddhist Link," in S. Bhatt (Ed.), *Ka. shmir pandita: A Cultural Heritage* (New Delhi: Lancers Books, 1995), pp.458-462.

49. Kamath, M. V., "The Spread of Buddhism in China and Japan," in M. V. Ka-

math, *Letters to Gauri: A Passage to History* (New Delhi: UBS Publishers' Distributors, 1996), pp.134-136.

50. Krishna Murthy, K., "Buddhist Philosophy and Symbolism Imbibed inthe Scheme of the Tibetan Stupa (MC ODRTEN)," in K. Krishna Murthy, *Studies in Buddhism* (Delhi: Sundeep Prakashan, 1996), pp.191-198.

51. Krishna Murthy, K., "Chinese Buddhism and Buddhist Art," in K. Krishna Murthy, *Studies in Buddhism* (Delhi: Sundeep Prakashan, 1996), pp.205-212.

52. Nagendra Kumar Singh, *International Encyclopaedia of Buddhism*, Vols.10-14, *Chinese Buddhism* (New Delhi: Anmol Publications, 1996).

53. Yasin, Mohammad and N. Madhavi, "Kashmir's Contribution to Chinese Buddhism," in Mohammad Yasin and N. Madhavi, *Mysteries and Glimpses of Kashmir* (Delhi: Raj Publications 1996), pp.57-71.

54. Nisha Singh, "The Initiation Ceremony in Tibetan Monastic Education," in Vijaya Rani and V. K. Goyal (Eds.), *Sri Jnanamrtam: A MemorialVolume in Honour of Prof Shri Niwas Shastri* (Delhi: Parimal Publications, 1996), pp.380-383.

55. Kam, Tak Sing, "Spread of Tibetan Buddhism to Mongolia before the Manchu Era," in R. C. Sharma (Ed.), *Mongolia: Tryst with Change and Development* (Patiala: Vision and Venture, 1997), pp.55-68.

56. Pant, Pushpesh, "Buddhism Beyond Indian Borders: China and Japan," in Pushpesh Pant, *Buddhism* (New Delhi: Lustre Press, 1997), pp.75-81.

57. Tachikawa, Musashi, "Nagarjuna's Telralemma in Comparison with that of the Hua-Yen School in China," in Musashi Tachikawa, *An Introduction to the Philosophy of Nagarjuna* (trans.from Japanese by Rolt W. Giebel) (Delhi: Motilal Banarsidass Publishers, 1997), pp.150-167.

58. Trivedi, V. R., "Tibetan Buddhism," in V. R. Trivedi (Ed.), *The Philosophy of Buddhism* (New Delhi: Mohit Publications, 1997), pp.159-177.

59. Rahul, Ram, "Tibet: Snows and Lamas," in Ram Rahul, *Central Asia: An Outline History* (New Delhi: Concept Publishing Company, 1997), pp.22-61.

60. Verma, V., "Lamaism and Monastries," in Verma V., *Spiti: A Buddhist Land in*

Western Himalaya(Delhi：B. R. Publishing Corporation,1997),pp.78-98.

61.Gubburam, G, " Betty and John Stam—The China Martyrs," in Franklyn J. Balasundaram(Ed.), *Martyrs in the History of Christianity* (Delhi：Indian Society for Promoting Christian Knowledge,1997),pp.186-194.

62.Nagar,Shanti Lal,"Tibet,Japan,China,"in Shanti Lal Nagar,*Srivisnu-Caritam in Indian Art and Literature*(Delhi：Parimal Publications,1997),pp.438-442.

63.Anani, Ahmad, "Foreign Terms in Sufism：A Survey of Chinese Influence,"in Mohamed Taher (Ed.), *Encyclopaedic Survey of Islamic Culture*, Vol.7 (New Delhi：Anmol Publications,1997),pp.29-42.

64.Chattopadhyay, Alaka, " Taoism, Tantrism and the Cult of the Siddhas," in Sushil Kumar Mukherjee and Amitabha Ghosh(Eds), *The Life and Works of Joseph Needham*(Calcutta：Asiatic Society,1997),pp.111-134.

65.Mahdihassan, S., "The Doctrine of Sluk：Its Chinese Origins," in Mohamed Tahar(Ed.),*Encyclopaedic Survey of Islamic Culture*,Vol.7(New Delhi：Anmol Publications,1997),pp.43-52.

66.Sarkar,Ramatosh,"Indian Nakshatra vis-A-vis Chinese Hsiu,"in Sushil Kumar Mukherjee and Amitabha Ghosh (Eds), *The Life and Works of Joseph Needham* (Calcutta：Asiatic Society,1997),pp.158-162.

67.Arakeri,A. V.,"Tibetan Buddhism,"in A. V. Arakeri,*Tibetans in India：The Uprooted People and Their Cultural Transplantation* (New Delhi：Reliance Publishing House,1998),pp.247-289.

68.Bajracharya, Naresh Man, "Tibetan Scholars Who Visited Nepal,"in Naresh Man Bajracharya,*Buddhism in Nepal*(465 BC to 1199 AD)(Delhi：Eastern Book Linkers,1998),pp.107-126.

69.Chitkara, M. G., Buddhism, *Reincarnation and Dalai Lamas of Tibet* (New Delhi：APH Publishing Corporation,1998).

70.Yu, Thomas, "The Resurgence of Buddhism and Yigwan Dao in Taiwan, and Their Challenges to the Christian Mission(trans.from Chinese by Yao Yu-Shuang),"in Motilal Pandit et al.(Eds), *Identity in Conflict：Classical Christian Faith and Religio*

Occulla(New Delhi:Munshiram Manoharlal Publishers,1998),pp.15-30.

71. Banerjee, Anukul Chandra, "Studies in Tibetan Buddhism," in Samiran Chandra Chakrabarty (Ed.), *Buddhism and World Culture* (Calcutta: School of Vedic Studies,Rabindra Bharati University,1998),pp.59-67.

72. Chandra, Lokesh, "Buddhist Dikoumene," in Samiran Chandra Chakrabarti (Ed.), *Buddhism and World Culture* (Calcutta: School of Vedic Studies, Rabindra Bharati University,1998),pp.36-47.

73. Verma, Chapla, *Zen Buddhism: Philosophy and Mysticism* (Delhi: Vidyanidhi Prakashan,1998).

74. Jin, Dinghan, "The Ramcharitmanas and Confucius," in Lallan Prasad Vyas (Ed.), *Ramayana: International Perspective* (Delhi: B. R. Publishing Corporation, 1998),pp.31-34.

75. Kapoor, A. N. and V. P. Gupta, "'Confucianism' and 'Taoism'," in A. N. Kapoor and V. P. Gupta(Eds.),*A Dictionary of World Religions*(Delhi:Ajanta Publications,1998),pp.93-102,259-270.

76. Philip,TV,"Christianity in China," in TV Philip,*East of the Euphrates:Early Christianity in Asia*(Delhi:Indian Society for Promoting Christian Knowledge,1998), pp.76-90.

77. Gupta,NL,"Confucius and His Teachings," in NL Gupta,*Encyclopaedic Survey of Oriental Thought*(New Delhi:Anmol Publications,1998),Vol.1,pp.549-561.

78. Damodaran,Edavana,"Taoism," in Edavana Damodaran,*Man and His Civilizations*(Mumbai:Sahyog Publications,1998),pp.428-436.

79. Gupta,NL,"Lao-Tse and Taoism," in NL Gupta,*Encyclopaedic Survey of Oriental Thought*(New Delhi:Anmol Publications,1998),Vol.1,pp.211-221.

80. Gupta,NL,"Zen-Cult:Fusion of Complexity and Simplicity," in NL Gupta,*Encyclopaedic Survey of Oriental Thought*(New Delhi:Anmol Publications,1998),pp.284-295.

81. Ganguly,Swati,"Introduction of Sarvastivada Abhidharma in China:A Study of Samghadeva's Role," in Sanghasen Singh(Ed.),*Buddhism in Comparative Light*(New Delhi:Indo-Asian Publishing House,1999),pp.230-239.

82. Ganguly, Swati, "Introduction to Buddhist Philosophy in China: A Study on Sanghadevas Role," in PK Mishra (Ed.), *Studies in Hindu and Buddhist Art* (New Delhi: Abhinav Publications, 1999), pp.275-283.

83. George, David E.R, "Tibet," in David ER George, *Buddhism as/in Performance* (New Delhi: D.K. Printworld, 1999), pp.106-133.

84. Guha, Hrishikesh, "The Karanda-vyuha in Tibetan Buddhism," in Sanghasen Singh (Ed.), *Buddhism in Comparative Light* (New Delhi: Indo-Asian Publishing House, 1999), pp.306-310.

85. Ho, Judy Chungwa, "Monks Among Laymen: Social Activities of a Buddhist Clergy in Medieval China," in Janet Baker (Ed.), *The Flowering of a Foreign Faith: New Studies in Chinese Buddhist Arts* (Mumbai: Marg Publications, 1998), pp.28-37.

86. Kapoor, Sheilender Nath, "Chini Yatri I-tsing Ka Baudharamanurag (translated title: 'Chinese Traveller I-tsing's Exploration of Buddhism')," in GR Madan (Ed.), *Buddhism: Its Various Manifestations* (New Delhi: Mittal Publications, 1999), pp.215-222.

87. Lahiri, Latika, "Buddhist Literature in Chinese Translation," in Sanghasen Singh (Ed.), *Buddhism in Comparative Light* (New Delhi: Indo-Asian Publishing House, 1999), pp.219-229.

88. Rama, "Buddhism in China," in Rama, *Buddhism: A World Religion* (New Delhi: Sundeep Prakashan, 1999), pp.142-151.

89. Bhattarcharya, Aparna, "Journey of Buddhism to Tibet," in Sanghasen Singh (Ed.), *Buddhism in Comparative Light* (New Delhi: Indo-Asian Publishing House, 1999), pp.319-333.

90. Rama, "Buddhism in Tibet," in Rama, *Buddhism: A World Religion* (New Delhi: Sundeep Prakashan, 1999), pp.158-180.

91. Shah, Giriraj, "Milerappa of Tibet," in Giriraj Shah, *Saints, Gurus and Mystics of India* (New Delhi: Cosmo Publications, 1999), Vol.2, pp.361-362.

92. Bryant, M. Darrol, "The Multiform Religious Traditions: The Confucian Way," in M. Darrol Bryant, *Woven on the Loom of Time: Many Faiths and One Divine Purpose* (New Delhi: Decent Books, 1999).

93. Gupta, NL, "Confucian Values," in NL Gupta, *Neo-Humanism and Human Values* (New Delhi: Mohit Publications, 1999), pp.73-77.

94. Gupta, NL, "Confucianism Entered Europe," in NL Gupta, *Neo-Humanism and Human Values* (New Delhi: Mohit Publications, 1999), pp.253-254.

95. Shah, Giriraj, "Confucius," in Giriraj Shah, *Saints, Gurus and Mystics of India* (New Delhi: Cosmo Publications, 1999), Vol.1, pp.91-100.

96. Kashinath, "Deities of the Early Chinese," in Kashinath, *Man, the Maker of Religions and Gods* (New Delhi: Samkaleen Prakashan, 1999), pp.102-103.

97. Krishan, Yuvraj, "Ganesha in China," in Yuvraj Krishan, *Ganesa: Unravelling an Enigma* (Delhi: Motilal Banarsidass, 1999), p.163.

98. Krishan, Yuvraj, "Ganesha in Tibet," in Yuvraj Krishan, *Ganesa: Unravelling an Enigma* (Delhi: Motilal Banarsidass, 1999), pp.159-161.

99. Nagar, Shantilal, "Foreign Literary Sources: The Travel Beyond Indian Frontiers: China," in Shantilal Nagar, *Genesis and Evolution of the Rama Katha in Indian Art, Thought, Literature and Culture (From the Earliest Period to the Modern Times)* (Delhi: B.R. Publishing Corporation, 1999), Vol.1, pp.198-202.

100. Nagar, Shantilal, "Foreign Literary Sources: The Travel Beyond Indian Frontiers: Tibet," in Shantilal Nagar, *Genesis and Evolution of the Rama Katha in Indian Art, Thought, Literature and Culture (From the Earliest Period to the Modern Times)* (Delhi: BR Publishing Corporation, 1999), Vol.1, pp.175-178.

101. Nagar, Shantilal, "Rama Plays in Other Countries: Tibet," in Shantilal Nagar, *Genesis and Evolution of the Rama Katha in Indian Art, Thought, Literature and Culture (From the Earliest Period to the Modern Times)* (Delhi: BR Publishing Corporation, 1999), Vol.2, pp.522-525.

Others Related to Culture 文化相关的其他

1. Dash, Narendra Kumar, "Tibetology and Indological Studies," in Rabindra Kumar Panda (Ed.), *Research in Indology: A New Perspective* (Delhi: Bharatiya Kala

Prakashan,1998),pp.94-98.

2.Singh, V. P., "Hindu Culture in China," in V.P. Singh, *The Ancient Hindu Nation*(Delhi:Atma Ram and Sons,1997),pp.176-177.

3.Bellezza,John Vincent, *Divine Dyads:Ancient Civilization in Tibet*(Dharamsala: Library of Tibetan Works and Archives,1997).

4.Chopra,S. N., *India and China:Perspective on the Culture of the Hans and the Hindus*(A Narrative)(New Delhi:Vikas Publishing House,1997).

5.Norbu, Namkhai, *Journey among the Tibetan Nomads:An Account of a Remote Civilization* (trans. Maria Simmons) (Dharamsala: Library of Tibetan Works and Archives,1997).

6.Tan, Chung, "China under the Impact of Modern Civilisation: Problems for an Endogenous Developmental Civilisation," in Baidyanath Saraswati(Ed.), *Integration of Endogenous Cultural Dimension into Development*(New Delhi: Indira Gandhi National Centre for Arts and D. K. Printworld,1997),pp.75-88.

7.Jin,Dinghan,"Ram and the Chinese People,"in Lallan Prasad Vyas(Ed.), *Ramayana:Around the World*(Delhi:B. R. Publishing Corporation,1997),pp.71-78.

8.Singh, V. P., "Hindu Culture in China,"in V. P. Singh, *The Ancient Hindu Nation*(Delhi:Atma Ram and Sons,1997),pp.176-177.

9.Tan Chung, *Across the Himalayan Gap:An Indian Quest for Understanding China*(New Delhi:Gyan Publishing House and Indira Gandhi National Centre for the Arts, 1998).

10.Tan Chung, "A Sino-Indian Perspective for India-China Understanding,"in Tan Chung, *Across the Himalayan Gap*(New Delhi: Gyan Publishing House and Indira Gandhi National Centre for the Arts,1998),pp.133-148.

11.Tan Chung(Ed.), *In the Footsteps of Xuanzang:Tan Yun-shan and India*(New Delhi:Gyan Publishing House,1999).

12.Thakur,Ravni and Tan Chung, "Enchantment and Disenchantment:A Sino-Indian Introspection,"in Tan Chung, *Across the Himalayan Gap*(New Delhi:Gyan Publishing House and Indira Gandhi National Centre for the Arts,1998),pp.91-104.

13. Vatsayayan, Kapila, "A Holistic Eye on Cultural Interface and Synergy," in Tan Chung, *Across the Himalayan Gap* (New Delhi: Gyan Publishing House and Indira Gandhi National Centre for the Arts, 1998), pp.71-76.

14. Banerjee, Radha, "The Manichaean Input to Chinese Culture and Art," in Tan Chung, *Across the Himalayan Gap* (New Delhi: Gyan Publishing House and Indira Gandhi National Centre for the Arts, 1998), pp.227-236.

15. Mukherjee, Biswadeb, "Some Observations on the Buddhist Influence on Chinese Culture," in Samaran Chandra Chakrabarti(Ed.), *Buddhism and World Culture* (Calcutta: School of Vedic Studies, Rabindra Bharati University, 1998), pp.48-50.

16. Nair, K. P., "World History: Chinese Civilisation," in K. P. Nair, *Landmarks in World History* (Kollam: Literary Wing, Dr Nair's Hospital, 1998), pp.42-47.

17. Bhattacharyya, D. C., "Icons of Cultural Linkage," in Tan Chung, *Across the Himalayan Gap* (New Delhi: Gyan Publishing House and Indira Gandhi National Centre for the Arts, 1998), pp.197-202.

18. Chandra, Lokesh, "India and China: Beyond And Within," in Tan Chung, *Across the Himalayan Gap* (New Delhi: Gyan Publishing House and Indira Gandhi National Centre for the Arts, 1998), pp.181-192.

19. Karir, Opender Nath, "China and India(Tamil Colonies in China, Tagore Highly Honoured in China etc.)," in Opender Nath Karir, *Encyclopaedia Bharatam Series* (Noida: Sahasrara Publications, 1998), Vol.3, pp.205-211.

20. Lin Chengjie, "Friendship-in-Need Between Chinese and Indian People in Modern Times," in Tan Chung(Ed.), *In the Footsteps of Xuanzang: Tan Yun-shan and India* (New Delhi: Gyan Publishing House, 1999), pp.153-168.

21. Ray, H. P., "Tan Yun-shan: The Pioneer of Indo-Chinese (Sino-Indian) Studies and Cultural Bridge Between India and China," in Tan Chung.(Ed.), *In the Footsteps of Xuanzang: Tan Yun-shan and India* (New Delhi: Gyan Publishing House, 1999), pp.169-176.

22. Shen, Sampson, "Tagore and Confucian China," in Tan Chung(Ed.), *In the Footsteps of Xuanzang: Tan Yun-shan and India* (New Delhi: Gyan Publishing House,

1999),pp.121-130.

23.Kapadia, Feroz and Mandira Mukherjee, "Civilisation in China," in Feroz Kapadia and Mandira Mukherjee(Eds.) ,*Encyclopaedia of Asian Culture and Society*(New Delhi:Anmol Publications,1999) ,Vol.1,pp.3-19.

24.Kapadia, Feroz and Mandira Mukherjee,*Encyclopaedia of Asian Culture and Society*(New Delhi:Anmol Publications, 1999) , Vol.8:*East Asia:China,Hong Kong,Japan*.

参考文献

著作

[1] 季羡林.中印文化交流史[M].北京:新华出版社,1993.

[2] 郁龙余,等.梵典与华章——印度作家与中国文化[M].银川:宁夏人民出版社,2004.

[3] 薛克翘.中国印度文化交流史[M].北京:昆仑出版社,2008.

[4] 谭中.谭云山与中印文化交流[M].香港:香港中文大学出版社,1998.

[5] 谭中,耿引曾.印度与中国——两大文明的交往和激荡[M].北京:商务印书馆,2006.

[6] 林承节.中印人民友好关系史:1851—1949[M].北京:北京大学出版社,1993.

[7] 周宁.世界之中国——域外中国形象研究[M].南京:南京大学出版社,2007.

[8] 尼赫鲁.尼赫鲁自传[M].张宝芳,译.上海:世界知识出版社,1956.

[9] 尼赫鲁.印度的发现[M].齐文,译.上海:世界知识出版社,1956.

[10] B. K. Kumar, Asian Giants in Indian Works: A Compendium of References

[M].Delhi:BR Publishing Corporation,2000.

[11]B.K.Kumar,East Asian Panorama:A Reference Record of an Eventful Decade,1987-1997[M].Delhi:Indian Publishers and Distributers,1999.

[12] B. K. Kumar, China Through Indian Eyes[M]. Delhi: Concept Publishing Company,1978.

论文

[1]薛克翘.近五十年来我国中印文化关系史研究综述[J].南亚研究,2006(2).

[2]尹锡南.尼赫鲁眼中的中国文化[J].南亚研究季刊,2005(1).

[3]尹锡南,朱莉.印度汉学界的中国文学研究[J].南亚研究季刊,2008(1).

[4]尹锡南.20世纪印度与中国文化[J].东方文学研究通讯,2006(3).

[5]尹锡南.一百多年来印度对中国认识的复杂变化[J].南亚研究季刊,2007(3).

[6][印]B.坦克哈.印度的中国学研究:正在改变的范式[J].张燕晖,译.国外社会科学,2007(4).

[7]蓝建学.中印文化交流:历史、意义与对策——"中印文化交流学术研讨会"综述[J].南亚研究,2006(2).

[8]郁龙余.中国学在印度[J].学术研究,2000(1).

[9][印]M.莫汉蒂.中国学研究:印度学者的观点[J].山佳,译.国外社会科学,2004(6).

[10]张勉励.印度的中国研究所[J].当代中国史研究,2005(9).

[11]周宁.我们的遥远的近邻——印度的中国形象[J].天津社会科学,2010(1).

[12]尹锡南.20世纪印度的中国文学和历史研究[J].东南亚南亚研究,2010(1).

[13]李娟丽,严雄飞.抗战时期戴季陶与中印文化交流[J].山东师范大学学报(人文社会科学版),1998(3).

[14][印]B.坦克哈.印度的中国学研究[J].当代中国史研究,2007,14(5).

[15][印]哈拉普拉萨德·雷易.印度的中国学研究概览[J].深圳大学学报(人文社会科学版),2010,27(6).

[16]尹锡南.印度作家维克拉姆·赛特笔下的中国题材[J].东方丛刊,2009(2).

[17]蒋伟明,薛克翘.中印文化交流五十年——回顾与思考[J].南亚研究,2000(1).

[18]朱占府.中印文化交流40年回顾——祝贺中印建交40周年[J].南亚研究,1990(2).

[19]褚国飞.龙象共舞:中印建交60周年——访印度尼赫鲁大学中印问题研究专家狄伯杰[N].中国社会科学报,2010-10-21(4).

[20]张晓红.论印度汉学家邵葆丽的性别研究[J].澳门理工学报(简体版),2011(3).

[21]Report on The AAS One-day Workshop on "China studies in India"[J].India Habitat Center,New Delhi,6th.March,2008.

[22]B.K.Kumar,Indian Perspectives on Modern China:A Select Bibliography[J].China Report,1974 10:152,Jan.1,1974.

[23]B.K.Kumar,China and Japan in Indian Publications:A Mid-Decade Bibliographic Survey[J].China Report,1996 32:75,Feb.1,1996.

[24]B.K.Kumar,China and Japan in Indian Publications 1990-1995 Part Ⅱ[J].China Report,1996 32:209,May 1,1996.

[25]B.K.Kumar,China and Japan in Indian Publications:An Annual Bibliographic Survey[J].China Report,1997 33:211,May 1,1997.

[26]B.K.Kumar,China and Japan in Indian Publications:A Bibliographic Survey,1997-1998[J].China Report,1999 35:359,Aug.1,1999.

[27]B.K.Kumar,China and Japan in Indian Publications:A Bibliographic Survey,1998-1999[J].China Report,2000 36:449,Aug.1,2000.

[28]B.K.Kumar,Selected Books and Articles on India-China Relations 1949-1979[J].China Report,1979 15:119,Jan.1,1979.

[29]Narayan C.Sen,China as Viewed by Two Early Bengali Travellers:The Travel

Accounts of Indumadhav Mullick and Benoy Kumar Sarkar[J]. China Report, 2007 (43):465.

[30] H. P. Ray, Pioneers of Chinese Studies in India[J]. China Report, 2004 (40):305.

[31] Manoranjan Mohanty, C.R.M.Rao, Tan Chung etc., Chinese Studies in India: Perspective and Programmes[J].China Report,1988(24):473.

[32] K.P.Gupta, Chinese Studies in India[J].China Report,1986(22):75.

[33] Krishna Prakash Gupta, Indian Approaches to Modern China-Ⅰ A Socio-Historical Analysis[J].China Report,1972(8):29.

[34] Krishna Prakash Gupta, Indian Approaches to Modern China-Ⅱ A Socio-Historical Analysis[J].China Report,1972(8):38.

[35] Haraprasad Ray, Indian Research Programmes on China[J]. China Report, 1992(28):391.

[36] Nalini Kant Thakur, My Encounters with China as an Object of Study[J]. China Report,1986(22):339.

[37] Giri Deshingkar, Sinology or Area Studies? [J]. China Report, 1986 (22):77.

[38] Tan Chung, Teaching Chinese Language in India[J]. China Report, 1986 (22):163.

[39] Krishna Prakash Gupta, The Making of China's Image of India[J]. China Report,1979(15):3.

[40] Tan Chung, Indian Images in Chinese Literature: A Historical Survey[J]. China Report,1985.

[41] Tan Chung, Acient India in Chinese Literature[J]. Abhai, maurya, Ed. India and World Literature, Delhi: India Council for Cultural Relation,1990.

[42] Tan Chung, Chinese History and the Chinese Revolution: On the Dynamism of Marxism and Mao Zedong Thought[J].China Report,1990,26(1):3-22.

[43] Tan Chung, Towards a Holistic Understanding of Chinese History[J]. China Report,1996,32(3):233-249.

索 引

A

阿摩罗西里·维拉拉特尼(Amarasiri Weeraratne)　208

阿育王(Aśoka)　46,71,74,97

埃底里维拉·萨拉钱德拉(Ediriweera Sarachchandra)　211

艾约瑟(Joseph Edkins)　100

爱德华[Madanmohanlal Atal(M.Atal)]　170

奥罗宾多·高士(Aurobindo Ghosh)　125

B

B.拉曼[Bahukutumbi Raman(B.Raman)]　195

巴帕特(P.V.Bapat)　191,192

巴苏华[Bejoy Kumar Basu(B.K.Basu)]　170-172

巴宙　147

白居易　169

白蜜雅(Mira Sinha Bhattachariea)　195,201

班超　23,69

辨喜(Svāmī Vivekānanda)　113,156,166,167,177,196

滨下武志（Takeshi Hamashita） 54
伯希和（Paul Pelliot） 19,25
布拉赫拉·布拉坦（Prahlad Pradhan） 199

C

蔡元培 127,137
常任侠 112,147
陈乃蔚 139
陈炎 5,17,32,33

D

达·伽马（Vasco da Gama） 40
戴季陶 128,137
戴辛格（Giri Deshingkar） 201,205
狄伯杰（B.R.Deepak） 171,196,197,202,204-206
迪亚士（Bartolmeu Dias） 40
杜甫 169

F

法显 7,9,14-16,19,33-35,44,59,75,76,79-87,97,177,198,208,209
费正清（John King Fairbank） 55
福琼（Robert Fortune） 155

G

G.P.戴希潘迪（G.P.Deshpande） 194,195
甘地（Mohandas Karamchand Gandhi） 113,125,127,128,136,137,146,156,160-163,177,189,195
高剑父 127,147
戈克雷（V.V.Gokhale） 191

戈塔塔尔·辛格(Thakur Gadhadhar Singh)　　155,190

耿引曾　　12,14-17,56,58,62,112,117,196

贡德·弗兰克(Andre Gunder Frank)　　63

J

季羡林　　12,15,17,18,27,28,30,68-71,73,75,83-85,90,91,93,94,97,101,102,116,122,124,125,135,148-150,196

贾耽　　25,35,39

贾吉尔·杰诺拉(Jajor General)　　188

蒋介石　　128,160,163,164

杰卡丹(Girolamo Cardano)　　100

金克木　　112,116,150

鸠摩罗什(Kumārajīva)　　74

K

K.A.阿巴斯(K.A.Abbas)　　171

K.P.古普塔[Krishina Prakash Gupta(K.P.Gupta)]196,201

K.P.S.梅农[Kumara Padmanabha Sivasankara Menon(K.P.S.Menon)]　　156,172,173,192

K.N.拉姆昌达仁(K.N.Ramachandran)　　188

康有为　　112,122,124-126,134,196

柯棣华(Dwarkanath Shantaram Kotnis)　　170-172,205

科马尔·希尔(Kamal Sheel)　　188,194,202

L

拉·比·鲍斯(Rash Behari Bose)　　126

拉古维拉(Raghuvira)　　188,191

拉吉夫·甘地(Rajiv Gandhi)　　159,194

拉塔克里希南(Sarvalli Radhakrishnan)　　156,192

雷慕沙（Jean Pierre Abel Rémusat） 86
李白 169
李希霍芬（Ferdinand von Richthofen） 22,24,30,32
李约瑟（Joseph Needham） 19,30,100
理雅各（James Legge） 86
梁启超 44,45,47,55,112,122,124-127,134,151
梁漱溟 127
列维·莱维（Sylvain Levi） 183,191
林承节 116,125,145,146,150,155,161-164,167,169,181
鲁迅 130,140,142,144,151,188,195,201,202,204,205
路易斯·蒙巴顿（L.Louis Mountbatten） 157
罗凯什·钱德拉（Lokesh Chandra） 188
罗姆莫洪·拉伊（Rammohan Roy） 113

M

M.莫汉蒂（Manoranjan Mohanty） 194,202
马丁·维克拉玛辛诃（Martin Wickramasinghe） 210,211
马可·波罗（Marco Polo） 23
马克思（Karl Marx） 83,84,96,100,104,188,194
麦哲伦（Fernão de Magalhães） 40
梅兰芳 169
摩哂陀（Mahinda） 46
墨普德（Priyadarsi Mukherji） 196,202,203,205
墨晓光（普罗帕特库马尔·穆科巴泰）（Prabhatkumar Mukherji） 202
木克华（D.Mukerji） 170

N

纳·拉奥（Narasimha Rao） 130
尼古拉斯（Cyril Wace Nicholas） 51,86

尼赫鲁（Jawaharlal Nehru） 113,128,129,136,137,156-158,162-165,170,171,177,182-187,189,193-197,200-205

P

帕拉纳维达纳（Senarat Paranavitana） 51,86

帕拉维·艾亚尔（Pallavi Aiyar） 175

培根（Francis Bacon） 30,100

Q

齐白石 169

钱德里希里·班里亚古鲁（Chandrasiri Palliyaguru） 212

R

饶宗颐 32

任嘉德（C.V.Ranganathan） 195

S

S.P.查特吉（S.P.Chatterjee） 191

萨蒂兰詹·森（Satiranjan Sen） 191

桑塔拉姆（V.Shantaram） 171

沙畹（Edouard Chavannes） 32

山佳 118

邵葆丽（Sabaree Mitra） 195,202-205

师觉月（Prabodh Chandra Bagchi） 113,156,190,191,197-199

史达仁（Sridharan Madhusudhanana） 196

斯坦因（Marc Aurel Stein） 19

斯文·海定（Sven Anders Hedin） 19,23

苏吉特·德多（Sujit Datta） 188

孙波 142,144

孙中山　　112,122,125,126,134

T

泰戈尔（Rabindranath Tagore）　　113,127,132,135-137,146,156,162,167-169,173,177,183,191,192,195,196,202

谭云山　　112,113,117,122,127,128,135-140,142,145,147,162,169,170,183,191,196,200,201,205,207

谭中　　97,112,117,135,139,158,185,189,196,197,199-202,205,207

汤用彤　　127

陶行知　　145,161,162

提拉克（Bāl Gangādhar Tilak）　　125

V

V.P.杜特（V.P.Dutt）　　185

W

汪大渊　　36,37,83

维克拉姆·赛特（Vikram Seth）　　173-175,196

吴晓玲　　112

X

徐悲鸿　　145-147,158,162

徐梵澄　　113,135,140-145,147

许地山　　122,127

许季上　　127

玄奘　　7,9,15,16,19,37,68,75,76,80,83-85,89-98,135,136,139,165,177,191,198,201

薛克翘　　17,18,113,114,116,124,125,130,149,151,158,166,167,181

薛雷　　147

Y

亚烈苦奈儿(Veera Alakeshvara)　　51,209

杨允云　　147

尹锡南　　117,174,175,181,194

游云山　　147

郁龙余　　117,135,137,139,155,181,197,198

Z

曾圣提　　127,162

张骞　　6,23,25,27,28,30,56,81,101

章太炎　　112,122,125,126,134,142

赵汝适　　36-39

郑和　　8,9,15-17,33,40,43-52,54,55,62,209

周宁　　117,166,173,174

周去非　　39

周祥光　　147

卓尔华(M.R.Cholkar)　　170

后　记

我和李亚兰老师从 2009 年开始动笔,历时四年完成了这本《中国文化在南亚》。从确定总体框架到搜罗资料再到字斟句酌的写作过程,其中的艰辛虽然很多,但是完稿之后的释然可以把之前的种种心情都冲淡。

"中国文化在南亚"是张西平教授所主持的"20 世纪中国古代经典域外传播"项目的一个子项目。在立项之初他就多次提到,作为与中国毗邻而且历史上与中国文化交流频密的地区,南亚在这个大项目中不能缺位。在他的鼓励和指导下,这个子项目才开始实施,写作框架和立意也才得以确定。彼时深圳大学郁龙余教授正在北京外国语大学担任南亚中心主任。他所著的《印度文化论》在还没有出版的时候,就已经把书稿拿给我们做参考了。这些帮助都使我们对顺利完成这本书充满了信心。

在中国与南亚的文化交流方面,既有的研究成果堪称丰富。季羡林、耿引曾和薛克翘诸先生的著作是我们写作过程中的重要知识来源。尽管以单向文化传播为视角的研究在过去并不多见,但是很多论述中都会涉及此并提供支持性的佐证。比如如果没有耿引曾先生所编纂的《中国古代载籍中的南亚史料汇编》,我们直接去翻检"二十四史"的话,无论从古文造诣还是时间精力而言都是一个不可能完成的任务。谨在此对诸位先生表示敬意和感谢。

以文化传播的时间为线索,我们在结构上将《中国文化在南亚》分成古代篇和近代以来篇两部分。我主笔完成了古代篇,李亚兰完成了近代以来篇。斯里兰卡 K. N. O. Dharmadasa 教授在 2010 年撰写了《法显在斯里兰卡》一文,并委托我翻译成中文编入本书附录。按照张西平教授的设想,这本书将不但形成对中国文化在南亚传播历史和现状的总结和梳理,还可以成为开设相关课程或者开展相关研究活动的教辅或参考书。这个思路无疑将使我们继续在这个问题上投入更多的研究精力,从而裨补在撰写本书过程中因为篇幅和疏漏所留下的缺憾。

佟加蒙

2013 年 3 月